MAXIMILIAN WALLERATH

Die Selbstbindung der Verwaltung

Schriften zum Öffentlichen Recht

Band 83

Die Selbstbindung der Verwaltung

Freiheit und Gebundenheit durch den Gleichheitssatz

Von

Dr. Maximilian Wallerath

DUNCKER & HUMBLOT / BERLIN

Alle Rechte vorbehalten
© 1968 Duncker & Humblot, Berlin 41
Gedruckt 1968 bei Buchdruckerei Bruno Luck, Berlin 65
Printed in Germany

Inhaltsverzeichnis

Abkürzungsverzeichnis 9

Einleitung 11

Erstes Kapitel

Begriff der Selbstbindung

§ 1 Herkömmliche Umschreibungen der Selbstbindung 13
§ 2 Kritische Betrachtung der traditionellen Auffassungen 15
   1. Selbstbindung im Bereich eigener Wertungsmöglichkeiten der Verwaltung 15
     a) Bindung im Bereich abschließend determinierter Verwaltungstätigkeit 15
     b) Bindung im Bereich eigenen Entscheidungsspielraums 16
       aa) Ermessen 17
       bb) Beurteilungsspielraum 17
       cc) Subordinationsrechtliche Verträge 18
   2. Erfordernis der Verwaltungsübung 18
   3. Eigene Definition der Selbstbindung — Umgrenzung des Themas 19

Zweites Kapitel

Abgrenzung zu ähnlichen Erscheinungsformen

§ 3 Das Verhältnis von Fremdbindung und Selbstbindung 20
   1. Das Wesen der Fremdbindung 20
   2. Das Wesen der Selbstbindung 20
§ 4 Formen staatlicher Selbstbindung außerhalb der Gleichbehandlungspflicht der Verwaltung 21
   1. Gleichheitsbindung anderer staatlicher Gewalten 21
   2. Selbstbindung auf Grund subordinationsrechtlicher Verträge und Zusagen 22
§ 5 Gleichheitsbindung im privatrechtlichen Bereich 22
   1. Unmittelbare Drittwirkung des Art. 3 GG im bürgerlichen Recht 23
   2. Gleichbehandlungspflicht im Arbeits- und Gesellschaftsrecht 25

Drittes Kapitel

Historische Entwicklung und rechtsphilosophische Grundlagen

§ 6 Historische Entwicklung des Prinzips der Selbstbindung 27

§ 7 Rechtsphilosophische Grundlagen der Gleichheitsbindung 30

    1. Geschichtsphilosophischer Überblick über die Entwicklung des allgemeinen Gleichbehandlungsgebots 30

    2. Gleichheit im Gegensatz zur Identität 33

Viertes Kapitel

Rechtsgrundlagen der Selbstbindung

§ 8 Der Gleichheitssatz als Rechtsgrundlage 35

    1. Deutung des Gleichheitssatzes als Verbot „willkürlicher" Unterscheidungen 35

    2. Andere Deutungen des Gleichheitssatzes 36

    3. Konkretisierung des Verbots „willkürlicher" Unterscheidungen .. 39

        a) Willkür bei fehlender Ausrichtung an erheblichen Verschiedenheiten 40

        b) Unzulänglichkeit des Willkürbegriffs im Hinblick auf die Ermessenslehre 41

        c) Kriterien für die Erheblichkeit unterscheidender Merkmale .. 43

            aa) Zweck der Norm 43

            bb) Grundentscheidungen der Verfassung 45

            cc) Grundforderungen der Gerechtigkeit 48

    4. Das Verbot sachlich nicht gerechtfertigter Unterscheidungen als Erklärung der Selbstbindung 49

        a) Verstoß gegen den Gleichheitssatz auch bei der unterschiedlichen Bewertung an sich zulässiger Gesichtspunkte 49

        b) Differenzierung zwischen ermessensfehlerhafter Entscheidung und sachlich nicht gerechtfertigter Unterscheidung 50

§ 9 Der Grundsatz von Treu und Glauben als Rechtsgrundlage der Selbstbindung 52

    1. Subsidiarität des Grundsatzes von Treu und Glauben 52

    2. Die materielle Bedeutung von Treu und Glauben für die Selbstbindung 53

Fünftes Kapitel

Inhaltliche Konkretisierung der Bindung durch den Gleichheitssatz

§ 10 Zeitliche Grenzen der Gleichheitsprüfung 55

    1. Zeitlich unbeschränkte Gleichbehandlungspflicht 55

    2. Gleichbehandlungspflicht hinsichtlich aller konkret zur Entscheidung stehenden Fälle 58

§ 11 Voraussetzungen für eine Abänderung der bisherigen Praxis 59

Inhaltsverzeichnis 7

   1. Einordnung des Gleichheitssatzes in das Ermessen der Verwaltung 59
   2. Maßgeblichkeit subjektiver Momente bei der Praxisänderung 64
   3. Einzelne Voraussetzungen für eine Änderung der Praxis 66
      a) Änderung in der Bewertung bisher maßgeblicher Gesichtspunkte 68
      b) Leistungsgrenze als Grund für eine Änderung 69
         aa) Finanzielle Leistungsfähigkeit 69
         bb) Organisatorische Leistungsfähigkeit 73
         cc) Die Anwendung des Prioritätsgrundsatzes bei begrenzter Leistungsfähigkeit 74
      c) Stufenweise Änderung 75
§ 12 Räumliche und organisatorische Grenzen der Gleichheitsprüfung .. 76
§ 13 Rechtsstellung des einzelnen auf Grund des Gleichheitssatzes 80
   1. Form der Berechtigung aus dem Gleichheitssatz 81
      a) Das — materielle oder formelle — Recht auf personelle Rechtsgleichheit 81
      b) Der materielle Anspruch auf sachliche Rechtsgleichheit 82
      c) Das formelle Recht auf Berücksichtigung der Gleichheit mehrerer Situationen 83
   2. Selbstbindung und unrichtige Rechtsanwendung 88
   3. Selbstbindung als gesetzesunabhängige Normsetzung 90

Sechstes Kapitel

Einzelne Voraussetzungen einer Selbstbindung

§ 14 Verwaltungshandeln als Voraussetzung einer Selbstbindung 93
   1. Längere Verwaltungspraxis 93
   2. Einmalige Entscheidung 94
   3. Verwaltungsübung in mehreren verhältnismäßig ungleichen Fällen 96
   4. Rechtmäßigkeit der Verwaltungsübung 98
   5. Bindung durch Unterlassen 100
   6. Verwaltungshandeln auf rechtlicher Ebene 101
§ 15 Verwaltungsverordnung als Grundlage einer Selbstbindung 101
   1. Unmittelbare normative Wirkung von Verwaltungsverordnungen 102
   2. Verbindlichkeit der Verwaltungsverordnung als solcher auf Grund des Art. 3 Abs. 1 GG 104
   3. Mittelbare Bindung durch tatsächliches Befolgen einer Verwaltungsverordnung 105

Siebentes Kapitel

Geltungsbereich der Selbstbindung

§ 16 Selbstbindung im Bereich vorbehaltsfreier Leistungsverwaltung 108

1. Zulässigkeit eines Verwaltungshandelns ohne ausdrückliche Ermächtigung 108
2. Geltung des Gleichheitssatzes im Bereich nicht gesetzesanwendender Verwaltung 109
3. Vorbehaltsfreie und rechtsfreie Verwaltung 112

§ 17 Selbstbindung im Bereich privatrechtlicher Betätigung der Verwaltung 114
1. Bindung bei der Wahrnehmung öffentlicher Aufgaben in privatrechtlichen Formen 115
2. Bindung bei rein fiskalischer Betätigung von Verwaltungsträgern 118
    a) Gleichstellung von Fiskus und Privatrechtssubjekten 118
    b) Unmittelbare Fiskalgeltung der Grundrechte 119
    c) Gesteigerte mittelbare Geltung der Grundrechte 122

§ 18 Die Selbstbindung der Verwaltung im Bereich „freien" Beurteilungsspielraums 127
1. Anwendung unbestimmter Rechtsbegriffe mit Beurteilungsspielraum 127
2. Beurteilung schulischer und dienstlicher Leistungen 128

§ 19 Selbstbindung im Bereich subordinationsrechtlicher Verträge 130
1. Vergleichsverträge 131
    a) Unklarheit über die tatsächlichen Verhältnisse 131
    b) Unklarheit im rechtlichen Bereich 132
2. Austauschverträge 135

Achtes Kapitel

§ 20 Zusammenfassung und Ergebnis 139

Schrifttumsverzeichnis 142

Abkürzungsverzeichnis

(Allgemein gebräuchliche Abkürzungen sind nur zum Teil in dieses Verzeichnis aufgenommen. Soweit bei Zeitschriften nähere Angaben fehlen, werden sie im folgenden nach Jahr und Seite zitiert)

a.A.	= anderer Ansicht
a.a.O.	= am angegebenen Ort
Anh.	= Anhang
AöR	= Archiv des öffentlichen Rechts
ArbRSammlung	= Entscheidungen des Reichsarbeitsgerichts und der Landesarbeitsgerichte (Band/Seite)
Aufl.	= Auflage
BayVGH	= Bayerischer Verfassungsgerichtshof
BayVBl	= Bayerische Verwaltungsblätter
BB	= Der Betriebs-Berater
Bd.	= Band
BFH	= Bundesfinanzhof, auch Sammlung der Entscheidungen und Gutachten des Bundesfinanzhofs (Band/Seite)
BGHZ	= Entscheidungen des Bundesgerichtshofs in Zivilsachen (Band/Seite)
BK	= Bonner Kommentar
BStBl	= Bundessteuerblatt, Teil I—III (Jahr/Teil/Seite)
BVerfGE	= Entscheidungen des Bundesverfassungsgerichts (Band/Seite)
BVerfGG	= Bundesverfassungsgerichtsgesetz
BVerwGE	= Entscheidungen des Bundesverwaltungsgerichts (Band/Seite)
ders.	= derselbe
Der Staat	= Zeitschrift für Staatslehre, öffentliches Recht und Verfassungsgeschichte
Diss.	= Dissertation
DÖV	= Die öffentliche Verwaltung
DRiZ	= Deutsche Richterzeitung
DVBl	= Deutsches Verwaltungsblatt
GewArch	= Gewerbearchiv, Zeitschrift für Verwaltungs- und Gewerberecht
GrünhZ	= Grünhuts Zeitschrift für Privat- und öffentliches Recht
GRUR	= Gewerblicher Rechtsschutz und Urheberrecht — Zeitschrift der Deutschen Vereinigung für gewerblichen Rechtsschutz und Urheberrecht
GWG	= Gesetz gegen Wettbewerbsbeschränkungen vom 27. Juli 1957 (Bundesgesetzblatt I S. 1081)
HansRZ	= Hanseatische Rechtszeitschrift für Handel, Schiffahrt und Versicherung

Abkürzungsverzeichnis

HdbDStR	= Handbuch des Deutschen Staatsrechts
insbes.	= insbesondere
Jahrb.	= Jahrbücher des sächsischen königlichen Oberverwaltungsgerichts
JöR	= Jahrbuch des öffentlichen Rechts der Gegenwart
JUS	= Juristische Schulung, Zeischrift für Studium und Ausbildung
JW	= Juristische Wochenschrift
JZ	= Juristenzeitung
Lehrb.	= Lehrbuch
LM	= Nachschlagewerk des Bundesgerichtshofes, herausgegeben von Lindenmaier und Möhring
LS	= Leitsatz
MDR	= Monatsschrift für Deutsches Recht
MittDStT	= Mitteilungen des Deutschen Städtetages
m.w.N.	= mit weiteren Nachweisen
NJW	= Neue Juristische Wochenschrift
OVG	= Oberverwaltungsgericht
OVGE	= Entscheidungen der Oberverwaltungsgerichte Münster und Lüneburg
PrOVG	= Preußisches Oberverwaltungsgericht, auch Entscheidungen des (bis 1918: Königlichen) Preußischen Oberverwaltungsgerichts (Band/Seite)
PrVBl	= Preußisches Verwaltungsblatt
RAG	= Reichsarbeitsgericht
RdA	= Recht der Arbeit
Rdn.	= Randnote
RGZ	= Entscheidungen des Reichsgerichts in Zivilsachen (Band/Seite)
RuPrVBl	= Reichsverwaltungsblatt und Preußisches Verwaltungsblatt
RzW	= Rechtsprechung zum Wiedergutmachungsrecht
Sp.	= Spalte
ständ.Rspr.	= ständige Rechtsprechung
Steuerber.Jahrb.	= Steuerberater-Jahrbuch
VerwArch	= Verwaltungsarchiv, Zeitschrift für Verwaltungslehre, Verwaltungsrecht und Verwaltungspolitik
VerwRspr	= Verwaltungs-Rechtsprechung in Deutschland, Sammlung der oberstrichterlichen Entscheidungen aus dem Verfassungs- und Verwaltungsrecht
Vorbem.	= Vorbemerkung
VVDStRL	= Veröffentlichungen der Vereinigung der deutschen Staatsrechtslehrer (Heft/Seite)
VwGO	= Verwaltungsgerichtsordnung
WRV	= Weimarer Reichsverfassung vom 11. August 1919 (Reichsgesetzblatt S. 1383)
Württ.-Bad.VGH	= Württembergisch-Badischer Verwaltungsgerichtshof
Zeitschr.	= Zeitschrift für Badische Verwaltung und Verwaltungsrechtspflege

Einleitung

Zu den vornehmlichen Aufgaben der Verwaltung gehört es, im Rahmen der Gesetze ihre Entscheidungen den stetig wechselnden Verhältnissen anzupassen und sie zweckmäßig zu regeln. Diese Aufgabe stellt sich ihr immer dort, wo ihr Handeln nicht durch Äußerungen anderer Staatsorgane abschließend determiniert, sondern ihr ein Entscheidungsspielraum überlassen ist, innerhalb dessen sie ihre eigenen Vorstellungen maßgeblich zugrunde legen kann. Die Freiheit zu selbständigen Entscheidungen findet ihre Grenze am Gleichheitssatz des Art. 3 Abs. 1 GG, dessen nivellierende Anwendung die individuelle Behandlung jedes einzelnen Falles zugunsten der „generellen Gleichmäßigkeit"[1] in der Behandlung mehrerer Fälle zurücktreten läßt. Indem so der für den Einzelfall gedachten Ermessensentscheidung Wirkungen beigelegt werden, wie sie eigentlich dem — „abstrakte Gerechtigkeit" verwirklichenden — Gesetz zukommen[2], wird die „individuelle Gerechtigkeit" zugunsten einer „schablonisierenden" verdrängt[3] und so der Sinn des gesetzlich eingeräumten Ermessens, das gerade die Gerechtigkeit im Einzelfall erstrebt[4], wieder verkehrt.

Die der Verwaltung eingeräumte Möglichkeit zu selbständigen, dem jeweiligen Einzelfall angepaßten Entscheidungen auf der einen und die Pflicht zur grundsätzlich gleichen Behandlung gleicher Lebenssachverhalte auf der anderen Seite ergeben die besondere Problematik einer Abgrenzung von gerechter und ungerechter Ungleichbehandlung, deren Bewältigung um so notwendiger erscheint, als sich die Betroffenen immer wieder auf eine — wirkliche oder vermeintliche — Verletzung der als Selbstbindung bezeichneten Gleichheitsbindung der Verwaltung im Rahmen eines ihr zustehenden eigenen Entscheidungsspielraums berufen. Seit der französischen Revolution, in der das in seinem Selbstbewußtsein erstarkte Bürgertum das Prinzip der Rechtsgleichheit zu einem seiner wichtigsten Leitgedanken erhob, zeigt der Gleichheitssatz eine immanente Tendenz, sich selbst zu radikalisieren[5]. Das Bestreben

---

[1] *Lehner*, Diss. S. 57.
[2] Vgl. *Stern*, Ermessen S. 26 Anm. 80.
[3] So mit Recht: *Mertens*, Selbstbindung S. 101.
[4] *Stern*, Ermessen S. 17; ähnl. *Ehmke*, Ermessen S. 50; *Maunz/Dürig* in Maunz-Dürig Art. 20 Rdn. 91.
[5] *Leibholz*, Gleichheit S. 25; vgl. auch *Hesse* AöR 77, 167, der Beispiele dafür anführt, daß der Gedanke der Gleichheit dem der Freiheit den Rang

zur extensiven Auslegung von Rechts(grund)sätzen wie des Gleichheitssatzes erscheint heute unaufhaltsam; es bildet eine auffällige Parallele zu jener allgemeinen Entwicklung, die das Risiko des einzelnen auf die Allgemeinheit und den Staat abzuwälzen versucht[6]. So ist es durchaus erklärlich, daß der Gleichheitssatz als „bequeme Aushilfe" rasch bei der Hand ist[7], daß die Zahl der einschlägigen Entscheidungen als „Legion" bezeichnet wurde[8]. Die eminent große Bedeutung, die der Gleichheitssatz in der Praxis der Gerichte gefunden hat, aber auch die hohe Zahl der erfolglosen Rügen einer Verletzung des Gleichheitssatzes zeigen, daß der Gleichheitssatz nach wie vor von seiner Aktualität nichts eingebüßt hat, daß er trotz eingehender Untersuchungen über Jahrzehnte hinaus noch nicht eine übereinstimmende Auslegung erfahren hat.

Im folgenden soll versucht werden, Grundlage und Umfang der Selbstbindung im Rahmen des geltenden Verfassungssystems zu analysieren und den bisher weitgehend als selbstverständlich hingenommenen Gedanken der Selbstbindung der Verwaltung kritisch zu würdigen; dabei wird sich die Untersuchung auf die Fragestellung konzentrieren, inwieweit das Gleichheitsrecht des einzelnen eine vorrangige Berücksichtigung gegenüber der Handlungsfreiheit der Verwaltung verlangt, ohne mit verfassungsmäßigen Grundentscheidungen in Widerspruch zu geraten.

---

abzulaufen scheine und u. a. die hessische Verfassung erwähnt, deren erster Unterabschnitt der „Rechte der Menschen" mit „Gleichheit und Freiheit" (!) betitelt ist.

[6] Vgl. dazu *Menger* DÖV 1955, 588.

[7] So *Bachof* JZ 1962, 401.

[8] *Baring* JöR n. F. Bd. 9 (1960) S. 147; vgl. auch *Curti* S. 4 Anm. 6 für das schweizerische Recht.

Erstes Kapitel

Begriff der Selbstbindung

§ 1 Herkömmliche Umschreibungen der Selbstbindung

Die mit dem Begriff der Selbstbindung umschriebene spezifische Gleichheitsbindung der Verwaltung im Bereich „freier" Entscheidungsmöglichkeiten stellt heute einen festen Bestandteil der verwaltungsrechtlichen Rechtsprechung und Literatur dar[1].

So führt der *Württemberg-Badische Verwaltungsgerichtshof*[2] aus, die Verwaltungsbehörde könne sich „in der Ausübung ihres Ermessens durch längere Zeit anhaltende, gleichmäßige" Ermessenshandhabung im Sinne ihrer bisherigen Praxis binden.

Das *Oberverwaltungsgericht Münster*[3] äußert sich ähnlich: Wenn ein Verwaltungsakt in das Ermessen der Behörde gestellt sei, so werde die Behörde „durch längere gleichbleibende Handhabung des Ermessens" derart gebunden, daß sie von ihrer bisherigen Übung nur noch bei Nachweis neuer Umstände abweichen könne.

Der *Bundesgerichtshof*[4] nimmt im Zusammenhang mit der Gewährung von Beihilfen einen möglichen Verstoß gegen den Gleichheitssatz und damit eine Bindung an die bisherige Handhabung (nur) an, wenn der Betroffene geltend machen kann, daß die Gewährung von Beihilfen „zur Regel" geworden sei.

Das *Bundesverwaltungsgericht* beruft sich in seiner Entscheidung vom 28. Mai 1958[5] auf „einen allgemeinen Grundsatz des Verwaltungs-

---

[1] Vgl. außer den im folgenden Genannten: BVerwGE 2, 225; 5, 338; 26, 155; OVG Lüneburg VerwRspr 1955, 981; OVG Münster VerwRspr 1955, 329; VG Frankfurt RzW 1962, 574; *Hamann* Art. 3 Anm. C 3; *Drews-Wacke*, Allgemeines Polizeirecht S. 166; *Forsthoff*, Lehrbuch S. 91; *Ipsen*, Gleichheit S. 148; Franz *Klein*, Gleichheitssatz und Steuerrecht S. 237; *König*, Diss. S. 132, 136; *Lanz* NJW 1960, 1797; *Menger* VerwArch 51, 71; *Mertens*, Selbstbindung, passim, insbes. S. 53, 81 f.; *Ossenbühl* AöR 92, 13; *Oswald* MDR 1960, 20 f.; *Scheerbarth* S. 115; *Schmidt - Bleibtreu*, BVerfGG § 90 Rdn. 111; *Schüle* VerwArch 34, 23; krit. *Rupp*, Grundfragen der heutigen Verwaltungsrechtslehre S. 120; LG Berlin NJW 1966, 1364; *Schaumann* JZ 1966, 723.
[2] VerwRspr 1952, 557.
[3] OVGE 4, 9; ähnlich OVGE 6, 202.
[4] BGHZ 19, 354.
[5] BVerwGE 8, 10.

rechts", nach dem „sich die Verwaltung durch langjährige Anwendung einer Verwaltungsanweisung unter dem Gesichtspunkt des Gleichheitsgrundsatzes (Art. 3 Abs. 1 GG) selbst bindet".

Nach Walter *Jellinek*[6] engt die Polizei durch eine allgemein geübte Praxis ihr Ermessen in maßgeblicher Weise ein; ein Abweichen davon sei „ungültig" wegen Überschreitung der von der Polizei sich selbst gesetzten Schranken.

Forsthoff[7] bezeichnet es als Verstoß gegen den Gleichheitssatz und damit als „Willkür", wenn die Behörde innerhalb des ihrer „Ermessensbetätigung zugrunde liegenden Konzepts benachteiligende Einzelentscheidungen von diesem Konzept trifft".

Nach Ingo *von Münch*[8] ergibt sich aus der „Kontinuierlichkeit innerhalb der Verwaltung nicht selten eine konstante Praxis", von der ein Abweichen „ohne sachlichen Grund" einen Verstoß gegen den Gleichheitssatz darstellt.

Hans J. *Wolff*[9] nimmt eine Verletzung des Gleichheitssatzes an, wenn die Behörde ohne zureichenden Grund von ihrer bisherigen Praxis abweicht, an die sie sich auf Grund gleichmäßigen Ermessensgebrauchs selbst gebunden habe.

Auf eine einheitliche Formel gebracht wird der Gedanke der Selbstbindung der Verwaltung in dem Sinn verstanden, daß eine Verwaltungsbehörde in Fällen, in denen ihr Ermessen an sich „frei" ist, durch länger von ihr geübte Handhabung sich selbst Richtlinien gibt, von denen sie ohne besonderen Grund in gleichartigen Fällen nicht mehr abweichen darf; so, wenn sie in einem Wohnviertel stets unter gewissen Voraussetzungen Erlaubnisse erteilt, wenn sie bestimmte Zustände unberührt läßt oder wenn sie bestimmte Verhältnisse als ordnungsgemäß erachtet. Während das Abweichen von dieser Praxis im allgemeinen als Ermessensmißbrauch gewertet wird[10], wird die Bindung des Ermessens selbst dogmatisch überwiegend auf den Gleichheitssatz zurückgeführt, daneben aber auch auf den Grundsatz von Treu und Glauben[11].

---

[6] W. *Jellinek*, Gesetz S. 324; ders. Verwaltungsrecht S. 446.
[7] *Forsthoff* S. 91.
[8] Ingo *von Münch* AöR 85, 298.
[9] *Wolff*, Verwaltungsrecht I § 31 II d 2.
[10] OVG Münster DÖV 1964, 560; *Schwarzenbach* S. 30; *Turegg - Kraus* S. 31; *Wolff*, Verwaltungsrecht I § 31 II d 2; *Lanz* NJW 1960, 1797.
[11] Vgl. dazu unten S. 52.

§ 2 Kritische Betrachtung der traditionellen Auffassungen

1. Selbstbindung im Bereich eigener Wertungsmöglichkeiten der Verwaltung

Eine nähere Betrachtung dieser Begriffsbestimmungen zeigt, daß die Frage der Selbstbindung weitgehend auf den Bereich des „freien" *Ermessens* der Verwaltung beschränkt wird[12].

a) Bindung im Bereich abschließend determinierter Verwaltungstätigkeit

Richtig ist, daß die Selbstbindung in Form einer Gleichheitsbindung dort nicht möglich ist, wo die Verwaltung auf Grund sich aus der Rechtsordnung unmittelbar ergebender Verpflichtungen an ein bestimmtes Verhalten gebunden ist[13]. Zwar ist es denkbar, daß die Behörde sich auch im Bereich abschließender gesetzlicher Normierung insofern binden kann, als sie einen Wechsel in der Rechtsauffassung, d. h. bei der Auslegung des Gesetzes, nicht überraschend vollziehen darf; eine in dieser Form mögliche Bindung kann hier jedoch außer Betracht bleiben, da sie ihre Grundlage nicht im Gleichheitssatz findet[14]: Dem Gleichheitssatz kann weder eine Verpflichtung entnommen werden, einen Wechsel in der Rechtsauffassung vor deren praktischen Durchführung ersichtlich werden zu lassen, noch bindet er die Behörde in der Weise, daß sie ihre bisher vertretene, falsche Rechtsauffassung beibehalten muß. Vielmehr hat sich die Verwaltungsbehörde einzig und allein an die gesetzesentsprechende (richtige) Auslegung zu halten, die immer nur in einem ganz bestimmten Sinne lauten kann[15]; jedes Schwanken in der Auslegung des Gesetzes muß daher die Folge haben, daß die eine Maßnahme rechtmäßig, die andere rechtswidrig ist.

Hindert der Gleichheitssatz die Behörde also nicht, von ihrer bisherigen falschen Rechtsauffassung abzugehen, so läßt sich eine Gleichheitsbindung doch insofern bejahen, als die Behörde nicht von ihrer sonstigen *richtigen* Praxis abweichen darf. Da Art. 3 Abs. 1 GG allgemein die Gleichheit vor dem Gesetz, also auch bei der Anwendung zwingender gesetzlicher Vorschriften bestimmt, ist eine Gleichbehandlungspflicht auch im Bereich strenger Gesetzesanwendung nicht grundsätzlich ausgeschlossen. Der Gleichheitssatz gewinnt hier Bedeutung, wenn die Behörde eine zwingende Norm außer acht läßt und so eine

---

[12] Württ.-Bad. VGH VerwRspr 1952, 557; OVG Münster OVGE 4, 9; *Forsthoff* S. 91; W. *Jellinek*, Gesetz S. 324; *Oswald* MDR 1960, 21; *Wolff*, Verwaltungsrecht I § 31 II d 2; vgl. aber auch Franz *Klein* S. 237.
[13] So zutreffend *Mertens*, Selbstbindung S. 30.
[14] Vgl. dazu W. *Jellinek* RuPrVBl 52, 807; *Schüle* VerwArch 39, 24.
[15] Zur Unterscheidung: Auslegung — Ermessen vgl. *Forsthoff* S. 81, 89.

Ungleichbehandlung gegenüber den in Übereinstimmung mit der Norm Behandelten hervorruft. Die Rechtswidrigkeit der betreffenden Maßnahme ergibt sich einmal aus dem Charakter der Norm als eines generellen und abstrakten Rechtsbefehls, der entsprechend seinem Inhalt allgemeine Geltung beansprucht und daher in jedem Fall, der den gesetzlichen Tatbestand erfüllt, Anwendung zu finden hat. Soweit darüber hinaus die Rechtswidrigkeit wegen eines Verstoßes gegen den Gleichheitssatz festgestellt werden kann, beruht diese nicht auf der Mißachtung eines von der Behörde selbst entwickelten und inhaltlich bestimmten Differenzierungsschemas, sondern auf einer Außerachtlassung der sich aus den Tatbestandsvoraussetzungen und damit unmittelbar aus der gesetzlichen Regelung ergebenden Wertung hinsichtlich der maßgeblichen Merkmale für die betreffende Rechtsfolgeentscheidung. Da diese Gleichheitsbindung auf Grund des (normativ) vorgegebenen Differenzierungsschemas von vornherein konkretisiert, ihre Form also nicht mehr der näheren Ausgestaltung durch die Behörde überlassen ist, kann sie bei der Frage der „Selbstbindung" der Verwaltung durch Art. 3 Abs. 1 GG zunächst[16] zurückgestellt bleiben.

b) Bindung im Bereich eigenen Entscheidungsspielraums

Die Selbstbindung im eigentlichen Sinn betrifft nur den Bereich, in dem die Verwaltungsbehörden mangels abschließender gesetzlicher Regelung mehrere Wertungen zugrunde legen und zur Richtschnur ihres Handelns erheben können[17]. Zwar besteht auch in diesem Bereich nicht die Möglichkeit für die Verwaltung, nach „Belieben" zu entscheiden, also völlig freie Wertungen vorzunehmen. Letztlich bleibt jede Tätigkeit der Verwaltung „Wertverwirklichung"[18] durch Ausrichtung auf das gemeine Wohl. Auch die Ermessensentscheidung kann nicht auf ausschließlich durch den Verwaltungsbeamten gesetzte Bewertungsmaßstäbe gestützt werden; das die Ermessensentscheidung einräumende Gesetz nimmt bereits eine „Vorwertung" vor[19], zeigt an, welche Gesichtspunkte mitherangezogen werden dürfen (und sollen) und welche nicht. Entscheidend ist aber die Möglichkeit einer *eigenen Wertung* des Beamten im verbleibenden Bereich, der noch genügend Spielraum läßt, um dieser oder jener Möglichkeit den Vorzug einzuräumen[20].

---

[16] Näher dazu unten S. 88 f.
[17] So zutreffend *Mertens*, Selbstbindung S. 30.
[18] Vgl. *Forsthoff* S. 82; *Stern*, Ermessen S. 17.
[19] Ähnl. *Stern*, Ermessen S. 16/17.
[20] Rüdiger *Klein* AöR 82, 84; insofern ist die Bezeichnung der Ermessens-

aa) Ermessen

Diese Erscheinung findet sich zunächst im Rahmen des Verwaltungsermessens wieder, das durch das Fehlen einer abschließenden gesetzlichen Normierung gekennzeichnet ist, da angesichts der Mannigfaltigkeit und Unbestimmtheit der möglichen Maßnahmen die erschöpfende Erfassung der Materie in Rechtssätzen kaum möglich ist. Weil die Verwaltung in diesem Bereich mehrere Wertungen ihrer Entscheidung zugrunde legen kann und dabei gleichermaßen im Rahmen der Rechtsordnung bleibt[21], ist hier die Möglichkeit einer Selbstbindung gegeben. Diese besteht darin, die vielen *möglichen* Wertungen im Hinblick auf die von der Verwaltung *tatsächlich* vorgenommenen Wertungen zu untersuchen und das daraus folgende Differenzierungsschema, das sich die Verwaltung selbst gesetzt hat, ihren weiteren Entscheidungen zugrunde zu legen.

bb) Beurteilungsspielraum

Wenn es lediglich darauf ankommt, daß die Verwaltungsbehörde mehrere gleichermaßen rechtmäßige Wertungen vornehmen kann, ist die Beschränkung der Selbstbindung auf die Sphäre der „freien" Ermessensausübung nicht zwingend. Vielmehr kann die Selbstbindung auch den Bereich des freien Beurteilungsspielraums in den Grenzen, in denen der Verwaltung eine eigene, im Ergebnis nicht eindeutig festgelegte Entscheidung zugestanden wird — unter Umständen auch den Bereich von Prüfungsentscheidungen und dienstlichen Beurteilungen[22] — umfassen. Denn auch hier hat die Rechtsordnung dem einzelnen Beamten zwar die Richtung für die Entscheidung gewiesen, ohne ihm aber die Möglichkeit letzlich eigener Wertung aus der Hand zu nehmen. So hat die Behörde bei der Frage, ob die besonderen örtlichen Verhältnisse die Verkürzung der Sperrstunde für eine Gastwirtschaft rechtfertigen, einen „gewissen Spielraum eigener Beurteilung"[23], der der gerichtlichen Nachprüfung lediglich daraufhin unterliegt, „ob seine Grenzen eingehalten oder überschritten worden sind"[24]. Der

---

betätigung als „schöpferisches Handeln" (*Peters*, Lehrb. S. 6; *Stern*, Ermessen S. 22) durchaus gerechtfertigt; dagegen aber *Rupp* S. 192.

[21] Vgl. *Peters*, Lehrb. S. 10; *Menger*, Der Schutz S. 754; anders *Bettermann* Der Staat 1962, 85.

[22] Diese werden auch als Unterfall des „Beurteilungsspielraums" aufgefaßt, vgl. z. B. OVG Münster GewArch 1965, 276.

[23] So OVG Münster OVGE 16, 205 zu § 2 der VO über die Sperrstunde in Gast- und Schankwirtschaften v. 16. Februar 1957; dabei handelt es sich um den besonderen Fall der Koppelung eines Beurteilungsspielraums mit einer Ermessensentscheidung.

[24] OVG Münster OVGE 16, 205/206.

Unterschied zur Anwendung einer Gesetzesnorm ohne Beurteilungsspielraum liegt darin, daß bei dieser die zugrunde gelegte Auffassung eindeutig durch die Gerichte nachprüfbar ist, während beim Beurteilungsspielraum das Ergebnis der Subsumtion innerhalb eines bestimmten Rahmens eine ausschließliche Sache des beurteilenden Beamten bleibt. Deshalb ist die Möglichkeit einer Selbstbindung auch im Bereich des Beurteilungsspielraums, in dem das Ergebnis der Entscheidung gesetzlich nicht festgelegt ist, in Betracht zu ziehen[25].

cc) *Subordinationsrechtliche Verträge*

Darüber hinaus stellt sich die Frage, ob die Verwaltung nicht auch im Bereich öffentlich-rechtlicher Verträge einer Selbstbindung unterliegt, etwa in der Art eines Kontrahierungszwangs, wie er bereits auf dem Gebiet des Privatrechts geläufig ist. Es ergibt sich hier ein ähnliches Bild wie beim einseitig hoheitlichen Handeln im Bereich des Ermessens oder des freien Beurteilungsspielraums: Die Behörde kann ihr Verhalten an eigenen Wertungen ausrichten, während die Bindung durch die Gesetze den äußeren Rahmen des Handelns bildet.

2. Erfordernis der Verwaltungsübung

Neben der Beschränkung der Selbstbindung auf den Bereich des Ermessens ist den oben wiedergegebenen Umschreibungen[26] gemeinsam, daß sie lediglich eine *länger* von der Verwaltung geübte Handhabung des Ermessens als Grundlage für eine Gleichheitsbindung anerkennen[27]. Es wird also ein qualitativer Unterschied zwischen der Gleichheit in zwei und der in mehreren Fällen gemacht[28], für den sich aus Art. 3 Abs. 1 GG nicht ohne weiteres ein Anhaltspunkt ergibt.

Die Frage, ob die Selbstbindung eine längere Praxis voraussetzt, kann insbesondere dann von Bedeutung sein, wenn es sich um ein eng umgrenztes Gebiet handelt, z. B. das der Vergabe von Subventionen für einen ganz bestimmten Wirtschaftszweig, auf dem sich

---

[25] Vgl. auch Franz *Klein* S. 237; daß der Gleichheitssatz auch im Bereich des freien Beurteilungsspielraums Anwendung findet, ist schon des öfteren anerkannt worden, ohne daß darin auch ein Fall der Selbstbindung gesehen wurde; vgl. BVerwG NJW 1961, 796; OVG Münster GewArch 1965, 276; *Ipsen*, Gleichheit S. 147; *Leibholz*, Gleichheit S. 160/161.

[26] Vgl. Württ.-Bad. VGH VerwRspr 1952, 557; OVG Münster VerwRspr 1955, 330; BGHZ 19, 354; W. *Jellinek*, Gesetz, S. 324; Ingo *v. Münch* AöR 85, 298.

[27] Das gleiche Erfordernis wäre dementsprechend auch für den Beurteilungsspielraum oder den öffentlich-rechtlichen Vertrag aufzustellen, falls man zu einer Erstreckung auch auf diese Bereiche gelangte.

[28] Vgl. insbes. *König*, Diss. S. 133.

§ 2 Kritische Betrachtung der traditionellen Auffassungen

kaum eine zahlenmäßig bedeutsame Praxis entwickeln kann. Unter Umständen stimmen die in Betracht kommenden Fälle in den wesentlichen Punkten so überein, daß bereits die Berücksichtigung des einen Antragstellers bei einer Außerachtlassung des anderen als gleichheitswidrig empfunden wird. Zwar steht es der Verwaltung frei, ob und unter welchen Voraussetzungen sie Subventionen verteilt; es bleibt aber die Frage, ob sie nicht nach Vergabe einer Subvention hinsichtlich der konkurrierenden Firma, die im wesentlichen gleiche Voraussetzungen mit sich bringt, an die maßgeblichen Gesichtspunkte bei der Vergabe der ersten Subvention gebunden ist.

3. Eigene Definition der Selbstbindung — Umgrenzung des Themas

Die Möglichkeit einer Selbstbindung ist daher weder auf den Bereich des Ermessens zu beschränken, noch kann eine längere Verwaltungspraxis von vornherein als einzig denkbare Grundlage unterstellt werden. Damit ergibt sich als Ausgangspunkt für die weiteren Untersuchungen: Die Selbstbindung in dem Sinne, wie sie hier in Frage steht, ist zu verstehen als die *Bindung der Verwaltung im Bereich eigener Wertungsmöglichkeiten an das von ihr gesetzte Differenzierungsschema mit der Folge, daß sie davon in gleichgelagerten Fällen nicht ohne weiteres abweichen kann.*

Zweites Kapitel

Abgrenzung zu ähnlichen Erscheinungsformen

§ 3 Das Verhältnis von Fremdbindung und Selbstbindung

Eine Abgrenzung der Selbstbindung zu anderen Bindungsformen hat zunächst von dem Begriff der Fremdbindung auszugehen, der dem der Selbstbindung konträr gegenüber zu stehen scheint.

1. Das Wesen der Fremdbindung

Als Fremdbindung läßt sich die Bindung der Verwaltung durch außerhalb ihrer selbst liegende Umstände bezeichnen. Ein solche Bindung ist jedem Handeln der Verwaltung immanent; denn die vollziehende Gewalt ist (ebenso wie die Rechtsprechung) an Gesetz und Recht gebunden, Art. 20 Abs. 3 GG. Diese Bindung erfolgt in zweierlei Formen:

Möglich ist eine feste gesetzliche Normierung mit der Folge, daß die Verwaltung zu einem bestimmten Handeln oder Unterlassen verpflichtet, ihr Handeln also konkret durch eine Norm determiniert ist. Möglich ist aber auch, daß die Verwaltung einen Entschließungsspielraum (Bewertungsspielraum) hat, innerhalb dessen sie sich „frei" entscheiden kann. Da sich aber auch diese Freiheit der Verwaltung nur innerhalb der durch das Gesetz gezogenen Schranken auswirken kann, unterliegt auch der Bereich „freien" Entscheidungsspielraums einer Fremdbindung, die zwar gegenüber der ersten Form abgeschwächt ist, aber noch deren wesentliches Kennzeichen trägt, das in der Bindung durch außerhalb der Verwaltung selbst liegende Umstände liegt.

2. Das Wesen der Selbstbindung

Im Gegensatz zu diesen beiden Formen der Fremdbindung versteht man als „Selbstbindung" im Sinne einer Gleichbehandlungspflicht die Einschränkung der Handlungsfreiheit der Verwaltung durch einen von ihr selbst gebildeten Maßstab. Das bedeutet jedoch nicht, daß der Verwaltung auch die Entscheidung darüber überlassen ist, ob sie sich überhaupt bindet; sie hat allein das Recht, die Gleichheitsbindung inhaltlich zu konkretisieren. Demgemäß ist auch die „Selbstbindung" nur in beschränktem Maße eine Bindung durch die Verwaltung selbst: Sie bindet sich durch ihr eigenes Verhalten, weil ihre

Tätigkeit dem Gleichheitssatz bzw. — nach einer Mindermeinung — dem Grundsatz von Treu und Glauben unterworfen ist. Zu dem Handeln der Verwaltung muß also noch die Norm hinzutreten, die ihm Bindungswirkung verleiht. Erst unter diesem Gesichtspunkt kann das „Verwaltungsgeschehen Bindungskraft erlangen, hierdurch erst kann es verobjektiviert werden"[1].

So gesehen ist die Selbstbindung lediglich ein Sonderfall der Fremdbindung, bei dem die Freiheit der Verwaltung durch Art. 3 GG im Sinne des von ihr gesetzten Differenzierungsschemas eingeschränkt wird. Daran zeigt sich auch die Funktion des Gleichheitssatzes: Dieser stellt, wie Mertens[2] zutreffend ausführt, nicht das Ziel bei den Entscheidungen der Verwaltung dar, sondern lediglich ein Regulativ, das erst in Verbindung mit dem vorangegangenen, zielgerichteten Verwaltungsgeschehen eine konkrete Bindung erzeugt[3].

Demnach ist die „Selbstbindung" eine *inhaltlich in die Freiheit der Verwaltung gestellte Konkretisierung der Fremdbindung durch Art. 3 GG*. Allerdings, und insofern ist ihre Bezeichnung und besondere Stellung gerechtfertigt, ist gerade das Recht der freien Bestimmung praktisch von besonderer Bedeutung, da es die Verwaltung ermächtigt, selbst die Bindung zu konkretisieren.

§ 4 Formen staatlicher Selbstbindung außerhalb der Gleichbehandlungspflicht der Verwaltung

1. Gleichheitsbindung anderer staatlicher Gewalten

Beschränkt sich die Darstellung auf die spezifische Gleichbehandlungspflicht der Verwaltung in Form der Selbstbindung, so hat die Gleichbehandlungspflicht anderer staatlicher Organe aus dem Kreis der Überlegungen auszuscheiden. Das gilt insbesondere für die Frage, ob und in welcher Form der *Gesetzgeber* an den Gleichheitssatz gebunden ist[4], aber auch für die Problemstellung, ob die *Rechtspre-*

---

[1] *Lanz* NJW 1960, 1797.
[2] *Mertens*, Selbstbindung S. 78; ders., Das Recht auf Gleichbehandlung JUS 1963, 394.
[3] Vgl. *Lanz* NJW 1960, 1797.
[4] Für eine grundsätzliche Bindung: BVerfGE 1, 52, 247; 4, 155; ständ. Rspr.; *Giese - Schunck* Art. 3 Anm. 2; *Hamann* Art. 3 Anm. C 1; *v. Mangoldt - Klein* Art. 3 Anm. IV; *Wernicke* in BK Art. 3 Anm. II 1 b; *Böckenförde* S. 13 f.; *Fuss* JZ 1959, 329; *Leibholz* DVBl 1951, 193 ff.; *Mertens*, Selbstbindung S. 7; *v. Münch* AöR 85, 281; *Wolff*, Verwaltungsrecht I § 30 I b 2. Dagegen: *Thoma* DVBl 1951, 457 ff.; *Apelt* JZ 1951, 353 ff.; *Mallmann* DRZ 1950, 411 ff.; einschränkend auch *Ipsen*, Gleichheit S. 157; Franz *Klein* S. 165/166; *Bettermann*, Der Staat 1962 S. 90.

chung in der Weise an den Gleichheitssatz gebunden ist, daß sie etwa ihre bisher vertretene Rechtsauffassung beibehalten muß[5].

2. Selbstbindung auf Grund subordinationsrechtlicher Verträge und Zusagen

Wie einerseits die Problemstellung nicht die Selbstbindung aller staatlichen Organe umfaßt, so läßt sie andererseits jene Formen der „Selbstbindung" der Verwaltung außer acht, die nicht im Sinne einer Gleichbehandlungspflicht zu verstehen und daher von dieser zu unterscheiden sind.

Dazu[6] zählt einmal der Bereich subordinationsrechtlicher *Verträge*[7], in dem sich die Bindung der Behörde auf Grund der einen konkreten Fall oder ein bestimmtes Rechtsverhältnis betreffenden Vereinbarung mit einem Gewaltunterworfenen ergibt, nicht aber aus einem Verhalten der Behörde in anderen Fällen.

Als weitere Form der „Selbstbindung" hat die Bindung der Verwaltung durch *Zusagen*[8] gegenüber einzelnen Bürgern außer Betracht zu bleiben: Sie knüpft ebenfalls nicht an die Verwaltungspraxis früherer Fälle an, sondern an eine Maßnahme der Verwaltungsbehörde im Zusammenhang mit dem konkreten in Frage stehenden Fall.

§ 5 Gleichheitsbindung im privatrechtlichen Bereich

Die Frage der Selbstbindung in Form einer Gleichbehandlungspflicht hat in neuerer Zeit auch im Privatrecht, insbesondere auf den Gebieten des Vereins- und Gesellschaftsrechts, und im Arbeitsrecht starke Beachtung gefunden. Die große Bedeutung, die den in diesen Bereichen entwickelten Gesichtspunkten auch für das öffentliche Recht zukommt, legt einen kurzen Überblick über die Erklärung der Selbstbindung auf diesen Gebieten nahe.

---

[5] Dazu BVerfGE 4, 6; Eduard *Bötticher*, Die Gleichheit vor dem Richter, Rektoratsrede, Hamburg 1954 S. 21 ff.

[6] Zu dem Wesen des Vertrages als Selbstbindung der Vertragspartner neuerdings ausführlich *Larenz*, Allgemeiner Teil des deutschen Bürgerlichen Rechts, München 1967, S. 80 ff., insbes. S. 84.

[7] Vgl. dazu OVG Münster DVBl 1960, 768 ff.; *Apelt*, Der verwaltungsrechtliche Vertrag insbes. S. 24 ff.; *Salzwedel*, Die Grenzen der Zulässigkeit S. 28 ff.; *Stern* VerwArch 49, 110; *Wolff*, Verwaltungsrecht I § 44 I b 2.

[8] Vgl. BVerwG DVBl 1966, 857; Bericht über den 44. Deutschen Juristentag, *Meyer - Dulheuer* DVBl 1962, 750 f.; *Mayer*, Zur Frage der Verbindlichkeit behördlicher Zusagen JZ 1964, 677 ff. m. w. N.; *Obermayer*, Der Verwaltungsakt als Gegenstand von Zusagen und Rechtsauskünften NJW 1962, 1465 m. w. N.

1. Unmittelbare Drittwirkung des Art. 3 GG im bürgerlichen Recht

Der umfassendste Versuch der Erklärung einer Gleichbehandlungspflicht im Bereich des Privatrechts geht auf die Theorie von der unmittelbaren „Drittwirkung" der Grundrechte[9] zurück, nach der Art. 3 GG über seine Funktion als allgemeinem Rechtsgrundsatz der Charakter eines für den Privatrechtsverkehr unmittelbar verbindlichen Gleichbehandlungsgebots zukommt[10].

Während die Grundrechte ihrer historischen Entstehung nach das Verhältnis Staat — Bürger betreffen[11], kann es heute als gesichert gelten, daß sich der Einfluß der Grundrechte nicht notwendig auf die Beziehungen des einzelnen zum Staat beschränkt[12]. Insofern geht es bei der Frage der Drittwirkung der Grundrechte nur noch darum, ob sich die Grundrechte *unmittelbar* und *absolut*[13] auf die Beziehungen Privater untereinander erstrecken oder die in ihnen positivierten Wertentscheidungen lediglich durch das „Medium"[14] privatrechtlicher Vorschriften im Privatrechtsverkehr Einfluß nehmen. Hier muß — ohne alle bereits ausführlich vorgebrachten Gesichtspunkte für und wider eine unmittelbare Drittwirkung erneut aufzuführen — die Feststellung genügen, daß die wohl herrschende Meinung[15] aus dem Zusammenhang der Grundrechte, insbesondere auch aus der ausdrücklichen Anordnung einer Drittwirkung in Art. 9 Abs. 3 S. 2 GG[16], schließt, der Grundgesetzgeber habe hinsichtlich der übrigen Grundrechte keine unmittelbare Bindungswirkung zwischen den Bürgern gewollt. M. E. entspräche es auch keineswegs dem Inhalt des allgemeinen Gleichheitsgrundsatzes und damit einem Erfordernis der Gerechtigkeit, an Art. 3 GG die gesamten privatrechtlichen Beziehungen

---

[9] Vgl. *Nipperdey* RdA 1950, 121—128; *Enneccerus - Nipperdey* S. 93 Anm. 62 mit ausführlichen w. N.; nachzutragen ist: Walter *Leisner*, Grundrechte und Privatrecht S. 306 ff.

[10] Vgl. *Enneccerus - Nipperdey* S. 102; allerdings sei i. d. R. ein Verstoß gegen den Gleichheitssatz nur bei einer Differenzierung aus den in Art. 3 Abs. 2 und 3 GG genannten Gründen gegeben (S. 103). Für eine unmittelbare Drittwirkung des Art. 3 Abs. 3 GG vor allem *Boehmer*, Erbrecht, in: Die Grundrechte Bd. II, herausgegeben von Neumann - Nipperdey - Scheuner, Berlin 1954, S. 421 f.

[11] *v. Mangoldt* AöR 75, 275; *v. Mangoldt - Klein* S. 61; Alfred *Hueck* S. 18/19.

[12] Vgl. BVerfGE 7, 205; BGHZ 11 Anh. S. 64; *Giese - Schunck* Vorbem. II vor Art. 1; *Leibholz - Rinck* vor Art. 1 Rdn. 2; Götz *Hueck* S. 96/97 m. w. N.

[13] *Enneccerus - Nipperdey* S. 94.

[14] BVerfGE 7, 205; *Leibholz - Rinck* vor Art. 1 Rdn. 2.

[15] Vgl. z. B. BVerfGE 7, 206; *Böckenförde* S. 18; *Dürig* in Maunz - Dürig Art. 1 Abs. 3 Rdn. 102, 127 ff.; Götz *Hueck* S. 98, 104; *Ipsen*, Gleichheit S. 143 f.; weitere Nachweise bei *Enneccerus - Nipperdey* S. 93 Anm. 62.

[16] Vgl. Alfred *Hueck* S. 16; *Böckenförde* S. 18; Rolf *Dietz*, Die Koalitionsfreiheit, in: Die Grundrechte 3. Bd. 1. Halbband, herausgegeben von Bettermann - Nipperdey - Scheuner, Berlin 1958, S. 426 Fußn. 34.

zu knüpfen; es ist durchaus ein Unterschied, ob es sich um ein übliches Geschäft im Privatrechtsverkehr handelt oder um die Gestaltung von Einzelrechtsverhältnissen innerhalb der staatlichen oder einer sonstigen Gemeinschaft[17]. Im Bereich des Privatrechts, in dem auf Austausch gerichtete Rechtsverhältnisse von besonderer Bedeutung sind, verlangt die Gerechtigkeit ein gegenseitiges Entsprechen von Leistung und Gegenleistung und stellt so ein Gleichheitsprinzip besonderer Art auf[18], das zu um so größerer Vorsicht bei der Heranziehung eines allgemeinen Gleichbehandlungsgebotes zwingt. Das gilt sowohl für die Frage der absoluten Drittwirkung des Art. 3 Abs. 1 GG[19] wie auch der Abs. 2 und 3, die allgemein im Vordergrund der Erörterungen stehen[20].

Im Hinblick auf die im Grundrechtskatalog enthaltene allgemeine Wertordnung wird dagegen überwiegend[21] eine *mittelbare* Bindung des Privatrechtsverkehrs an die in den Grundrechten positivierten Wertentscheidungen über die bürgerlichrechtlichen Generalklauseln (§§ 138, 242, 826 BGB) bejaht, bei deren Auslegung die Grundrechtsforderungen zur Bestimmung der Begriffe „sittenwidrig" und „Treu und Glauben" herangezogen werden. Eine Sittenwidrigkeit wegen Verstoßes gegen den Gleichheitsgrundsatz dürfte aber überaus selten sein, da grundsätzlich volle Entscheidungsfreiheit im Verkehr unter Privaten besteht, es sei denn, es liege ausnahmsweise ein besonderer sozialer Kontrakt zwischen mehreren Beteiligten vor[22]. „Freiheit ist Freiheit auch zur Unvernünftigkeit, Inkonsequenz, Unlogik und Sprunghaftigkeit"[23], das Kennzeichen der privatrechtlichen Gestaltungsfreiheit ist gerade die Unterwerfung der Beteiligten „unter die Willkür des maßgeblichen Dritten"[24], soweit nicht im Einzelfall Wucher oder eine sittenwidrige Relation von Mittel und Zweck vorliegt.

---

[17] Vgl. dazu S. 26, 32.
[18] Götz *Hueck* S. 4, 12.
[19] Dazu *Enneccerus - Nipperdey* S. 102.
[20] Vgl. insbes. *Boehmer* a.a.O.; ausführliche weitere Nachweise bei Götz *Hueck* S. 100/101 Anm. 14.
[21] Vgl. z. B. BVerfGE 7, 234; BGHZ 39, 132; *Dürig* in Maunz - Dürig Art. 1 Abs. 3 Rdn. 138; *Böckenförde* S. 20; *Larenz* I S. 62, 65; *Salzwedel*, Gleichheitsgrundsatz S. 341; *Stern - Püttner*, Die Gemeindewirtschaft S. 138 m. w. N.; wieder anders *v. Mangoldt - Klein* Vorbem. A VI 4 e, nach dem einzelne Grundrechte, so auch Art. 3 Abs. 3, nicht aber Art. 3 Abs. 1, als „Grundsatznormen" über § 134 BGB auf den Privatrechtsverkehr einwirken.
[22] Näher dazu S. 32.
[23] *Salzwedel*, Gleichheitsgrundsatz S. 348; ähnlich *Larenz* I S. 64; *Tetzner*, Kartellrecht 1. Aufl., München und Berlin 1965, S. 118; dageg. *Leisner* S. 359 Anm. 182.
[24] Götz *Hueck* S. 103; zur Frage, ob dies auch für die fiskalisch tätig werdende Verwaltung gilt, vgl. unten S. 118 ff.

§ 5 Gleichheitsbindung im privatrechtlichen Bereich

2. Gleichbehandlungspflicht im Arbeits- und Gesellschaftsrecht

Das *Reichsarbeitsgericht*[25] hatte zeitweise eine Gleichbehandlungspflicht im A r b e i t s r e c h t aus dem Vorhandensein sog. „konkreter Ordnungen" im Rahmen der einzelnen Betriebe abgeleitet. In neuerer Zeit hat *Bötticher*[26] den Grundgedanken dieser Rechtsprechung wieder aufgegriffen und daraus die Theorie des Normvollzuges entwickelt. Danach sind insbesondere die Regeln als „Normen" zu beachten, die der Arbeitgeber bei der freiwilligen Gewährung von betriebsgebundenen Leistungen setzt.

Im Recht der P e r s o n e n g e s e l l s c h a f t e n wie auch im Körperschaftsrecht wird gelegentlich[27] der Grundsatz von Treu und Glauben zur Erklärung einer Gleichbehandlungspflicht herangezogen, ohne daß bisher der Versuch gemacht worden wäre, diese Auffassung näher zu begründen.

Raiser[28] leitet eine Gleichbehandlungspflicht privater Rechtssubjekte aus einem unmittelbar aus der Gerechtigkeit zu entwickelnden Rechtssatz ab, der das gesamte öffentliche und private Recht beherrsche, beschränkt sich dann aber auf eine beispielhafte Aufzählung, von Fällen, ohne eine gemeinsame Grundlage dafür zu finden[29].

Im Anschluß an Raiser sieht Götz *Hueck*[30] als letzte Grundlage jeder Gleichbehandlung das für die gesamte Rechtsordnung maßgebende Gerechtigkeitsprinzip an. Aus diesem ergebe sich das im Privatrecht ebenso wie im öffentlichen Recht geltende allgemeine Gebot, mehrere in gleicher Lage befindliche Personen gleichmäßig zu behandeln[30], sofern diese zu einer rechtlich anerkannten Gemeinschaft, sei es auch nur einer schlichten Interessengemeinschaft in loser Form oder von kurzer Dauer, verbunden seien[31]. Bereits vor Hueck

---

[25] Vgl. z. B. RAG in ArbR Sammlung Bd. 33, 176.

[26] *Bötticher* RdA 1953, 161 ff. und RdA 1957, 317 ff.; ihm folgend *Nikisch*, Arbeitsrecht 1. Bd., 2. Auflage, Tübingen 1955, S. 430; anders in der 3. Aufl., Tübingen 1961, S. 498.

[27] *Erman - Schulze - Wenck*, Handkommentar zum Bürgerlichen Gesetzbuch, 1. Bd., 4. Aufl., Münster 1967, § 705, 11 b; *Larenz*, Lehrbuch des Schuldrechts, 2. Bd., 6. Aufl., München 1964, S. 276; *Scholz*, Kommentar zum GmbHGes., 2. Aufl., Köln 1950, § 14 Anm. 12; *Würdinger*, Gesellschaften Teil 1, Hamburg 1937, S. 38; *Wiethölter* S. 106 Anm. 68.

[28] *Raiser*, Der Gleichheitsgrundsatz im Privatrecht ZHR 111, 75 ff.

[29] Vgl. *Raiser* ZHR 111, 91; bedenklich ist die Auffassung Raisers, daß bereits „Abnehmer von Massenwaren" oder „Mieter einer großstädtischen Mietskaserne" unter das Gleichbehandlungsgebot fallen sollen.

[30] Götz *Hueck* S. 169.

[31] Götz *Hueck* S. 170; ihm folgend: *Larenz*, Schuldrecht, 2. Bd., 7. Aufl., München 1965, S. 210/211; *Soergel - Schultze v. Lasaulx*, Bürgerliches Gesetzbuch, 9. Aufl., 2. Bd., Stuttgart 1962, § 705 Rdn. 45; *Staudinger - Geiler -*

äußerte sich Werner *Böckenförde*[32] in ähnlicher Form: Innerhalb des Privatrechts seien diejenigen Rechtssubjekte einem Gleichbehandlungsgebot unterworfen, die „als Organwalter oder Repräsentanten eines rechtlich geformten Sozialgebildes" dessen Mitgliedern gegenüberständen und diesen Güter zuteilten oder Lasten auferlegten[33].

Die zur Erklärung einer Gleichbehandlungspflicht im Arbeits- und Gesellschaftsrecht entwickelte Theorie der Gemeinschaftsbindung geht in ihrer Bedeutung weit über diese Gebiete hinaus; sie weist, wie sich im Anschluß hieran zeigen wird, nicht nur auf die eigentliche Grundlage des in Art. 3 Abs. 1 GG niedergelegten allgemeinen Gleichbehandlungsangebots hin, sondern gibt auch wichtige Aufschlüsse für die Frage der Selbstbindung der Verwaltung im Bereich privatrechtlicher Betätigung[34].

Keßler, Bürgerliches Gesetzbuch, Bd. 2, Teil 4, Lieferung 1, 11. Aufl., Berlin 1958, Rdn. 40 f. vor § 705, Rdn. 79 zu § 705, Rdn. 15 a zu § 709; dagegen insbes. *Wiethölter* S. 104 ff.

[32] *Böckenförde* S. 25; ebenso *Mertens*, Das Recht auf Gleichbehandlung JUS 1963, 393.

[33] Die Lehre von der unmittelbaren Drittwirkung der Grundrechte im Privatrechtsverkehr mangelt gerade an der Berücksichtigung dieses Gedankens. Es ist etwas anderes, ob es sich um ein gewöhnliches privatrechtliches Geschäft handelt oder um die Gestaltung von Einzelrechtsverhältnissen durch Organwalter und Mitglieder eines rechtlich geformten Sozialgebildes.

[34] Vgl. dazu unten S. 121 f.

Drittes Kapitel

Historische Entwicklung und rechtsphilosophische Grundlagen

§ 6 Historische Entwicklung des Prinzips der Selbstbindung

Während der Grundsatz der Gleichheit vor dem Gesetz[1] in seiner allgemeinen Form bereits 1794 in § 22 der Einleitung zum „Allgemeinen Landrecht für die Preußischen Staaten"[2] seinen Ausdruck gefunden hat, später in Art. 4 der Verfassungsurkunde für den preußischen Staat vom 31. Januar 1850[3] übernommen wurde, fand der Gedanke der Selbstbindung der Verwaltung im Sinne einer Gleichbehandlungspflicht zum ersten Mal bei Rudolf Gneist[4] ausdrückliche Anerkennung. Ausgehend von den Verhältnissen im englischen Recht kommt Gneist zu dem Ergebnis, daß eine gerechte Entscheidung weniger auf einer „logischen Auslegung der Gesetze" beruhe, als auf der „Innehaltung des gleichen Maßes, welches durch die ausübenden Beamten in der continuierlichen Ausübung des Amtes selbst zu finden" sei[5]. Aufgabe der Verwaltungsgerichte sei es vor allem, Schutz zu gewähren gegen die „parteiische Maßbestimmung (iniquitas)", die „den Sinn der Verwaltungsgesetze dem Einen zu Lieb, dem Anderen zu Leid verkehrt"[6]. Ein Verstoß gegen diesen Grundsatz stelle nicht nur eine bloße Unzweckmäßigkeit, sondern eine Rechtswidrigkeit dar, die der Nachprüfung durch die Gerichte unterliege[7].

Der Gleichmäßigkeitsgedanke Gneists hat zunächst lebhaften Widerspruch gefunden[8]. So erklärt *von Lemayer*[9], Gneist übertrage die

---

[1] Zur Geschichte des Gleichheitssatzes vgl. *Böckenförde* S. 53; *Ipsen*, Gleichheit S. 115 ff.; *Rümelin*, Die Gleichheit vor dem Gesetz S. 8 ff.; *Stier-Somlo*, Gleichheit S. 183 ff. jeweils mit zahlreichen weiteren Nachweisen.

[2] „Die Gesetze des Staates verbinden alle Mitglieder desselben ohne Unterschied des Standes, Ranges und Geschlechtes."

[3] „Alle Preußen sind vor dem Gesetz gleich, Standesvorrechte finden nicht statt."

[4] Der Rechtsstaat und die Verwaltungsgerichte in Deutschland, 1879.

[5] *Gneist* S. 47.

[6] *Gneist* S. 293.

[7] Mit Recht deutet W. *Jellinek*, Verwaltungsrecht S. 293 die Auffassung Gneists in dieser Weise und wendet sich gegen die Behauptung, Gneist habe der „Betrauung der Verwaltungsgerichte mit Zweckmäßigkeitsfragen" das Wort geredet.

[8] Von *Lemayer* GrünhZ 22 (1895), 353 ff. (417 f.); *von Stengel*, Die Organi-

3. Kapitel: Historische und rechtsphilosophische Grundlagen

Grundsätze des englischen Rechts auf die deutschen Verhältnisse, ohne die grundlegenden historischen Gegensätze beider Rechtsbereiche zu beachten; die „Maßbestimmung", die Gneist der Verwaltungsgerichtsbarkeit zuschreibe, laufe auf eine dem deutschen Recht fremde „Judikatur nach ‚precedents' hinaus".

Auch die Rechtsprechung folgte dem Gleichmäßigkeitsgedanken Gneists nur zögernd[10]. Das *Sächsische Oberverwaltungsgericht* vertritt noch in seinem Urteil vom 4. Mai 1903[11] den Standpunkt, der Kläger könne aus einem nachsichtigen Verfahren in anderen Fällen keinen Rechtsanspruch auf Nichtbeanstandung von Räumen in seinen eigenen Häusern herleiten. In einer anderen Entscheidung[12] führte dasselbe Gericht aus, es sei nicht befugt, den Gesichtspunkt zu berücksichtigen, daß Nachbarn des Klägers das Anbringen von Auslagen, die wesentlich weiter über die Baufluchtlinie als die vom Kläger geplante hervorragten, gestattet, dem Kläger aber verweigert worden sei; in solchen Fällen entscheide lediglich das Ermessen der Behörde.

Dagegen erkennt das *Preußische Oberverwaltungsgericht* in seinem Urteil vom 23. Januar 1903[13] die unterschiedliche Behandlung als Anfechtungsgrund an, wenn es feststellt, die Polizei dürfe „nicht die Abhaltung einer Versammlung in einem Haus wegen dessen baulicher Beschaffenheit gänzlich verbieten, wenn sie den Aufenthalt von Menschen daselbst zu anderen Zwecken" gestatte. Auch die bekannten Entscheidungen über das Aufstellen von Strandkörben am Badestrand[14] und das Werben von Zimmervermietern auf öffentlichen Straßen[15] rügen die unterschiedliche Behandlung mehrerer Personengruppen in gleicher Lage und bezeichnen diese als „Willkür", da die Unterscheidung nicht durch polizeiliche Beweggründe zu rechtfertigen sei. In seiner Entscheidung vom 5. November 1907[16] hielt sich das

---

sation der preußischen Verwaltung, Leipzig 1884, S. 45 f.; vgl. aber auch *Sarwey*, Das öffentliche Recht und die Verwaltungsrechtspflege, Tübingen 1880, S. 153 ff.

[9] *Von Lemayer* GrünhZ 22, 417/418.

[10] Vgl. auch die weiteren Nachweise bei W. *Jellinek*, Gesetz S. 325 Anm. 13.

[11] Sächs. OVG, Jahrb. 4, 255/256.

[12] Sächs. OVG, Urt. v. 8. Juni 1904, Jahrb. 5, 327; eine andere Einstellung läßt auch nicht die Entscheidung im Jahrb. 13, 299 erkennen, die zwar die Pflicht der Behörde zur Berücksichtigung von Einzelinteressen in möglichst gleichmäßiger Weise hervorhebt, sich aber auf eine ausdrückliche gesetzliche Vorschrift stützt.

[13] Pr. OVG 42, 403; ähnl. Pr. OVG 32, 393 ff.

[14] Pr. OVG 54, 261 ff.

[15] Pr. OVG 92, 126 ff.

[16] Pr. OVG PrVBl 29. Jahrgang (1907/1908) S. 561.

gleiche Gericht für verpflichtet, dem Einwand des Klägers nachzugehen, daß andere Brunnen im Gegensatz zu dem des Klägers nicht geschlossen worden seien; lediglich auf Grund der besonderen Sachlage kam es zu dem Ergebnis, der Polizei gegenüber könne nicht „der Vorwurf erhoben werden, daß sie willkürlich bei sonst gleichen Verhältnissen... einer Reihe von Hausbesitzern die Schließung ihrer Brunnen aufgegeben, andere aber mit dieser Auflage verschont hat".

Im Anschluß an Rudolf Gneist hat Fritz *Haußmann*[17] den Grundsatz der Gleichmäßigkeit insbesondere für das Gebiet des Steuerrechts betont. Das Wesen der rechtsstaatlichen Verwaltung sei charakterisiert von der Gesetzmäßigkeit, der Justizförmigkeit und der *Gleichmäßigkeit* der Verwaltung.

Walter *Jellinek*[18] entwickelte aus dem Prinzip des „pflichtgemäßen" Handelns der Polizei das Verbot einer ungleichmäßigen Behandlung der Betroffenen. Pflichtgemäßes Handeln bedeute, *grundsatzmäßig* zu verfahren; das sicherste Anzeichen für ein grundsatzloses Verhalten sei die Behandlung eines Einzelfalles abweichend von der allgemein geübten Praxis. Durch ihre Verwaltungspraxis enge die Polizei ihr eigenes Ermessen in maßgeblicher Weise ein, eine Abweichung davon stelle einen „Ungültigkeitsgrund" dar.

Hat der Gleichmäßigkeitsgedanke durch *Gneist* seinen Eingang in die Verwaltungswissenschaft gefunden, so war es *Fleiner*, der diesen Gedanken zum ersten Mal auf den Gleichheitssatz zurückführte. Aus dem Grundsatz „Gleiches Recht für Alle" folgerte Fleiner die Verpflichtung der Verwaltung zur unterschiedslosen Anwendung des Gesetzes[19], die sich darin zeige, daß „bei Gleichheit der tatsächlichen Verhältnisse und Gleichheit der Rechtslage" ein Bürger oder eine Kategorie von Bürgern nicht anders behandelt werden dürfe als alle übrigen[20].

Diese Ableitung einer Gleichbehandlungspflicht der Verwaltung aus dem Gleichheitssatz ist in der Folgezeit nahezu ausnahmslos übernommen worden und heute die weitaus herrschende Meinung[21].

---

[17] Fritz *Haußmann*, Der Rechtsgrundsatz der Gleichmäßigkeit im preußischen Kommunalabgabenrecht, Berlin 1917, S. 7.
[18] W. *Jellinek*, Gesetz S. 323/324.
[19] *Fleiner*, Institutionen S. 137.
[20] *Fleiner*, Institutionen S. 140.
[21] Z. B. BVerwGE 5, 338; BGHZ 19, 354; OVG Münster JZ 1951, 119; *Klinger*, VwGO § 42 IV; *Bachof* JZ 1957, 339; *Drews - Wacke* S. 166; *Forsthoff* S. 91; *Ipsen*, Gleichheit S. 147; Franz *Klein* S. 237; *Lanz* NJW 1960, 1797; *Leibholz*, Gleichheit S. 160; *Mertens*, Selbstbindung S. 39 ff., 103; *v. Münch* AöR 85, 298; *Wolff*, Verwaltungsrecht I § 31 II d 2.

3. Kapitel: Historische und rechtsphilosophische Grundlagen

§ 7 Rechtsphilosophische Grundlagen der Gleichheitsbindung

1. Geschichtsphilosophischer Überblick über die Entwicklung des allgemeinen Gleichbehandlungsgebots

Blickt der Gedanke einer speziellen Gleichbehandlungspflicht der Verwaltung im Sinne der Selbstbindung — insbesondere seine Rückführung auf den Gleichheitssatz — erst auf eine verhältnismäßig junge Geschichte zurück, so ist der allgemeine Gleichheitsgrundsatz[22], der als Teilinhalt des Gerechtigkeitsgedankens mit zu den wichtigsten Prinzipien einer jeden Rechtsordnung gehört, die sich an der Idee der Gerechtigkeit[23] ausrichtet, bereits in den Lehren der griechischen Philosophie zu finden: Nach *Platon*[24] besteht die Gerechtigkeit darin, daß bei ungleicher Naturanlage jeder das verhältnismäßig Gleiche erhält. *Aristoteles*[25] bestimmt als Inhalt der Gerechtigkeit die Wahrung der Gleichheit gegenüber den Mitmenschen: alles Gerechte sei ein Gleiches. Die Verknüpfung von Gerechtigkeit und Gleichheit findet sich bei *Cicero*[26] und schließlich in der berühmten Begriffsbestimmung des *Ulpian*[27] über die Gerechtigkeit wieder, der ihren Inhalt mit dem Grundsatz des „suum cuique tribuendi" umschreibt. Thomas *von Aquin*[28] schließlich bezeichnet es als „Eigentümlichkeit der Gerechtigkeit", daß sie eine „gewisse Gleichheit" fordere. Das nämlich werde „in unserem Wirken als gerecht bezeichnet, was einer gewissen Gleichheit des anderen entspricht"[29].

Diese Beschreibungen stimmen in zweifacher Hinsicht überein: Einmal, daß sie das Gewicht der Gleichheit weniger auf die Übereinstimmung mehrerer Merkmale legen, die eine gleiche Behandlung

---

[22] Im Sinne des vorstaatlichen Charakters des Gleichheitsgrundsatzes: BVerfGE 1, 208 (233); BVerfG NJW 1967, 1413; *Böckenförde* S. 29; *Hamann* Art. 3 Anm. B 1; *Hesse* AöR 77, 167; *Maunz* S. 115, 117.

[23] Den unmittelbaren Zusammenhang zwischen Gleichheit und Gerechtigkeit betonen z. B. BVerfG NJW 1967, 1413; *Anschütz*, Die Verfassungsurkunde für den preußischen Staat, Berlin 1912, Art. 4 Anm. 3, S. 110; *Curti* S. 7; *Giacometti* S. 286; *Götz Hueck* S. 2; *Ipsen*, Gleichheit S. 137, 150 ff.; *Leibholz*, Gleichheit S. 254; *Maunz* S. 112; *v. Mangoldt - Klein* Art. 3 Anm. II 4 a (193); *Mertens*, Selbstbindung S. 52; *Salzwedel*, Die Grenzen der Zulässigkeit S. 125.

[24] Gesetze, Buch VI Str. 757.

[25] Nikomachische Ethik, V. Buch 1131 b.

[26] De Officiis, Buch I Kap. 5 Paragr. 15 („iustitia... tribuenda suum cuique").

[27] Fr. 10 pr Dig 1, 1.

[28] Summa theologiae, 2 a, 2 aa, Quaest. 57, Art. 1 c: „Iustitia proprium... importat enim aequalitatem quandam — Illud enim in opere nostro dicitur esse iustum, quod respondet secundum aliquam aequalitatem alteri".

[29] Vgl. auch die Doppelbedeutung des lateinischen „aequus" als Gleichheit und Gerechtigkeit, Billigkeit.

§ 7 Rechtsphilosophische Grundlagen der Gleichheitsbindung 31

verlangen, als auf die Unterschiede, die eine verhältnismäßige Behandlung nach gleichem Maßstab erfordern. Diese Grundhaltung wird verständlich, wenn man sich den philosophischen Ausgangspunkt vergegenwärtigt, der den meisten dieser Auffassungen zugrunde liegt. Nach den Gesetzen der Logik sind durchaus nicht alle Menschen gleich, sondern verschieden[30]. Deshalb betonte Gabriel *Marcel*[31], der Gedanke der Gleichheit könne nur den Ideologen verführen. „Niemals könnte ein Philosoph, der diesen Namen verdient, den Gedanken der Gleichheit in der Anwendung auf menschliche Wesen ernst nehmen. Zu sagen, daß die Menschen gleich seien, ist ebenso widervernünftig, wie zu wünschen, daß sie es würden". Die in Art. 3 Abs. 1 GG verbürgte Gleichheit aller Menschen vor dem Gesetz kann also nur bedeuten, daß auf der rechtlichen Ebene die unbestreitbare Ungleichheit der Menschen untereinander zugunsten der Gleichheit bestimmter gemeinsamer Merkmale zurücktritt.

Noch ein Zweites ist den angeführten Aussagen über die Gleichheit gemeinsam, nämlich die Identifizierung von Gerechtigkeit und Gleichheit[32]. Dieser weite Gleichheitsbegriff steht im Widerspruch zum heutigen Verständnis des Gleichheitssatzes[33]. So ist ein Gesetz, das alle Bürger in gleichem Maße in ihrer Freiheit unerträglich einschränkt oder für alle Betroffenen im Verhältnis ihrer Leistungsfähigkeit eine maßlos hohe Abgabenpflicht feststellt, zwar ungerecht, es verstößt deshalb aber nicht gegen den Gleichheitssatz[34]. Demgemäß wird in neuerer Zeit die Gleichheit lediglich als „partielle Konkretisierung der Gerechtigkeit, nicht als die Gerechtigkeit selbst" bezeichnet[35]. Das Verhältnis von Ungerechtigkeit und Ungleichheit sei wie das des Ganzen zum Teil. Der Gleichheitssatz soll nicht Ungerechtigkeit schlechthin verhindern, sondern lediglich das Gleichheitsgebot als Teilinhalt der allgemeinen Gerechtigkeitsidee sichern[36]. Diese Um-

---

[30] So mit Recht *Salzwedel*, Die Grenzen der Zulässigkeit S. 125.
[31] „Der Philosoph und der Friede", Rede bei der Verleihung des Friedenspreises des Deutschen Buchhandels in der Frankfurter Paulskirche am 20. September 1964, Frankfurter Allgemeine Zeitung, 22. 9. 1964, Seite 5; ähnlich H. *Schoeck*, Der Neid S. 39, 258 f.
[32] Vgl. aus neuerer Zeit auch BVerfG JZ 1951, 730; JZ 1952, 536; BVerfGE 3, 135 und 182; *Maunz* S. 114; *Esser*, Einführung in die Grundbegriffe S. 14.
[33] Vgl. *Jahrreiß* HdbDStR II S. 632; *Dürig* in Maunz-Dürig Art. 19 Abs. III Rdn. 32 m. w. N.; *Salzwedel*, Gleichheitsgrundsatz S. 341.
[34] *Böckenförde* S. 53; ebensowenig wird die Ungerechtigkeit, die in allen gleichliegenden Fällen wiederholt wird, zur Gerechtigkeit, vgl. *Stern*, Gesetzesauslegung und Auslegungsgrundsätze des Bundesverfassungsgerichts, Diss. München 1956, S. 21.
[35] *Böckenförde* S. 71; *Paulick*, Der Grundsatz der Gleichmäßigkeit der Besteuerung, in Festschrift für Ottmar Bühler, Köln 1954, S. 126, 162.
[36] *Böckenförde* S. 53.

schreibung vermeidet zwar die Identifizierung von Gleichheit und Gerechtigkeit, erweckt aber den Anschein, als sei jede sachlich nicht „fundierte" Ungleichbehandlung auch ungerecht. Ungleichheit ist aber nicht notwendig Ungerechtigkeit, Gleichheit nicht notwendig ein Teilinhalt der allgemeinen Gerechtigkeitsidee[37]. Die Gerechtigkeit verlangt nicht von einem Hausbesitzer, daß er alle Mieter gleich behandelt, oder von einem Spender, daß er alle Wohlfahrtsinstitutionen gleichermaßen bedenkt. Man nimmt es hin, daß in solchen Fällen eine Ungleichbehandlung erfolgt, ohne gleich nach einem objektiv meßbaren „sachlichen Grund" zu fragen und damit den Gedanken der Gerechtigkeit ins Feld zu führen.

Die — sachlich nicht fundierte — Ungleichbehandlung braucht also nicht unbedingt auch eine Ungerechtigkeit zu bedeuten, vielmehr muß ein Moment hinzutreten, auf Grund dessen sich eine Ungleichbehandlung erst als ungerecht erweist. Dieses Moment aber ist, daß sich die zu vergleichenden Fälle innerhalb einer rechtlich gebundenen Vielzahl von Personen abspielen müssen, die eine Gemeinschaft bildet und einem gemeinsamen Ordnungs- und Verteilungsorgan unterliegt[38]. Dieses in neuerer Zeit verschiedentlich[39] herausgestellte Kriterium geht in seinen Anfängen auf *Aristoteles* mit seiner bekannten Unterscheidung zwischen „iustitia distributiva" und „iustitia commutativa" zurück. Soweit ein Über- und Unterordnungsverhältnis bestehe, z. B. im Staat, fordere die (austeilende[40]) Gerechtigkeit die verhältnismäßige Zuteilung der Güter[41]. Auch Thomas *von Aquin*[42] ordnete die „iustitia distributiva" in die Beziehungen des Ganzen zu seinen Teilen ein, innerhalb dessen kraft der Autorität einer Person eine Zuteilung erfolgen könne. Ein empirischer Beweis für die Rich-

---

[37] Vgl. auch Franz *Klein* S. 21.

[38] Deshalb ist BAG NJW 1966, 1836 darin zuzustimmen, daß eine Anwendung des Gleichbehandlungsgrundsatzes über den Bereich eines Betriebes nur dann angenommen werden kann, wenn im Arbeitsleben über den Betrieb hinaus ein enger lebensmäßiger Zusammenhang zwischen den Angehörigen verschiedener Betriebe desselben Unternehmens besteht.

[39] *Böckenförde* S. 25; Mertens, JUS 1963, 393; ähnlich Götz *Hueck* S. 3, 170; dagegen *Wiethölter* S. 104 ff.; der Kritik Wiethölters ist nur insofern zuzustimmen, als das Kriterium der Gemeinschaft als solches regelmäßig nicht brauchbar für eine nähere *Inhalts*bestimmung der Gleichbehandlungspflicht ist. Das ändert aber nichts daran, daß es die allgemeine Grundlage für eine Gleichheitsbindung darstellt und sogar vereinzelt, wie bei der Frage der Fiskalgeltung des Gleichheitssatzes, zur konkreten Bestimmung des *Umfangs* der Gleichbehandlungspflicht herangezogen werden kann, vgl. auch Anm. 38.

[40] Richtiger hieße es: Gerechtigkeit bei der Austeilung. Der Ausdruck „austeilende" Gerechtigkeit hat sich jedoch eingebürgert.

[41] Nikomachische Ethik V. Buch 1131 b, 1132 b.

[42] Summa theologiae, 2, 2 qu. 61, 1, ad 3.

§ 7 Rechtsphilosophische Grundlagen der Gleichheitsbindung

tigkeit dieser Auffassung ist die Reaktion eines Kindes auf eine Ungleichbehandlung durch den Vater gegenüber seinen Geschwistern[43]. Dem entspricht auch — als Ausdruck eines „allgemeinen Richtigkeitsgedankens"[44] — die gesetzliche Erbfolge, nach der alle Kinder des Erblassers zu gleichen Teilen an erster Stelle erben. Auch der in Art. 3 Abs. 1 GG niedergelegte Gleichheitssatz ist lediglich ein gesetzlicher Ausdruck des sich aus dem allgemeinen Gerechtigkeitsprinzip ergebenden Gleichbehandlungsgebotes für Autoritäten einer Gemeinschaft deren Mitgliedern gegenüber[45]. Der Staat ist den Gewaltunterworfenen zu gleicher Behandlung verpflichtet, weil diese als Glieder der staatlichen Gemeinschaft Rechte zugeteilt und Lasten auferlegt bekommen.

2. Gleichheit im Gegensatz zur Identität

Nur so ist auch die Gleichheit aller vor dem Gesetz zu verstehen: Rechte und Pflichten sollen allen gleich auferlegt werden, soweit sich aus der Ordnung der Gemeinschaft — ausgerichtet an den allgemeinen Prinzipien der Gerechtigkeit — auch die Gleichheit der Voraussetzungen ergibt. Nicht jeder Teilnehmer einer Versammlung kann die gleichen Rechte in dieser haben wie der Versammlungsleiter, ein Mann nicht Mutterschutz für sich in Anspruch nehmen; Art. 3 Abs. 1 GG gebietet also nur, alle Menschen trotz ihrer mannigfachen Verschiedenheiten im Hinblick auf *bestimmte* gleiche Umstände gleich zu behandeln[46], besagt aber nicht, daß sie — dem strengen Wortlaut entsprechend — alle gleich sind. Ein absolutes Gleichheitsurteil wäre in sich widersprüchlich, es wäre in Wahrheit die Behauptung einer Identität: Infolge der notwendigen Mehrheit von Vergleichsobjekten besteht selbst bei sonstiger völliger Übereinstimmung mindestens in einer Beziehung ein Unterschied, sei es auch nur im Hinblick auf Raum oder Zeit[47].

Aus dem Gegensatz des Begriffs der Gleichheit zu dem der Identität folgt die Relativität des Gleichheitsurteils[48]. Dieses beruht auf

---

[43] Ähnl. *Bockelmann*, Einführung in das Recht S. 41; Rudolph *v. Ihering*, Der Zweck im Recht, 1. Bd., Leipzig 1877, S. 349 ff., 353.
[44] *Bartholomeyczik*, Erbrecht, 7. Aufl. München 1965, § 8 I 3.
[45] So *Böckenförde* S. 25; Götz *Hueck* S. 109.
[46] *Dürig*, Gleichheit Sp. 984; *Salzwedel*, Gleichheitsgrundsatz S. 125; daraus folgt, daß der Gleichheitssatz nur eine verhältnismäßige Gleichbehandlung durch die Anlegung gleichen Maßstabs erfordert, vgl. *Leibholz*, Gleichheit S. 45; zur Frage der arithmetischen oder proportionalen Gleichheit vgl. *Welzel*, Naturrecht und materiale Gerechtigkeit, Göttingen 1955, S. 34.
[47] Vgl. dazu *Böckenförde* S. 67; *Curti* S. 7; *Hesse* AöR 77, 173; E. *Husserl* S. 112/113; Franz *Klein* S. 13; *Leibholz*, Gleichheit S. 47; *Nef* S. 11.
[48] Dagegen ist die im Hinblick auf bestimmte Umstände festgestellte

3. Kapitel: Historische und rechtsphilosophische Grundlagen

der Beziehung zweier Dinge, Personen oder Sachverhalte zueinander im Hinblick auf ein gemeinsames Gleiches. Die Gleichheitsprüfung setzt also ein *tertium comparationis* voraus, unter dessen Aspekt die beiden (oder mehreren) Objekte verglichen werden[49]. Aus dem Vergleich beider Beziehungsobjekte ergibt sich, ob sie in bestimmten Eigenschaften übereinstimmen oder nicht, ob sie also insofern gleich oder individuell, d. h. ungleich, sind. Hier nun liegt die Schwierigkeit des Gleichheitssatzes: Welche Eigenschaften und Verhältnisse aus der Vielzahl unterscheidender oder gleicher Merkmale sind miteinander in Beziehung zu setzen? Wie weit reicht die Gleichbehandlungspflicht, wenn sich die Gleichheit der tatsächlichen Voraussetzungen mehrerer Fälle ergeben hat?

Gleichheit niemals relativ, sondern absolut, da Gleichheit nur völlige Übereinstimmung bestimmter Merkmale bedeuten kann (sonst läge bloße Ähnlichkeit vor), so richtig *Mainzer* S. 25; ähnlich E. *Husserl* S. 112/113.

[49] Vgl. *Dürig*, Gleichheit Sp. 983; *Hesse* AöR 77, 173; Franz *Klein* S. 14/15.

Viertes Kapitel

Rechtsgrundlagen der Selbstbindung

§ 8 Der Gleichheitssatz als Rechtsgrundlage

Ist man sich heute weitgehend darüber einig, die Rechtsgrundlage der Selbstbindung in Art. 3 Abs. 1 GG zu suchen, so gehen die Ansichten, welche Tragweite dem Gleichheitssatz des Art. 3 Abs. 1 GG im einzelnen zukommt, mehr denn je auseinander. Eine nähere Aussage über das Wesen der Selbstbindung sowie ihre Stellung im Rahmen des geltenden Verfassungssystems kann aber nicht getroffen werden, ohne gleichzeitige Aussage über die Rechtsgrundlage, die zu ihrer Erklärung herangezogen wird.

1. Deutung des Gleichheitssatzes als Verbot „willkürlicher" Unterscheidungen

Der grundlegende Versuch einer Deutung des Gleichheitssatzes geht auf Gerhard *Leibholz*[1] zurück. Nach Leibholz verbietet der Gleichheitssatz des Art. 109 WRV — der insoweit mit Art. 3 Abs. 1 GG übereinstimmt — *willkürliche* Unterscheidungen durch Verwaltung, Justiz und Gesetzgeber[2]. Willkürlich seien solche Maßnahmen, bei denen sich „ein die Differenzierung oder Gleichbehandlung rechtlich tragender plausibler Grund nicht finden läßt". Dabei sei der Begriff der Willkür nur objektiv zu verstehen; es entscheide allein die „offensichtliche, objektiv erschließbare, inhaltliche Unvereinbarkeit mit den Anforderungen der Gerechtigkeit", ohne daß aber der „Inhalt dessen, was in einer bestimmten historischen Situation als willkürlich angesprochen werden kann", a priori „allgemeingültig festgelegt werden" könne[3].

Der Sache nach ähnlich definierte *Triepel*[4] den Gleichheitssatz: „Das Prinzip der Gleichheit vor dem Gesetz wird durch Unterscheidungen verletzt, für welche sich entweder kein oder doch kein bei vernünf-

---

[1] Die Gleichheit vor dem Gesetz, Diss. 1925.
[2] *Leibholz*, Gleichheit S. 87.
[3] *Leibholz*, Gleichheit S. 249 = DVBl 1951, 196.
[4] Goldbilanzenverordnung und Vorzugsaktien S. 30.

tig und gerecht denkenden Menschen verfangender Grund anführen läßt". Der Gleichheitssatz beinhalte ein Verbot differenzierender Behandlung von gleichen Tatbeständen[5]; die Differenzierung der Rechtsfolgen müsse in einem vernünftigen und gerechten Verhältnis zum jeweiligen Tatbestand stehen.

Im Anschluß an Leibholz wird heute weitgehend[6] der Inhalt des Gleichheitssatzes als Verbot willkürlicher Unterscheidungen aufgefaßt. Der Gleichheitssatz enthalte das Gebot, „weder wesentlich Gleiches willkürlich ungleich, noch wesentlich Ungleiches willkürlich gleich zu behandeln"[7]. Willkür soll vorliegen, wenn sich ein „vernünftiger, aus der Natur der Sache ergebender oder sonstiger, sachlich einleuchtender Grund" für die Differenzierung oder Gleichbehandlung nicht finden läßt[8].

2. Andere Deutungen des Gleichheitssatzes

Die Deutung des Gleichheitssatzes aus dem Willkürbegriff wurde mehrfach[9] angegriffen und statt dessen ein mehr materiell an der Idee der Gerechtigkeit orientierter Begriff gesucht.

Eine erste ausdrückliche Abkehr vom Gedanken des „Willkürverbots" findet sich bei *Aldag*[10]. Nach ihm ist der Begriff der Willkür nicht geeignet, der Praxis zu dienen, weil man zunächst „unwillkürlich" dabei auch an ein Verschuldensmoment denke; lasse man dieses außer acht, so sei die Beibehaltung des Willkürbegriffs nicht mehr zu empfehlen. Die verschiedene rechtliche Behandlung mehrerer Fälle sei gerechtfertigt, wenn die Fälle sich in solchen tatsächlichen Verhältnissen unterschieden, „die nach den anerkannten Grundsätzen der Rechts- und Staatsordnung für die betreffende Frage wesentlich"

---

[5] *Triepel* S. 26.

[6] BVerfGE 1, 247; 3, 136; 4, 356; 7, 305; 12, 348; BVerfG NJW 1966, 1211; BGHZ 11 Anh. 59; BayVGH DVBl 1965, 917; OLG Nürnberg NJW 1966, 1928; *Giese - Schunck* Art. 3 Anm. 2; *Hamann* Art. 3 Anm. B 1; *Leibholz - Rinck* Art. 3 Rdn. 2; *Dürig*, Gleichheit Sp. 987; *Bockelmann* S. 51; *Esser* S. 14; *Forsthoff* S. 238; *Giacometti* S. 286; W. *Jellinek*, Verwaltungsrecht S. 447; *König*, Diss. S. 129; *Maunz* S. 114; ders., Gleichheit S. 558, 568; *Menger* DÖV 1955, 592; *Oswald* MDR 1960, 21; *Rinck* NJW 1964 1651/1652 Anm. 36 f. m. w. N.

[7] BVerfGE 4, 155; BVerfG NJW 1966, 1211; BGH NJW 1964, 106.

[8] BVerfGE 1, 52 (Südweststaaturteil); 4, 155; 5, 24; 6, 136; 9, 81; ständ. Rspr.; OLG Nürnberg NJW 1966, 1928; *Dürig*, Gleichheit Sp. 987; *Schunck - de Clerk* S. 142; *Fuss* JZ 1962, 565, 595, 737 m. w. N.

[9] Vgl. außer den im folgenden Genannten: *Brohm* DÖV 1964, 244; *Mainzer* S. 47 ff.; *Rümelin*, Die Gleichheit vor dem Gesetz S. 41 f., R. *Schmidt* JZ 1967, 402 ff.; mit Einschränkungen auch *Ipsen*, Gleichheit S. 166 ff., 186; Erich *Kaufmann* VVDStRL 3, 2 ff.; *Schwarzenbach* S. 41; *Zippelius* S. 34, 202.

[10] *Aldag* S. 28.

seien[11]. Diese Definition macht deutlich, daß Aldag sich im Grunde nicht so sehr gegen den Inhalt des Willkürverbots im Sinne unsachlicher Unterscheidungen wendet. Auch nach Leibholz und der Rechtsprechung kommt es darauf an, ob die Unterscheidung auf wesentlichen Gründen beruht, ob sie sich mit der konkreten Ausgestaltung der Staatsordnung und der Gerechtigkeitsidee vereinbaren läßt[12]. Letztlich geht es Aldag also mehr um die Eliminierung des Willkürbegriffs als um eine Ablehnung des damit umschriebenen Inhalts.

Nach *Hesse*[13] hängt das Gleichheitsurteil von der Wesentlichkeit oder Unwesentlichkeit der die verglichenen Objekte unterscheidenden Merkmale ab. Die Entscheidung über die Wesentlichkeit unterscheidender Merkmale beruhe weniger auf logischer Überlegung als dem subjektiven Urteil des einzelnen, das nur „aus dem Zusammenhang einer über das wesentliche Kriterium entscheidenden Idee beantwortet werden"[14] könne und zum Ziele habe, einer Gleichbehandlung oder Differenzierung „jeweils gerechte Kriterien zugrunde zu legen"[15].

Werner *Böckenförde*[16] lehnt den Begriff der Willkür ab, weil er den „angeblichen Subjektivismus der Gerechtigkeitsbindung" durch den „anderen Subjektivismus des Willkürverbotes" ersetze. Als Inhalt des Gleichheitssatzes sieht er das Gebot, alle Menschen „in dem Sinne gleichzubehandeln, daß jede rechtliche Differenzierung oder Nicht-Differenzierung unter dem Gesichtspunkt der Gemeinwohlgerechtigkeit (im Hinblick auf den Zweck) oder der austeilenden Gerechtigkeit (im Hinblick auf die Weise, diesen Zweck zu erreichen) ihre Rechtfertigung findet"[17].

Arndt[18] will an die Stelle des negativ formulierten Willkürverbots mittels eines „personal-humanen Rechtsdenkens" auf absolute Werte zurückgreifen, „die das Maß dafür bieten, wie für den Vergleichsbegriff der Rechtsgleichheit das mensch- und sachbezogen Erhebliche einzuschätzen ist".

Mertens[19] glaubt den Gleichheitssatz so deuten zu müssen, daß er „für die Feststellung der Gleichheit als Gebot einer überpositiven

---

[11] *Aldag* S. 41 unter Berufung auf die Entscheidung des schweizerischen Bundesgerichts, Bd. 6 S. 172.
[12] *Leibholz*, Gleichheit S. 4, 6, 48; BVerfGE 8, 183; 13, 228; ständ. Rspr.
[13] *Hesse* AöR 77, 177.
[14] *Hesse* a.a.O.
[15] *Hesse*, Grundzüge S. 166.
[16] *Böckenförde* S. 50.
[17] *Böckenförde* S. 74.
[18] *Arndt* NJW 1961, 2154.
[19] *Mertens*, Selbstbindung S. 52.

Gerechtigkeit auf das allgemeine Rechtsbewußtsein, als Gebot einer gesetzesgerechten Gleichheit auf das Gesetz" verweise.

Franz *Klein*[20] sieht als Grundlage jeder Auslegung des Gleichheitssatzes, daß dieser im System der Gewaltenteilung nicht eine Gleichheit nach Ansicht des Gesetzgebers, der Verwaltung oder der Rechtsprechung zulasse. Keine der drei Gewalten habe die Maßstäbe verbindlich zu bestimmen. Die Gleichheit bestimme vielmehr die Rechtsordnung selbst; diese verlange in erster Linie die Beachtung der Maßstäbe der Verfassung durch alle Gewalten, im übrigen die Berücksichtigung der Gleichwertigkeit aller Menschen in der Menschenwürde und ihrer durch Verfassung und Gesetz gegebenen Rechte[21].

Ob die ausschließliche Orientierung des Gleichheitssatzes an den Maßstäben der Verfassung, lediglich ergänzt durch das Gebot der Beachtung der Gleichwertigkeit aller Menschen in ihrer Menschenwürde, auf dem Gebiet der Legislative, dem Ausgangspunkt Kleins, eine befriedigende Erklärung des Gleichheitssatzes zuläßt, mag hier dahinstehen[22]. *Klein*[23] selbst modifiziert, sobald er den Bereich der Gesetzgebung verläßt und die Bindung der gesetzesakzessorischen Verwaltung zum Gegenstand seiner Untersuchungen macht, die Beschränkung des Gleichheitssatzes auf das Verbot einer Differenzierung entgegen den Maßstäben der Verfassung, indem er unter Berufung auf die unterschiedliche Normbindung beider Staatsgewalten auf die Gesetze und nachrangigen Rechtsnormen zurückgreift und als Inhalt des Gleichheitssatzes das Gebot der Rechtsanwendung *„ohne Ansehen der Person"* umschreibt. Die Deutung des Gleichheitssatzes als Gebot zur Anwendung der Gesetze ohne Ansehen der Person entspricht — soweit es um die reine Gesetzesanwendung geht — durchaus der traditionellen Lehre[24]. Insoweit gibt diese Formulierung aber nur wieder, was ohnehin schon aus dem Wesen des Gesetzes und dem Prin-

---

[20] Franz *Klein* S. 161, 164/165.

[21] Franz *Klein* S. 166.

[22] Das Ergebnis wäre im wesentlichen, daß mit Hilfe des Art. 3 Abs. 1 GG ein Verstoß gegen Grundentscheidungen der Verfassung im Wege der Verfassungsbeschwerde auch dann geltend gemacht werden könnte, wenn die mißachteten Verfassungsvorschriften als solche nicht in § 90 BVerfGG genannt sind (vgl. unten S. 47). Im übrigen ist nicht unzweifelhaft, ob die Tatsache, daß das Bundesverfassungsgericht nur nach Recht und nicht nach eigenem Ermessen urteilen darf, dazu zwingt, Art. 3 GG selbst nur an anderen Rechtsnormen zu messen. So wird z. B. der Inhalt des Sozialstaatsprinzips, das ebenfalls ausfüllungsfähig und -bedürftig ist, nicht etwa durch andere Normen bestimmt.

[23] Franz *Klein* S. 167.

[24] Vgl. z. B. *Hesse*, Grundzüge S. 163; *Ipsen*, Gleichheit S. 142, 149 Anm. 123 m. w. N.

zip der Gesetzesmäßigkeit der Verwaltung folgt[25]. Läßt man es bei dieser Deutung bewenden, so bleibt gerade die Frage der Bindung außerhalb der reinen Rechtsanwendung im Bereich „freier" Wertungsmöglichkeit der Verwaltung (Ermessen, Beurteilungsspielraum) ohne praktikable Antwort. Die Erscheinung der Selbstbindung als Bindung der Verwaltung an ein von ihr gebildetes Differenzierungsschema, das Verbot, im Einzelfall von der bisherigen Praxis abzuweichen, sind mit dem Gebot der Rechtsanwendung „ohne Ansehen der Person" nicht zu erklären: Die Verwaltung handelt auch dann ohne Ansehen der Person, wenn sie im Einzelfall aus unzulässigen Gründen, die nicht im persönlichen Bereich liegen, abweicht oder wenn sie sich einmal auf diesen, einmal auf jenen Standpunkt stützt, ohne gleichzeitig Gründe aus der Person des Betroffenen heranzuziehen; dementsprechend läßt sich auch die Zulässigkeit einer grundsätzlichen Änderung der bisherigen Praxis „aus sachlichen Gründen"[26], die Klein[27] ausdrücklich in dieser Form anerkennt, nicht mit dem Grundsatz der Rechtsanwendung „ohne Ansehen der Person" erfassen.

Auch das Abstellen des Gleichheitssatzes auf die Grundwerte der Gerechtigkeit und Menschenwürde kann nur als letztes Regulativ einer Erklärung des Gleichbehandlungsgebots dienen; es erleichtert aber die praktischen Schwierigkeiten bei der Unterscheidung einzelner Fälle nicht. So richtig es sein mag, daß sich die Feststellung der Gleichheit nach der Gemeinwohlgerechtigkeit und der austeilenden Gerechtigkeit zu orientieren habe, so wenig kann dieser Gesichtspunkt allein eine klare Entscheidung weisen, wenn es nicht so sehr um eine Abwägung von allgemeinen Rechtsgrundsätzen als vielmehr um die höchst nüchterne und reale Unterordnung von mehr oder weniger unterschiedlichen Sachverhalten unter eine bestimmte Norm geht. Es bleibt in jedem Einzelfall die Frage, wie die gerechte oder ungerechte Ungleichbehandlung festzustellen ist.

3. Konkretisierung des Verbots „willkürlicher" Unterscheidungen

Nach der Lehre vom Verbot willkürlicher Unterscheidungen ist maßgeblich, ob für das Verhalten der Behörde „ein vernünftiger Grund namhaft gemacht werden kann"[28]. Ein vernünftiger Grund sei nicht auffindbar, wenn die Entscheidung auf ein sachfremdes Motiv oder einen sachfremden Zweck gerichtet sei[29].

---

[25] Übereinstimmend *Schaumann* JZ 1966, 721; vgl. auch oben 1. Kapitel, § 2, 1 a.
[26] Statt aller *Klinger*, VwGO § 42 IV b m. w. N.
[27] Franz *Klein* S. 237.
[28] *Leibholz*, Gleichheit S. 92.
[29] *Leibholz* a.a.O.

4. Kapitel: Rechtsgrundlagen der Selbstbindung

a) Willkür bei fehlender Ausrichtung an erheblichen Verschiedenheiten

Der Hauptvorwurf derjenigen, die einer unmittelbar an der Gerechtigkeitsidee orientierten, positiven Betrachtungsweise den Vorzug geben, gegen die Beschränkung des Gleichheitssatzes auf ein Willkürverbot und damit ein — wie es den Anschein hat — Minimum an Gleichbehandlungspflicht ist, ein Willkürverbot könne die Funktionen, die dem Gleichheitssatz zugeschrieben werden, in Wahrheit nicht erfüllen[30]. Auch die Gerichte gingen nicht von einer äußersten Willkürschranke, sondern von einem positiven Gleichheitsgebot aus[31].

Die Gerichte gewinnen die inhaltlichen Maßstäbe für ein Gleichbehandlungsgebot, indem sie bei der Bildung eines Differenzierungsschemas gesetzliche und verfassungsmäßige Wertungen berücksichtigen, die auf den Ermessensbereich der Verwaltung einwirken und die Erheblichkeit von Gesichtspunkten bestimmen. Ein solches Vorgehen bei der Prüfung einer Gleichbehandlungspflicht geht nur dann über die Nachprüfung einer willkürlichen Ermessensbetätigung hinaus, wenn ein bloßes Verbot willkürlicher Unterscheidungen nicht die Heranziehung eines bindenden Differenzierungsschemas zuläßt, das sich an den Gesichtspunkten der gesetzlichen und verfassungsmäßigen Wertungen orientiert. Zwar setzte auch Leibholz[32] stellenweise für das Vorliegen von Willkür voraus, das „kein irgendwie vernünftiger Grund" für die Differenzierung „namhaft gemacht werden kann". Nach seinen Ausführungen über die nähere Ausgestaltung des Willkürbegriffs kommt es jedoch darauf an, daß für die Unterscheidung ein in der *Hauptsache* vernünftiger Grund angeführt werden kann, daß sie sich also auf eine „erhebliche" Tatsache stützt, die in „innerem Zusammenhang" mit der verschiedenen Beurteilung der Fälle steht[33]. Danach liegt Willkür nicht erst dann vor, wenn sich die Entscheidung auf schlechthin unvernünftige, abwegige oder gar unsinnige Erwägungen stützt, sondern bereits dann, wenn die Unterscheidung zu anderen Fällen von keiner *erheblichen* Verschiedenartigkeit der Fälle abhängig gemacht wird. Diese Auffassung wird auch der Willkürprüfung in der Rechtsprechung zugrunde gelegt, wenn darauf abgestellt wird, ob sich bei einer „am Gerechtigkeitsgedanken orientierten Betrachtungsweise"[34] ein „vernünftiger, aus der Natur

---

[30] *Arndt* NJW 1961, 2154; *Brohm* JZ 1964, 244; *Mertens*, Selbstbindung S. 43 m. w. N.
[31] *Mertens*, Selbstbindung S. 41.
[32] *Leibholz*, Gleichheit S. 83, 92.
[33] *Leibholz*, Gleichheit S. 48, 87.
[34] BVerfG NJW 1967, 148; OLG Nürnberg NJW 1966, 1928 jeweils m. w. N.

§ 8 Der Gleichheitssatz als Rechtsgrundlage

der Sache ergebender oder sonstiger, sachlich einleuchtender Grund" für die Differenzierung oder Gleichbehandlung finden läßt[35]. Der Einwand[36], der Willkürbegriff begnüge sich mit einer letzten, unzureichenden Grenze für eine Ungleichbehandlung, geht also auf eine einseitige Betrachtung der widersprüchlichen Äußerungen Leibholz' zurück und wird jedenfalls dem heutigen Verständnis des Willkürbegriffs nicht gerecht.

b) Unzulänglichkeit des Willkürbegriffs im Hinblick auf die Ermessenslehre

Bedenken gegen die Verwendung des Willkürbegriffs zur Erklärung des Gleichheitssatzes ergeben sich vielmehr aus einem anderen Grund: Im Rahmen der Ermessenslehre[37] wird als Willkür ein Handeln bezeichnet, das auf einem unsachlichen Motiv beruht oder einen unsachlichen Zweck verfolgt[38]. Diese Deutung wurde zunächst von Leibholz übernommen, dann aber insoweit ergänzt, als sie mit einem Verhalten, für das ein vernünftiger Grund nicht namhaft gemacht werden kann, gleichgestellt wurde[39]. Das Abstellen auf ein sachlich erhebliches Unterscheidungsmerkmal wurde immer mehr in den Vordergrund gestellt und wird heute als alleiniges Kriterium für das Vorliegen von Willkür herangezogen. In Wahrheit ist aber das Abstellen auf ein unsachliches Motiv oder einen unsachlichen Zweck durchaus etwas anderes als die Frage, ob sich „ein vernünftiger, sich aus der Natur der Sache ergebender oder sonstiger, sachlich einleuchtender Grund"[40] für die Differenzierung finden läßt. Denn die Prüfung, ob die Unterscheidung von rechtlich erheblichen Verschiedenheiten getragen ist, geht über die einer willkürlichen Unterscheidung im Sinne einer unsachlichen Motivation oder der Verfolgung unsachlicher Zwecke ebenso hinaus, wie die Frage, ob die Entscheidung als solche von sachlichen Gründen getragen ist, über die Frage eines „willkürlichen" Verhaltens der Behörde hinausreicht. Mit Recht wird deshalb im Rahmen der Ermessenslehre der Fall, daß die tatsächlichen

---

[35] BVerfGE 1, 52; BVerfG NJW 1966, 1211, ständ. Rspr.; OVG Berlin NJW 1966, 2328 f.; OLG Nürnberg NJW 1966, 1928 m. w. N.
[36] *Mertens*, Selbstbindung S. 44.
[37] So die wohl h. M.: PrOVG 94, 210; *Forsthoff* S. 92; W. *Jellinek*, Gesetz S. 65; Rüdiger *Klein* AöR 82, 92; *Wolff*, Verwaltungsrecht I § 31 II d 2; die Terminologie ist jedoch uneinheitlich; abweichend z. B. *Stern*, Ermessen S. 35.
[38] Streng genommen ist beides gleichbedeutend, da Motiv und Zweck in einem Korrelatverhältnis zueinander stehen; so richtig *Leibholz*, Gleichheit S. 89.
[39] *Leibholz*, Gleichheit S. 48, 89.
[40] BVerfGE 1, 52, BVerfG NJW 1966, 1211, ständ. Rspr.

Voraussetzungen, die ein Einschreiten der Behörde rechtfertigen, entgegen der irrigen Meinung der Behörde nicht vorlagen, als selbständiger Ermessensfehler neben einem willkürlichen oder sonstigen fehlerhaften Verhalten angesehen[41]. Eine Unterordnung dieses Falles, in dem ebenfalls kein sich aus der Natur der Sache ergebender oder sonstiger sachlich einleuchtender Grund für die konkrete Entscheidung angeführt werden kann, unter den Begriff der Willkür im Sinne unsachlicher Motivation oder der Verfolgung eines unsachlichen Zwecks ist nicht möglich. Weder die Gründe, von denen sich die Behörde hat leiten lassen, noch der Zweck der Maßnahme widersprechen den nach dem Inhalt der Vorschrift relevanten Gesichtspunkten. Der Fehler liegt gerade außerhalb der konkret vorgenommenen Motivation oder des mit der Maßnahme verfolgten Zwecks. Die Lehre von dem Verbot „willkürlicher" Unterscheidungen dehnt also den in der Ermessenslehre entwickelten Willkürbegriff über seine eigentliche Bedeutung hinaus aus. Ein Akt wird als willkürlich bezeichnet, weil objektiv gesehen nichts für seine Rechtfertigung angeführt werden kann. Dieses Ergebnis läßt sich auch nicht dadurch auf den Willkürbegriff der Ermessenslehre zurückführen, daß man es allein auf die „objektiv erschließbare"[42] Motivation abstellt. Entgegen Aldag[43] verlangt zwar der Willkürbegriff nicht notwendig ein schuldhaftes Hinwegsetzen über bestimmte Pflichten[44], wenn dieses auch in der Regel vorliegt. Aber auch ohne daß es auf das *Verschulden* des Beamten ankäme, läßt sich eine Entscheidung, die auf der irrigen Annahme bestimmter Tatsachen beruht, nicht als auf einer unsachlichen Motivation beruhend oder als einen unsachlichen Zweck verfolgend betrachten: Auch bei rein objektiver Betrachtungsweise ist die *Motivation* des Beamten nicht zu beanstanden gewesen; fehlerhaft war allein die Feststellung der tatsächlichen Grundlagen der Entscheidung. Der Willkürbegriff im Sinne einer „unsachlichen, durch relevante Gründe nicht zu rechtfertigenden Entscheidung" ist daher ein anderer als der der Ermessenslehre, der ausschließlich eine fehlerhafte Motivation und die Verfolgung eines unsachlichen Zwecks umfaßt. Damit aber erweist sich die von Leibholz[45] selbst aufgestellte Forderung, der Willkürbegriff müsse in allen Bereichen im gleichen Sinne verstanden werden, als nicht erfüllt.

---

[41] Vgl. *Forsthoff* S. 93; *Wolff*, Verwaltungsrecht I § 31 II d 2.

[42] *Leibholz*, Gleichheit S. 95; ders., Das Verbot der Willkür und des Ermessensmißbrauchs im völkerrechtlichen Verkehr der Staaten, Karlsruhe 1964, S. 6; *Leibholz - Rinck* Art. 3 Rdn. 3; *Götz Hueck* S. 194/195.

[43] *Aldag* S. 28.

[44] So auch *Dürig*, Gleichheit Sp. 987; *Rinck* JZ 1963, 522; allgemein zum Ermessensfehlgebrauch: *Stern*, Ermessen S. 28; W. *Jellinek*, Gesetz S. 337.

[45] *Leibholz*, Gleichheit S. 88.

Wenn es der Sinn des Gleichheitssatzes ist, mehrere Fälle auf ihre Übereinstimmung bzw. Divergenz hin zu vergleichen und das Verhalten danach auszurichten, kann es keine Rolle spielen, ob der Beamte das Vorliegen eines gleichgelagerten, anders entschiedenen Falles kannte oder nicht[46], etwa wenn er die Aufgaben eines anderen Beamten nur vertretungsweise wahrnimmt. Entscheidend ist, daß die Unterscheidung nicht von sachlichen Gründen getragen ist. Die Willkürprüfung ist dabei nur ein Ausschnitt, der auf die Motivation des Handelnden oder den Zweck der Maßnahme gerichtet ist, ohne aber den gesamten Umfang zu erschöpfen. Richtiger wird man daher — will man zwei verschiedene Bedeutungen des gleichen Ausdrucks vermeiden — die Funktion des Gleichheitssatzes darin sehen, daß er zwar willkürliche Unterscheidungen verbietet, darüber hinaus aber auch *jede Differenzierung, die nicht an sachlichen Verschiedenheiten der Vergleichsfälle ausgerichtet ist.*

c) Kriterien für die Erheblichkeit unterscheidender Merkmale

Es bleibt die Frage, welche Gesichtspunkte als sachlich angesehen werden und damit als „erhebliche" Verschiedenheiten eine Differenzierung mehrerer Fälle rechtfertigen können.

Grundsätzlich sind alle jene Elemente eines Lebenssachverhaltes als rechtswesentlich anzuerkennen, die die beteiligten Interessen und damit ihre rechtsnormative Regelung bestimmen; unwesentlich sind dagegen die nur akzidentiellen Elemente des Lebenssachverhaltes, die nicht jene Interessenwerte ausmachen, auf die es für die rechtliche Regelung ankommt[47]. Angesichts der mannigfachen Interessen, die die einzelnen Maßnahmen verfolgen und der vielfältigen Wertungen, die das Gesetz in verschiedenen Vorschriften zum Ausdruck bringt, lassen sich nicht alle Gesichtspunkte erschöpfend bestimmen, die eine Unterscheidung jeweils tragen können oder nicht; möglich ist nur, bestimmte Merkmale aufzustellen, nach denen sich allgemein die Erheblichkeit der Gesichtspunkte bestimmt.

aa) Zweck der Norm

Dazu gehören zunächst diejenigen Gesichtspunkte, die nach allgemeiner Ermessenslehre ohne Ermessensfehlgebrauch für eine Entscheidung herangezogen werden können, insbesondere solche, die sich

---

[46] Dagegen liegt in der falschen Feststellung der Tatsachen als solcher noch kein Verstoß gegen den Gleichheitssatz; selbst wenn diese eine unterschiedliche Entscheidung zu gleichgelagerten Fällen begründet, kommt ein Verstoß gegen den Gleichheitssatz nicht in Betracht; vgl. dazu S. 90.
[47] So *Wolff*, Verwaltungsrecht I § 30 I b 2.

an dem Zweck der anzuwendenden Norm ausrichten, aber auch andere im Verwaltungsinteresse liegende Gesichtspunkte, die ohne Verstoß gegen das Verbot unsachgemäßer Koppelungen berücksichtigt werden dürfen. So sind für Entscheidungen auf dem Gebiet des Baurechts und damit auch die Behandlung mehrerer Fälle regelmäßig baurechtliche Gesichtspunkte vorrangig, für Entscheidungen im Bereich der Sozialhilfe soziale usw. So verschieden mehrere Fälle in bloß akzidentiellen Merkmalen sein mögen, so wenig kann dies Berücksichtigung finden, wenn sie in ihren Voraussetzungen gerade im Hinblick auf die maßgeblichen Gründe übereinstimmen. Demgegenüber beschränkt Franz *Klein*[48] die Gleichheitsprüfung in bewußtem Gegensatz zu einer Prüfung nach der „Natur der Sache"[49] oder der „Sachgerechtigkeit" lediglich auf die logisch zu ermittelnde Übereinstimmung der Differenzierung mit den Maßstäben der Verfassung und der von ihr geschaffenen Rechtsordnung, weil die Gleichheit in einem gewaltengegliederten Staat nicht von der Rechtsprechung mit Verbindlichkeit für die Verwaltung bestimmt werden dürfe. Ohne selbst darauf einzugehen, weicht Klein mit seiner Auffassung von den allgemeinen Grundsätzen der Kontrolle einer rechtmäßigen Ermessensausübung durch die Gerichte ab. Diese Abweichung wird aber durch den Gewaltenteilungsgrundsatz gar nicht gefordert[50], denn der Grundsatz der Gewaltenteilung bedeutet nicht nur eine Gewaltengliederung, sondern auch eine Gewaltenhemmung und -kontrolle[51]. Es entspricht allein rechtsstaatlicher Betrachtungsweise, die Ermessensausübung der Verwaltung einer Kontrolle durch die Gerichte auf einen Mißbrauch hin zu unterwerfen (vgl. § 114 VwGO) und damit die Ermessensausübung nicht allein logisch, sondern unter wertender Berücksichtigung des Normzwecks auf die Heranziehung „unsachlicher" Gründe hin zu überprüfen[52]. Wenn dies aber schon bei der allgemeinen Ermessenskontrolle zulässig ist, läßt sich die gleiche Prüfung bei der Frage der Übereinstimmung einer Differenzierung mit dem Gleichheitssatz kaum für unzulässig erachten. In jedem Fall erstreckt sich die Prüfung auf die Heranziehung jener Elemente eines Lebenssachverhaltes, die den für die rechtsnormative Regelung maßgeblichen Interessen entsprechen. Die Grenze, die nach traditioneller Ermessenslehre dieser Überprüfung gezogen ist, beginnt erst bei der Frage der Zweckmäßigkeit der Unter- oder Überbewertung einzelner Umstände, nicht aber schon bei der Frage der grundsätzlichen Erheblichkeit bestimmter Umstände

---

[48] Franz *Klein*, S. 114, 140, 165, 250.
[49] Vgl. auch R. *Schmidt* JZ 1967, 403, der „an der Gerechtigkeit orientierte" Erwägungen der Frage nach der „Natur der Sache" voranstellt.
[50] Dagegen Franz *Klein* S. 114, 164.
[51] So mit Recht *Wolff*, Verwaltungsrecht I § 16 III.
[52] Vgl. z. B. OVG Münster OVGE 4, 1; *Klinger*, VwGO § 42 G IV c m. w. N.

§ 8 Der Gleichheitssatz als Rechtsgrundlage

nach dem Zweck der zur Ermessensausübung ermächtigenden Norm. Im übrigen läßt sich auch die Gleichheitsprüfung an Hand verfassungsmäßiger Wertentscheidungen nicht allein logisch erfassen, sondern setzt vielfach eine wertende Beurteilung der Gerichte voraus. So ist die Frage, ob eine Differenzierung sozialstaatswidrig ist, weniger im Wege logischer Deduktion als durch eigene Wertung der Gerichte zu entscheiden. Die Beschränkung gerichtlicher Überprüfungsbefugnisse von Verwaltungsmaßnahmen auf rein logisch zu entscheidende Rechtsfragen wird von dem Gewaltenteilungsgrundsatz nicht gefordert; sie würde im Gegenteil die gerichtliche Kontrolle auf ein den Rechtsschutzanforderungen kaum noch gerecht werdendes Minimum beschränken.

Die Ausrichtung der Wesentlichkeit von Unterscheidungsmerkmalen auf den Zweck der angewandten Norm oder der verfolgten Maßnahme ergibt auch die Lösung des von *Mertens*[53] erwähnten Falles: Eine Baubehörde ließ auf einer im Bebauungsplan ausgewiesenen Grünfläche zu einer Zeit der Wohnungsnot den Bau von behelfsmäßigen Wohnräumen durch den Antragsteller A, nicht jedoch die Errichtung gewerblicher Bauten durch den Antragsteller B zu, obwohl sich die Bauten lediglich durch die Nutzungsart unterschieden. Wenn die Behörde eine Baugenehmigung versagte, so mußte sie bedenken, daß sie auf Grund des Baurechts tätig wurde. Von bauordnungsrechtlichen Gesichtspunkten her ist der Unterschied zwischen einem Gewerberaum und einem Wohnraum solange nicht beachtlich, als beide dem eigentlichen Zweck einer Grünfläche zuwiderlaufen. Dennoch ist nach Mertens[54] eine solche Handhabung nicht „willkürlich", sondern durchaus „vernünftig". Zwar ist die Erteilung der Bauerlaubnis zum Zwecke der Wohnraumerrichtung nicht willkürlich, wenn die Behörde aus bauordnungsrechtlichen Gesichtspunkten keine Bedenken gegen die Erlaubniserteilung hat. Im Hinblick auf die gleichzeitige Ablehnung der Erlaubnis für eine Geschäftsraumerrichtung ist aber die Unterscheidung, d. h. die verschiedene Behandlung beider Fälle — abgesehen von dem Fall eines Notstandes — nicht vernünftig, sondern unsachgemäß, da sie in Anbetracht der bauplanungsmäßig festgelegten Nutzungsart als Grünfläche nicht auf einer rechtlich relevanten Verschiedenheit der Fälle beruht.

bb) *Grundentscheidungen der Verfassung*

Ein zweiter Gesichtspunkt für die Erheblichkeit oder Unerheblichkeit von unterscheidenden Merkmalen ergibt sich nach verbreiteter

---

[53] *Mertens*, Selbstbindung S. 41.
[54] *Mertens*, Selbstbindung S. 41.

Auffassung[55] aus den *Grundentscheidungen der Verfassung*[56]. So kann eine unterschiedliche Behandlung mehrerer Fälle nicht auf solche Merkmale gestützt werden, die in Art. 3 Abs. 3 GG gerade als unerheblich gekennzeichnet sind, auch wenn eine derartige Unterscheidung an sich nicht „unvernünftig" wäre[57]. Eine Gemeinde könnte nicht, um der *allgemeinen* Wohnungsnot — nicht etwa gerade der von ledigen Personen — Herr zu werden, beim Wohnungsbau Ledige grundsätzlich gegenüber Familien bevorzugen; eine solche Differenzierung wäre im Hinblick auf Art. 6 Abs. 1 GG unzulässig. Insoweit wird der allgemeine Gleichheitssatz durch spezielle Wertentscheidungen der Verfassung konkretisiert, empfängt er aus ihnen seinen aktuellen Gehalt[58]. Die Bindung an Grundentscheidungen der Verfassung gilt für die Verwaltung in gleichem Maße wie für den Gesetzgeber[59]. So selbstverständlich nach heutigem Verfassungsverständnis von dieser Geltung auszugehen ist, so zweifelhaft erscheint es, ob auch im Rahmen einer Konkretisierung des Gleichheitssatzes auf diese Bindung zurückgegriffen werden kann; es wäre auch möglich, die Rechtswidrigkeit der Maßnahmen allein aus dem Verstoß gegen die verfassungsmäßigen Wertentscheidungen herzuleiten, ohne auf den Gleichheitssatz des Art 3 Abs. 1 GG zurückzugreifen.

In der Tat liegt es nahe, die Subsidiarität des Gleichheitssatzes anzunehmen[60], wenn die Maßnahme ohnehin schon — ohne Rücksicht auf einen Vergleich der Betroffenen — rechtswidrig ist, also gegenüber keinem Staatsbürger aufrechterhalten werden kann[61]. Dieselbe Problematik besteht bei der Frage des Verhältnisses von Gleichheitssatz und allgemeiner Ermessenslehre. Wenn die Entscheidung als solche bereits „willkürlich" ist, d. h. auf im Rahmen der Norm bzw. der verfolgten Maßnahme generell sachfremden Beweggründen beruht, ist sie bereits wegen Ermessensfehlgebrauchs rechtswidrig, ohne

---

[55] BVerfGE 3, 240; 6, 71; 9, 248; 12, 163; 13, 298 f.; BVerfG NJW 1964, 587; BGHZ 11 Anh. 59; *Bettermann*, Der Staat 1962 S. 90; *Ipsen*, Gleichheit S. 182, 184, 185; *Leibholz*, Gleichheit S. 6, 99 ff.; *Maunz* S. 117; *Rinck* JZ 1963, 525.

[56] Nach *Ipsen*, Gleichheit S. 181, 190 handelt es sich dabei um selbständige, der Willkürprüfung vorgelagerte Kriterien.

[57] Auch dieser Grundsatz gilt nicht absolut; vgl. z. B. *Leibholz - Rinck* Art. 3 Rdn. 34 m. w. N.; *Wernicke* in BK Anm. II 3 c zu Art. 3; *Fuss* JZ 1959, 335; Franz *Klein* S. 100/101.

[58] So *Fuss* JZ 1959, 332; *Salzwedel*, Gleichheitsgrundsatz S. 342.

[59] Teilweise wird die Bindung des *Gesetzgebers* durch Art. 3 GG ausschließlich an den Grundentscheidungen der Verfassung gemessen, vgl. Franz *Klein* S. 165/166; *Ipsen*, Gleichheit S. 184 f.

[60] BVerfGE 6, 71; BVerfG NJW 1962, 438; *Fuss* JZ 1959, 338; *Leibholz*, Gleichheit S. 6; *v. Mangoldt - Klein* Art. 3 Anm. III 4 c; *Salzwedel*, Gleichheitsgrundsatz S. 342; vgl. auch *Mertens*, Selbstbindung S. 57; differenzierend: *Leibholz - Rinck* Art. 3 Rdn. 7.

[61] *Salzwedel* a.a.O.

daß es auf die sach- oder unsachgemäße Differenzierung zu anderen Fällen ankäme. Die Entscheidung braucht in ihrer Differenzierung zu anderen Fällen nicht einmal willkürlich zu sein, etwa wenn sich die ständige Praxis der Behörde auf schlechthin für Entscheidungen dieser Art unzulässige Gesichtspunkte stützt; andererseits ist es aber auch nicht ausgeschlossen, daß eine solche Entscheidung im Vergleich mit anderen Fällen zu einer Ungleichbehandlung mehrerer gleichgelagerter Fälle führt. Wenn sich die Behörde in einem einzelnen Fall auf schlechthin unzulässige Gesichtspunkte stützt und nicht nur an sich zulässige Gesichtspunkte abweichend von der sonstigen Praxis bewertet, so berücksichtigt sie bei ihrer Entscheidung Faktoren, die ohne weiteres zu einer Rechtswidrigkeit der Entscheidungen führen. Darüberhinaus nimmt die Entscheidung eine Differenzierung vor, für die kein sachlich einleuchtender Grund gegeben ist. Die Entscheidung ist also sowohl nach allgemeinen Ermessensregeln als auch wegen Verstoßes gegen den Gleichheitssatz rechtswidrig, ein Umstand, der Bedeutung gewinnt, wenn der Betroffene sich mit einer Verfassungsbeschwerde gegen die Maßnahme wenden will.

Ebenso ist es auf der Ebene des Verfassungsrechts: Auch dort kommt dem Gleichheitssatz eine selbständige Bedeutung zu, da weder der Verstoß gegen eine verfassungsmäßige Grundentscheidung eine Verletzung des Gleichheitssatzes noch ein Verstoß gegen den Gleichheitssatz einen solchen gegen andere Grundgesetzforderungen indiziert oder gar voraussetzt[62]. Die Möglichkeit, die Verletzung des Gleichheitssatzes zu rügen, eröffnet den Weg einer Verfassungsbeschwerde, der sonst unter Umständen versperrt wäre[63], nämlich dann, wenn sich der Beschwerdeführer auf einen konkreten, in § 90 BVerfGG nicht genannten Verfassungsauftrag beruft, den eine staatliche Gewalt unter Verletzung des Art. 3 Abs. 1 GG nur unvollständig ausgeführt hat[64].

Die Ausrichtung der Erheblichkeit von unterscheidenden Gesichtspunkten an den Grundentscheidungen der Verfassung zeigt, daß es „keinen Gleichheitssatz schlechthin, über Zeiten und Grenzen und geltende Verfassung hinweg"[65] geben kann, sondern daß es nur einen allgemeinen, dem Gerechtigkeitsprinzip selbst entspringenden und von bestimmten, oben aufgezeigten[66] Voraussetzungen abhängigen Gleichheitsgrundsatz gibt, dessen nähere Ausgestaltung der jeweiligen historischen Situation überlassen ist[67].

---

[62] Vgl. auch BVerfGE 13, 296; BVerfG NJW 1962, 438.
[63] Vgl. BVerfGE 13, 297/298; *Rinck* JZ 1963, 525 Anm. 40.
[64] Vgl. *Schmidt - Bleibtreu*, Bundesverfassungsgerichtsgesetz § 90 Rdn. 112.
[65] *Ipsen*, Gleichheit S. 113; *v. Mangoldt - Klein* Art. 3 Anm. II 8.
[66] Vgl. oben S. 32.
[67] *Bockelmann* S. 49; *Rehfeldt* S. 96.

cc) Grundforderungen der Gerechtigkeit

Die Abhängigkeit dessen, was als erheblich oder unerheblich für eine Entscheidung angesehen werden kann, von dem Zweck der anzuwendenden Norm und den Grundentscheidungen der Verfassung und die damit verbundene Wandelbarkeit findet ihre Grenze an den *Grundforderungen des Gerechtigkeitsprinzips*[68], die jeder Rechtsordnung immanent sind[69], und die damit als letztes Regulativ einer jeden Differenzierung dienen[70]. Dieser letztlich unantastbare Kern eines Differenzierungsverbots hat auch in der konkreten verfassungsmäßigen Ausgestaltung der Grundrechte seine Bestätigung durch die Anerkennung der Unantastbarkeit der menschlichen Würde erfahren[71]. Die Würde des Menschen und die aus dieser Würde fließenden Werte sind absolut gesetzte tertia comparationis jeden rechtlichen Bewertens[72] so wie im transzendentalen Bereich nach christlicher Auffassung die Ebenbildlichkeit Gottes allen Menschen gemeinsam ist[73] und ihre „Gleichheit vor Gott" begründet[74]. Nur die fehlende Ausrichtung des „Willkürbegriffs" an die aufs engste mit dem Wert der Gerechtigkeit zusammenhängende Personenwürde des Menschen konnte dazu führen, in der „rassischen Verschiedenheit" zwischen Deutschen und „Nichtariern" ungleiche Tatbestände zu erblicken, die in „Übereinstimmung mit dem Gleichheitsprinzip" auch ungleich behandelt werden durften[75].

Über die elementaren Rechtssätze, die sich in dem „Unantastbarkeitsanspruch der Würde der menschlichen Persönlichkeit"[76] manifestieren, und die Grundentscheidungen der Verfassung hinaus ist die Erheblichkeit unterscheidender Merkmale jeweils von besonderen Maßstäben abhängig, gibt es ein absolutes Differenzierungsverbot ebensowenig wie ein absolutes Gleichheitsurteil. Eine Überlegung,

---

[68] BVerfGE 8, 183: „Verstoß gegen das allgemeine Gerechtigkeitsempfinden"; 9, 129, 349; 10, 246; 13, 228; BGHZ 13, 313/314; OVG Münster v. 25. November 1964 — IV A 1294/63; *Aldag* S. 30; *Hamann* Art. 3 Anm. C 3; *Rinck* JZ 1963, 526.

[69] Eine Auseinandersetzung mit dem Rechtspositivismus, die notwendig ins Grundsätzliche gehen müßte, würde den Rahmen dieser Arbeit sprengen.

[70] *Leibholz*, Gleichheit S. 72, 251.

[71] So mit Recht *Dürig*, Gleichheit Sp. 986/987.

[72] *Dürig* AöR 81, 143; ders., Gleichheit Sp. 987; vgl. weiter *Arndt* NJW 1961, 2154; *Wertenbruch*, Grundgesetz und Menschenwürde S. 21, 216; Franz *Klein* S. 22; *Wiethölter* S. 103.

[73] Vgl. *Wertenbruch* a.a.O. S. 199; *Geiger* S. 171; Franz *Klein* S. 23.

[74] Erich *Kaufmann* VVDStRL 3 S. 4.

[75] So im Sinne der nationalsozialistischen Weltanschauung: *Poetzsch-Heffter* JöR Bd. 22, 265; ausführlich zum Mißbrauch des Gleichheitsbegriffs im „Dritten Reich": Werner *Hill*, Gleichheit und Artgleichheit, Berlin 1966, S. 245 ff.

[76] *Stern*, Gesetzesauslegung, Diss. S. 25.

die in dem einen Fall sachlich ist, kann in einem anderen Fall in höchstem Grade unsachlich sein. Ist das freundliche Wesen eines Sozialhilfeempfängers für die Entscheidung über eine Beihilfe völlig gleichgültig, so kann es für die Einstellung eines Beamten an einer Auskunftsstelle von großer Bedeutung sein; während die Familienverhältnisse eines beamteten Technikers regelmäßig von untergeordneter Bedeutung für seine dienstliche Qualifikation sind, ergibt sich für einen Beamten in der Jugendfürsorge ein ganz anderes Bild. Aus diesen Beispielen geht hervor, wie Rechtsgrund und Zweck der jeweiligen Maßnahme die Erheblichkeit oder Unerheblichkeit der unterscheidenden Gesichtspunkte bestimmen. Damit ist einerseits die erforderliche Wandelbarkeit dessen gewahrt, was einer Differenzierung zugrunde gelegt werden kann, andererseits aber auch die genügende Bestimmbarkeit der maßgeblichen unterscheidenden Gesichtspunkte gewährleistet.

4. Das Verbot sachlich nicht gerechtfertigter Unterscheidungen als Erklärung der Selbstbindung

Sieht man den Gleichheitssatz negativ als Verbot sachlich nicht gerechtfertigter Differenzierungen, positiv als Gebot grundsätzlicher Gleichbehandlung von Fällen, die sich in den wesentlichen Voraussetzungen gleichen, an, so erweist sich jede Differenzierung, die nicht an dem Zweck der angewandten Norm, an den Grundentscheidungen der Verfassung und am Wert der Gerechtigkeit als letztem Regulativ orientiert ist, als gegen Art. 3 GG verstoßend. Wenn die Entscheidung nicht an diesen Grundsätzen ausgerichtet ist, wird sie regelmäßig bereits nach allgemeinen Grundsätzen der Verwaltungslehre rechtswidrig sein.

a) Verstoß gegen den Gleichheitssatz auch bei der unterschiedlichen Bewertung an sich zulässiger Gesichtspunkte

Darin erschöpft sich jedoch die Bedeutung des Gleichheitssatzes nicht. So wie nicht jede rechtswidrige Entscheidung gegen den Gleichheitssatz zu verstoßen braucht[77], *setzt umgekehrt der Verstoß gegen den Gleichheitssatz nicht die Rechtswidrigkeit aus anderen Gründen voraus.* Gerade dann, wenn die Entscheidung für sich gesehen nicht rechtswidrig wäre, entfaltet der Gleichheitssatz seine Hauptbedeutung,

---

[77] Vgl. *Leibholz*, Gleichheit S. 83/84: „... nicht jeder durch die staatlichen Organe verwirklichte Willkürtatbestand unter das in der Gleichheitsgarantie enthaltene Verbot fällt"; vgl. auch oben 3. Kap. § 7, 1.

wird die Selbstbindung im allgemein verstandenen Sinn der Bindung an ein bestimmtes Differenzierungsschema akut[78]. Danach kann die Behörde im Einzelfall auch dann nicht von ihrer Praxis abweichen, wenn eine abweichende Entscheidung an sich ebenso vertretbar wäre. Die Verwaltung hat zwar die Freiheit, innerhalb der allgemeinen Grenzen des Ermessens ihr Handeln auf eine unbestimmte Vielzahl von sachgemäßen Gesichtspunkten zu stützen; hat sie aber zu erkennen gegeben, daß sie in gewissen Fragen besonderen Wert auf bestimmte Voraussetzungen legt, so hält man sie für gebunden, diese Auffassung konsequent in allen Fällen zu vertreten. Hier deutet sich allerdings schon die Frage an, wie weit diese Bindung im einzelnen reicht, ob sie nicht einer auf den konkreten Fall bezogenen Entscheidung Wirkungen beilegt, wie sie eigentlich der generalisierenden Gesetzesnorm zukommen. Stellen wir diese Frage zunächst zurück[79], so bleibt die allgemeine Feststellung, daß die Behörde eine Tatsache in dem einen Fall nicht ohne weiteres als unbedeutend abtun, ihr aber in einem anderen Fall besonderes Gewicht beimessen kann. Die Heranziehung eines bestimmten Grundes im Einzelfall im Gegensatz zur sonstigen Praxis vermag die Unterscheidung der betreffenden Fälle nicht zu tragen, da die unterschiedliche Behandlung nicht an eine relevante Verschiedenheit der tatsächlichen oder rechtlichen Voraussetzungen der verglichenen Fälle geknüpft, nach der Rechtsprechung „willkürlich" ist.

b) Differenzierung zwischen ermessensfehlerhafter Entscheidung und sachlich nicht gerechtfertigter Unterscheidung

Die Feststellung, daß eine Entscheidung auch gegen den Gleichheitssatz verstoßen kann, wenn sich ihre Rechtswidrigkeit nicht bereits aus allgemeinen Ermessensregeln ergibt, schafft erst die Voraussetzung für eine Rückführung der Selbstbindung auf Art. 3 Abs. 1 GG; sie zeigt aber auch die fehlende Berechtigung der Kritik an der Lehre des Verbots von Differenzierungen, die nicht auf erhebliche Verschiedenheiten der Fälle gestützt und damit nach Rechtsprechung und herrschender Meinung[80] „willkürlich" getroffen sind. Die weitgehende Betonung des Willkürbegriffs führte zu einer schlagwortartigen Identifizierung des Gleichheitssatzes mit einem allgemeinen Willkürverbot[81], die weder der Leibholzschen Definition entspricht[82] noch

---
[78] Ähnlich schon W. *Jellinek*, Gesetz S. 323/324.
[79] Vgl. dazu das folgende Kapitel.
[80] Vgl. Anm. 6 zu diesem Kapitel.
[81] BVerfG NJW 1967, 1413; OVG Koblenz DVBl 1962, 757; *v. Mangoldt - Klein* Art. 3 Anm. III 4 a; *Böckenförde* S. 47; *Forsthoff* S. 92; *Giacometti*

§ 8 Der Gleichheitssatz als Rechtsgrundlage

mit deren praktischen Anwendung durch die Gerichte übereinstimmt. Diese ungerechtfertigte Gleichsetzung von allgemeinem Willkürverbot und dem Verbot „willkürlicher" *Unterscheidungen* ist — neben der negativen Fassung des Willkürbegriffs — mit der Grund für die ablehnende Haltung eines Teils der neueren Literatur, die sich gegen die Deutung des Gleichheitssatzes aus dem „Willkürbegriff" im Sinne des Verbots sachlich nicht gerechtfertigter Differenzierungen wendet und statt dessen einen mehr materiell an der Idee der Gerechtigkeit orientierten Begriff sucht. Richtig muß man unterscheiden:

(1) Willkür in bezug auf den konkreten Fall; diese ist dadurch gekennzeichnet, daß sich hinter dem äußerlich als korrekt erscheinenden Handeln ein unsachliches Motiv verbirgt oder mit ihm ein unsachlicher Zweck verfolgt wird[83]. Die Entscheidung eines anderen Falles ist dabei ohne Bedeutung. Als Beispiel diene die — im Ermessen stehende — Versagung einer Erlaubnis, weil der Antragsteller den Beamten früher einmal beleidigt hatte.

(2) Hiervon zu trennen ist die Differenzierung der einen Entscheidung gegenüber der anderen, ohne daß sich die betreffenden Fälle in einer erheblichen Voraussetzung unterscheiden. Während zwar der konkrete Fall für sich gesehen ohne Beanstandung so entschieden werden konnte, wie er tatsächlich entschieden wurde, ist die Entscheidung unter den gegebenen Umständen dennoch fehlerhaft, weil sie im Hinblick auf einen anderen Fall eine — im Sinne der gebräuchlichen Terminologie[84] — „willkürliche" *Unter*scheidung getroffen hat, für die „sich ein vernünftiger, aus der Natur der Sache ergebender oder sonstiger, sachlich einleuchtender Grund" nicht finden läßt[85]. Die Entscheidung mag also — isoliert betrachtet — auf durchaus vernünftigen Gesichtspunkten beruhen; sofern sie aber in ihrer *Unter*scheidung zu einem anderen Fall nicht auf eine erhebliche Verschiedenheit der Fälle gestützt werden kann, verstößt sie gegen den Gleichheitssatz. Der Sinn des Gleichheitssatzes ist es gerade, *sich nicht auf eine isolierte Betrachtung zu beschränken, sondern einen Vergleich mehrerer Fälle vorzunehmen*. Erweist sich bei einem solchen Vergleich die verschiedene Behandlung der Fälle als sachlich nicht gerechtfertigt, weil sie nicht von relevanten Verschiedenheiten in den

---

S. 286; W. *Jellinek*, Verwaltungsrecht S. 446/447; *Mertens*, Selbstbindung S. 39; *König*, Diss. S. 130; *Rinck* JZ 1963, 521 Anm. 6.
[82] Vgl. *Leibholz*, Gleichheit S. 83/84.
[83] H. M.; vgl. PrOVG 94, 210; *Forsthoff* S. 92; W. *Jellinek*, Gesetz S. 65; Rüdiger *Klein* AöR 82, 92; *Wolff*, Verwaltungsrecht I § 31 II d 2.
[84] Gegen die sich die Kritik der neueren Lehre nicht richtet.
[85] BVerfGE 12, 348.

Voraussetzungen getragen ist, so ist auch die im übrigen nach allgemeinen Ermessensregeln sachgemäß getroffene Entscheidung gerichtlich aufhebbar[86]. Das aber bedeutet nichts anderes als die Anerkennung einer Bindung der Verwaltung an das von ihr gesetzte Differenzierungsschema auf der Grundlage des Gleichheitssatzes und damit die Rückführung der Selbstbindung auf Art. 3 Abs. 1 GG.

§ 9 Der Grundsatz von Treu und Glauben als Rechtsgrundlage der Selbstbindung

Neben dem Gleichheitssatz wurde gelegentlich[1] die spezifische Gleichbehandlungspflicht der Verwaltung in Form der Selbstbindung auch auf den Grundsatz von Treu und Glauben zurückgeführt.

1. Subsidiarität des Grundsatzes von Treu und Glauben

Als allgemeines Rechtsprinzip beherrscht der — in § 242 BGB gesetzlich niedergelegte — Grundsatz von Treu und Glauben auch das öffentliche Recht[2]. Seiner Anwendung auf öffentlich-rechtliche Beziehungen zwischen Behörden und Privaten steht daher grundsätzlich nichts im Wege[3]. Wegen seiner Weite und Ausfüllungsbedürftigkeit kann er jedoch nur *subsidiär* zur Anwendung gelangen[4], etwa als Korrektiv eines sonst unerträglichen Ergebnisses oder als Hilfsnorm bei einer Gesetzeslücke[5]. Da die Gleichbehandlungspflicht der Verwaltung bereits aus dem Gleichheitssatz des Art. 3 Abs. 1 GG folgt, kommt somit eine Heranziehung des Grundsatzes von Treu und Glauben zur Begründung einer Gleichbehandlungspflicht schon aus systematischen Gründen nicht mehr in Betracht. Das Ergebnis ändert sich nicht, wenn man über die formale Rechtssatzqualität des Art. 3 Abs. 1 GG als unmittelbar verbindliche Verfassungsnorm hinwegsieht und es maßgeblich darauf abstellt, daß der Gleichheitssatz seinem Wesen nach

---

[86] Insoweit übereinstimmend: *Köhler* S. 53.

[1] Bad. VGH Ztschr. 1907 S. 210; Hamburg. VG HansRZ 1926, 954; Karl Hermann *Schmitt*, Treu und Glauben im Verwaltungsrecht, Berlin 1935, S. 81; W. *Jellinek*, Verwaltungsrecht S. 447; vgl. weiter *Lanz* NJW 1960, 1797; *Mertens*, Selbstbindung S. 88; *Hedemann*, Die Flucht in die Generalklauseln, Tübingen 1933, S. 44; *Giacometti* S. 289 für den Bereich „normfreier" Verwaltung.

[2] Statt aller BGHZ 14, 143.

[3] Die Heranziehung von Treu und Glauben im öffentlichen Recht ergibt sich nicht aus einer analogen Anwendung des § 242 BGB, sondern aus der unmittelbaren Geltung dieses Grundsatzes.

[4] *Schüle* VerwArch 38, 434; *Peters*, Lehrbuch S. 164; *Scheerbarth* S. 119.

[5] Vgl. BGHZ 23, 180/181; *Larenz* § 10 I (S. 108/109).

§ 9 Der Grundsatz von Treu und Glauben als Rechtsgrundlage

einen — ausfüllungsbedürftigen — Rechtsgrundsatz darstellt[6]. Denn soweit es um die Gleichbehandlungspflicht hinsichtlich mehrerer Maßnahmen geht, beinhaltet der „Gleichheitsgrundsatz" des Art. 3 GG gegenüber dem Grundsatz von Treu und Glauben einen speziellen Rechtsgedanken, der eine Heranziehung des allgemeinen Prinzips von Treu und Glauben nicht mehr zuläßt.

2. Die materielle Bedeutung von Treu und Glauben für die Selbstbindung

Die Berufung auf den Grundsatz von Treu und Glauben zur Begründung einer Gleichbehandlungspflicht der Verwaltung ist aber nicht nur aus systematischen Gründen verfehlt, sie vermag auch *materiell* eine Gleichbehandlungspflicht nicht zu erklären.

Die Berufung auf Treu und Glauben setzt eine „innere Nähe" der Beteiligten voraus[7], die den Maßstab für die rechtlichen Beziehungen unter den Beteiligten setzt. Ein derartiges, auf der Nähe der Beteiligten beruhendes Treueverhältnis stellt das „allgemeine Gewaltverhältnis"[8] zwischen dem Staat in all seinen Formen und dem Bürger nicht dar. Während es die Funktion des Gleichheitssatzes ist, *alle* Bürger mit gleichem Maß zu messen[9], ermöglicht der Grundsatz von Treu und Glauben gerade nicht die Berufung auf ein Verhalten gegenüber *Dritten*, die nicht selbst in irgendeiner Form an dem konkreten Rechtsverhältnis beteiligt sind, sondern nur auf ein Verhalten innerhalb eines bestehenden oder sich anbahnenden bzw. nachwirkenden Schuldverhältnisses, das sich als Verstoß gegen die Treuepflichten der Parteien erweist.

Allerdings hatte das *Reichsgericht*[10] in einem Fall, in dem ein Teil einer begrenzten Gattung untergegangen war, den Schuldner nach § 242 BGB für berechtigt und verpflichtet gehalten, jeden Gläubiger anteilmäßig zu befriedigen. Man könnte die Entscheidung einmal auf das Verbot des „venire contra factum proprium" stützen[11]; zum anderen käme eine Vertragsanpassung aus dem Gesichtspunkt des „Wegfalls der Geschäftsgrundlage" in Betracht, die jedoch für die Frage

---

[6] Vgl. dazu *Böckenförde* S. 1; *Schaumann* JZ 1966, 725; R. *Schmidt* JZ 1967, 402 ff.; *Wolff*, Verwaltungsrecht I § 25 I a.
[7] *Schüle* VerwArch 38, 402; ähnl. *Larenz* § 10 I (S. 107/108).
[8] *Wolff*, Verwaltungsrecht I § 9 I b; § 32 IV c.
[9] *Schüle* VerwArch 39, 24.
[10] RGZ 84, 129; 94, 19; ebenso *Staudinger - Weber*, Recht der Schuldverhältnisse § 242, 2. Bd., Teil 1 b, 11. Aufl., Berlin 1961, Rdn. H 361; *Larenz* § 12 (S. 133); *Enneccerus - Lehmann*, Recht der Schuldverhältnisse, 15. Bearbeitung, Tübingen 1958, § 1 V 3, § 6 I; im Ergebnis ebenso *Götz Hueck* S. 76, 138 ff.
[11] Vgl. auch *Mertens*, Selbstbindung S. 89.

4. Kapitel: Rechtsgrundlagen der Selbstbindung

der Bindung der Verwaltung an ihr vorangegangenes Tun in anderen Fällen unberücksichtigt bleiben kann.

Soweit das Verbot widersprüchlichen Verhaltens in Frage steht, ist zu berücksichtigen, daß es sich bei dem Untergang einer begrenzten Gattungsschuld um den Fall handelt, daß sämtliche Verträge auf die Leistung aus der konkreten Gattung gerichtet sind. Die Interessen der Gläubiger sind somit auf denselben Leistungsgegenstand gerichtet, eine Leistung daraus betrifft jeden einzelnen von ihnen unmittelbar. Der Schuldner macht sich durch die vollständige, bevorzugte Leistung an *einen* Gläubiger, also durch sein eigenes Verhalten, die Leistung derselben geschuldeten Ware an die *anderen* Gläubiger unmöglich[12]. Mag auch — entsprechend der reichsgerichtlichen Auffassung — für diesen Fall das Verbot des „venire contra factum proprium" eingreifen[13], so kann doch daraus nicht der Schluß gezogen werden, der zu einem bestimmten Verhalten Verpflichtete (privatrechtliche Schuldner oder die Verwaltungsbehörde) müsse sich grundsätzlich das Verhalten gegenüber Dritten, die an dem konkreten Rechtsverhältnis nicht beteiligt sind, entgegenhalten lassen. Das Verbot des „venire contra factum proprium" hat die widerspruchslose Abwicklung eines auf dem Vertrauen der Beteiligten beruhenden Schuldverhältnisses zum Inhalt[14]. Die Gleichbehandlungspflicht der Verwaltung ist jedoch unabhängig von der Schaffung eines Vertrauenstatbestandes[15]. Rein tatsächlich mag der Bürger sein Vertrauen in die Beibehaltung einer einmal entwickelten Verwaltungspraxis setzen; dieses ist aber weder Voraussetzung für die grundsätzliche Pflicht der Verwaltung, seinen Fall gleich den übrigen zu behandeln, noch wird er in seinem Vertrauen dergestalt geschützt, daß er auf ein Beibehalten der bisherigen Praxis bauen kann[16].

Eine Erklärung der Selbstbindung der Verwaltung im Sinne einer Gleichbehandlungspflicht durch den Grundsatz von Treu und Glauben ist nicht möglich; die Funktion, das Verhalten der Behörde in einem Fall an dem in gleichliegenden anderen Fällen zu messen, vermag allein der Gleichheitssatz zu erfüllen.

---

[12] Es handelt sich um einen ähnlichen Fall wie im Konkurs des Schuldners, für den der Grundsatz der gleichmäßigen Befriedigung aller Gläubiger gesetzlich niedergelegt ist, vgl. §§ 3, 149 ff. KO.

[13] Dagegen Ernst *Wolf* JUS 1962, 104.

[14] *Staudinger - Weber,* § 242, Rdn. D 323; *Larenz* § 10 II b (S. 111/112); *Eichler,* Die Rechtslehre vom Vertrauen, Tübingen 1950, S. 33.

[15] Vgl. auch *Schüle* VerwArch 39, 22.

[16] Ähnlich *Jesch,* Anmerkung zum Urteil des Bundesfinanzhofes vom 14. 8. 1958, JZ 1960, 279 ff., 284.

Fünftes Kapitel

Inhaltliche Konkretisierung der Bindung durch den Gleichheitssatz

Nach den bisherigen Feststellungen bindet der Gleichheitssatz die Verwaltung in der Weise, daß diese keine Unterscheidungen treffen darf, denen nicht erhebliche Verschiedenheiten der Fälle entsprechen. Dabei ist nicht nur die Frage offengeblieben, welchem *räumlichen* Bereich die Vergleichsobjekte für eine Gleichheitsprüfung zu entnehmen sind[1], sondern auch die *zeitliche* Grenze des Vergleichs und — damit eng zusammenhängend — die Möglichkeit eines Abgehens der Behörde von ihrer bisherigen Praxis.

§ 10 Zeitliche Grenzen der Gleichheitsprüfung

Die Frage nach der maßgeblichen Zeitspanne für eine Gleichheitsprüfung gewinnt entscheidende Bedeutung für den Umfang einer eventuellen Gleichbehandlungspflicht der Verwaltung. Je nachdem, welche Zeitspanne einem Vergleich zugrunde gelegt wird, ist die frühere Auffassung der Behörde in die Gleichheitsprüfung mit einzubeziehen oder nicht, bewegt sich die Bindung zwischen einem akuten und einem latenten Gleichbehandlungsgebot.

Die Zeitspanne, die für eine Gleichheitsprüfung erheblich sein könnte, läßt sich nach zwei Extremen hin abgrenzen: Einmal eine Gleichbehandlungspflicht im konkreten zur Entscheidung stehenden Fall, zum anderen eine Gleichbehandlungspflicht, die auf einer Praxis in der Vergangenheit aufbaut und sich in die Zukunft hinein erstreckt. Als weitere dazwischenliegende Möglichkeit könnte der Gleichheitssatz zwar verlangen, auch Fälle aus der Vergangenheit in einen Vergleich einzubeziehen, ohne daß aber die Praxis in den früheren Fällen eine unumstößliche Bindung für Gegenwart und Zukunft auferlegt.

1. Zeitlich unbeschränkte Gleichbehandlungspflicht

Es soll zunächst der umfassendsten Möglichkeit nachgegangen werden, nach der der Gleichheitssatz einen Vergleich von Fällen in Ver-

---

[1] Vgl. dazu unten § 12.

gangenheit und Gegenwart fordert und die einmal entwickelte Praxis für die Zukunft als verbindlich erscheinen läßt.

Nach dieser Auffassung, die in neuester Zeit von *Bettermann*[2] vertreten worden ist, wird das Ermessen der Verwaltung mit dem ersten Fall für alle anderen gleichliegenden Fälle verbindlich ausgeübt, bleibt nach erstmaliger Entscheidung kein Raum mehr für eine weitere Ermessensentscheidung. Die Verwaltung hätte zwar die Freiheit, den ersten Fall innerhalb der Grenzen ihres Ermessens so zu entscheiden, wie sie es für „richtig" hält, wäre aber in der Folge unumstößlich an diese ihre erste Entscheidung gebunden. Ermessen bedeutete nur Ermächtigung zur ersten Entscheidung, Ausfüllung des vom Gesetzgeber gegebenen Rahmens einer Norm[3]. Hier nun stellt sich das Problem der Verfassungsmäßigkeit der Selbstbindung in aller Schärfe: Würde die Anerkennung einer Gleichbehandlungspflicht in dieser Form nicht gleichzeitig eine Anerkennung normativer Funktionen der Verwaltung bedeuten, die sich neben die bisher allein für zulässig erachteten Normsetzungsbefugnisse des Gesetzgebers oder von ihm speziell ermächtigter Verwaltungseinheiten gesellten?

Die bisherigen Untersuchungen[4] haben gezeigt, daß der Gleichheitssatz bis auf Grundforderungen der Gerechtigkeit im Sinne der Wahrung personaler Würde nicht eine feststehende, unwandelbare Größe ist, sondern unter der jeweiligen geschichtlichen Situation verstanden werden muß. Wenn auch Art. 3 Abs. 1 GG keinen Gesetzesvorbehalt wie z. B. Art. 2 Abs. 1 GG oder Art. 5 Abs. 2 GG enthält, so darf er doch nicht isoliert außerhalb des Wertsystems der konkreten freiheitlich-demokratischen Verfassung gesehen werden[5]. Insofern ist der Gleichheitssatz ebensowenig wie jedes andere Grundrecht aus sich heraus zu verstehen, sondern nur als Ausschnitt aus einem umfassenden System verfassungsmäßiger Grundentscheidungen[6]. Deshalb fordert der Gleichheitssatz auch nur eine Gleichheit im Rahmen des Wertsystems dieser verfassungsrechtlichen Grundordnung[7] und damit unter Berücksichtigung der konkreten Ausgestaltung eines gewaltengegliederten Rechtsstaats, der seiner historischen Entwicklung nach den Verwaltungsbehörden einen gewissen Bereich eigenen Entscheidungsspielraums überläßt[8] und in dem die Befugnis zu Ermessens-

---

[2] *Bettermann*, Der Staat 1962 S. 83 ff.
[3] *Bettermann*, Der Staat 1962 S. 85.
[4] Vgl. insbesondere S. 47.
[5] Ähnlich Franz *Klein* S. 92.
[6] Vgl. BVerfGE 7, 205; *Dürig* in Maunz - Dürig Art. 1 Abs. 3 Rdn. 92; *Ipsen*, Gleichheit S. 164.
[7] Übereinstimmend Franz *Klein* S. 92, 94; *Leibholz - Rinck* Art. 3 Anm. 5.
[8] Zur grundsätzlichen Vereinbarkeit des Verwaltungsermessens mit dem Rechtsstaatsprinzip: BVerfGE 9, 146 ff.; *Maunz/Dürig* in Maunz - Dürig

entscheidungen der Verwaltung nach inhaltlich durch Gesetz vorgegebenen Maßstäben[9] zu den überkommenen Leitbildern gehört[10]. Diese sollen durch den Gleichheitssatz[11] nicht ausgeschaltet, sondern nur sinnvoll begrenzt werden[12]. Dieses Erfordernis wird aber bei einer Deutung des Gleichheitssatzes als Gebot der strikten Gleichbehandlung aller Fälle in Vergangenheit und Zukunft und damit einer unabänderlichen Fortführung bisheriger Verwaltungspraxis nicht gewahrt. Die Funktion des Ermessens als Ermächtigung zu anpassungsfähiger und eigenverantwortlicher dauernder Gestaltung bestimmter Lebensbereiche würde zu einer sinnwidrigen Normergänzungsbefugnis der Verwaltungsbehörden umgedeutet. Diese führte zu einer Zementierung bisheriger Verwaltungsübungen und der zwingenden Durchnormierung des gesamten Tätigkeitsbereichs der Verwaltung, die ihre Freiheit zum planvollen Einsatz der Mittel wie die Elastizität in der Wahrnehmung öffentlicher Aufgaben weitgehend ausschalteten. Damit avancierten die Verwaltungsbehörden zu Normsetzungsorganen, die eine unvollständig gebliebene Regelung entsprechend ihren Vorstellungen rechtssatzmäßig ausfüllen könnten. Die Konsequenz wäre nichts anderes als die *verfassungswidrige* Anerkennung eines selbstständigen Rechtsetzungsrechts der Verwaltung. Die für die Verordnungsgebung begründeten Schranken, Kontrollen und Zuständigkeiten würden umgangen, die strengen Anforderungen des Art. 80 GG zur Bedeutungslosigkeit verdammt[13]. Daß Art. 3 Abs. 1 GG diese Bedeutung haben sollte, läßt sich um so weniger annehmen, als die Erscheinung der Selbstbindung bei Erlaß des Grundgesetzes nichts Neues war, die Aufnahme des Art. 80 in das Grundgesetz also in voller Kenntnis der Gleichheitsbindung der Verwaltung erfolgte. Die Deutung der Selbstbindung als Gebot der unumstößlichen Gleichbehandlung aller vergangenen und zukünftigen Fälle beachtet weder die eigenständige Geltung des Verwaltungsermessens als einer überkommenen Erscheinung im Rahmen der „vollziehenden Gewalt" noch

---

Art. 20 Rdn. 91; *Wolff,* Verwaltungsrecht I § 31 II a; *Obermayer* NJW 1963, 1180; *Stern,* Ermessen S. 23 m. w. N.

[9] Daß das Erfordernis der inhaltlichen Bestimmtheit der Ermächtigungsnorm nicht nur für die Verordnungsgebung gilt, wird in BVerfGE 8, 274, 325 mit Recht betont; ebenso *Maunz/Dürig* in Maunz - Dürig Art. 20 Rdn. 91; *Stern,* Ermessen S. 23; *Wolff,* Verwaltungsrecht I § 31 II a.

[10] *Mertens* JUS 1963, 394.

[11] Hier ist lediglich zu entscheiden, ob dem *Gleichheitssatz* die Funktion beigemessen werden kann, die im Rahmen der Gewaltenteilung überkommene Erscheinung des Verwaltungsermessens grundlegend anzugreifen (in diesem Sinne *Bettermann,* Der Staat 1962 S. 83 ff.). Eine andere damit nicht beantwortete Frage ist es, ob das Verwaltungsermessen generell einen verfassungsmäßigen Bestandsschutz genießt.

[12] So mit Recht *Mertens* a.a.O.

[13] So auch *Rupp* S. 122/123.

die ausschließliche Normsetzungsbefugnis der Legislative oder von ihr unter den Voraussetzungen des Art. 80 GG ermächtigter Verwaltungseinheiten.

2. Gleichbehandlungspflicht hinsichtlich aller konkret zur Entscheidung stehenden Fälle

Eine Interpretation des Gleichheitssatzes *im Rahmen des geltenden Verfassungssystems* läßt daher nur die Möglichkeit, daß er lediglich eine Pflicht zur Gleichbehandlung aller konkret zur Entscheidung stehenden Fälle beinhaltet oder auch einen Vergleich mit in der Vergangenheit entschiedenen Fällen verlangt, dabei aber nicht eine unumstößliche Bindung für Gegenwart und Zukunft auferlegt.

Die Möglichkeit, daß der Gleichheitssatz lediglich eine auf die Gegenwart beschränkte Gleichbehandlungspflicht beinhaltet, also im Rahmen der Gleichheitsprüfung lediglich einen Vergleich aller gerade anstehenden oder allenfalls übersehbaren Fälle verlangt, findet Unterstützung in der Formulierung, der Gleichheitssatz verbiete Differenzierungen ohne sachlich erhebliche Verschiedenheiten der Fälle. Da Art. 3 Abs. 1 GG nach den oben getroffenen Feststellungen nicht das Ermessen der Verwaltung ausschaltet, indem er einer einmal entwickelten Praxis unumstößliche Wirksamkeit verleiht, muß er auch ein Abweichen von der bisherigen Verwaltungsübung zulassen. Zieht man nun die bisherige Verwaltungspraxis mit als Vergleichsgrundlage heran, so läßt sich nicht bestreiten, daß ein Abweichen von dieser Praxis eine Differenzierung von Fällen bedeutet, die in den maßgeblichen tatsächlichen und rechtlichen Voraussetzungen übereinstimmen. Diese Ungleichbehandlung gleichgelagerter Fälle ließe sich am einfachsten als mit dem Gleichheitssatz vereinbar erklären, wenn man die bisherige Praxis und damit in der Vergangenheit liegende Fälle nicht in die Gleichheitsprüfung einzubeziehen brauchte, der Gleichheitssatz also nur die Gleichbehandlung von Fällen gebietet, die hier und jetzt zu entscheiden sind[14]. Danach käme es auf eine frühere Praxis, sei sie von längerer oder kürzerer Dauer, für die Selbstbindung nicht mehr an; diese wäre allenfalls von indizieller Bedeutung, sofern sich aus ihr die allgemeine Haltung der Behörde in bestimmten Fragen entnehmen ließe.

Die Einschränkung der Gleichheitsprüfung auf einen Vergleich der gegenwärtig anstehenden Fälle unter Außerachtlassung früherer muß jedenfalls dann versagen, wenn es sich um einen einheitlichen Kom-

---

[14] In diesem Sinn *Tetzner*, Kartellrecht S. 177 für das privatrechtliche Gleichbehandlungsgebot des § 26 Abs. 2 GWG.

plex handelt, innerhalb dessen der letzte denkbare Fall zur Entscheidung steht. So läßt sich in dem vom *Bundesgerichtshof*[15] entschiedenen Siedlerfall, in dem es um die Zuteilung des letzten aus einer bestimmten Anzahl von Grundstücken ging, eine von der bisherigen Praxis abweichende Entscheidung nicht damit begründen, die Behörde würde jeden anderen ab sofort ebenso behandeln. Da die Landverteilunng nur als einheitlicher Komplex[16] und die Entscheidung über das letzte zu vergebende Grundstück nur im Zusammenhang mit den vorangegangenen Zuteilungen gesehen werden darf, kann sich die Funktion des Gleichheitssatzes nicht darin erschöpfen, lediglich den letzten Fall für sich zu betrachten, sondern sie verlangt gerade einen Vergleich mit den Fällen, in denen das Land bereits an die übrigen Siedler endgültig vergeben worden ist.

Damit zeigt sich, daß der Gleichheitssatz es weder bei einer Gleichbehandlung aller konkret zur Entscheidung stehenden Fälle bewenden läßt noch eine Gleichbehandlung aller aus Vergangenheit und Zukunft erfordert, die zu einer dauernden Ermessensbindung führt und ein Abweichen von der bisherigen Praxis nicht mehr zuläßt.

§ 11 Voraussetzungen für eine Abänderung der bisherigen Praxis

Wenn der Gleichheitssatz zwar für eine Gleichheitsprüfung auch die Heranziehung der bisherigen Praxis in rechtlich und tatsächlich gleichgelagerten Fällen gebietet, ohne aber dieser Praxis unumstößliche Bindungswirkung zu verleihen, stellt sich sogleich die Frage, unter welchen Voraussetzungen ein Abgehen von der bisherigen Übung zulässig ist.

1. Einordnung des Gleichheitssatzes in das Ermessen der Verwaltung

Nach geläufiger Auffassung[17] verletzt die Behörde den Gleichheitssatz nicht schon dann, wenn sie auf Grund sachgerechter Erwägungen von ihrer bisherigen Praxis abweicht, sondern erst, wenn sie im E i n z e l f a l l anders verfährt, als sie es sich zur Regel gemacht hat. *Bettermann*[18] hat demgegenüber geltend gemacht, es sei durch nichts

---

[15] BGHZ 29, 76 = JZ 1959, 405.
[16] Vgl. BVerfGE 4, 219 ff. (244 f.) zur Frage der Berechtigung des Gesetzgebers zur Änderung einer gesetzlichen Regelung, die einen absehbaren, geschlossenen Kreis betrifft.
[17] BVerwG DVBl 1963, 66; NJW 1959, 1843; OVG Münster OVGE 9, 188; 14, 26; VG Stuttgart DVBl 1952, 192; VerwRspr 9, 471; *Drews - Wacke* S. 166 f.; *Forsthoff* S. 91, 238; *Hamann* Art. 3 Anm. C 3; W. *Jellinek*, Gesetz S. 324; *König*, Diss. S. 136; *Maunz* S. 118; *Scheerbarth* S. 115.
[18] *Bettermann* Der Staat 1962 S. 82 f.

gerechtfertigt, zwischen einem grundsätzlichen Abweichen und einer einmaligen abweichenden Entscheidung zu unterscheiden; in jedem Fall entspreche der Ungleichbehandlung der ersten abweichenden Entscheidung nicht eine Ungleichheit in den wesentlichen tatsächlichen und rechtlichen Voraussetzungen gegenüber den früheren Entscheidungen[19].

In der Tat ist von der herrschenden Meinung noch an keiner Stelle der Versuch unternommen worden, die Unterscheidung zwischen einmaligem und grundsätzlichem Abweichen dogmatisch zu begründen. Das grundsätzliche Abweichen von der bisherigen Praxis läßt sich, wie Bettermann mit Recht feststellt, ebensowenig mit einer erheblichen Verschiedenheit der Fälle rechtfertigen wie das Abweichen im Einzelfall. Damit ergibt sich die Alternative, daß entweder die Unterscheidung zwischen einmaligem und grundsätzlichem Abweichen unzutreffend ist oder die bisherige Formulierung des Gleichheitssatzes als Verbot von Differenzierungen, denen keine erhebliche Verschiedenheit der betroffenen Fälle entspricht, einer Korrektur oder zumindest einer Ergänzung bedarf.

Die in der Verwaltungsrechtslehre immer wieder aufgeworfene Frage nach der Vereinbarkeit einer Änderung hoheitlichen Handelns mit dem Gleichheitssatz wurde bisher hinsichtlich der *Legislative* kaum beachtet[20], obwohl grundsätzlich auch die Betrachtung einer Gesetzesänderung unter dem Blickwinkel des Gleichheitssatzes möglich ist. So tritt durch jede Änderung der Gesetze eine Ungleichbehandlung der von der früheren und der von der neuen Rechtslage Erfaßten ein; dennoch wird regelmäßig erst gar nicht in Betracht gezogen, ob die Gesetzesänderung als solche gegen den Gleichheitssatz verstößt. Das liegt nicht allein daran, daß ein Änderung der Gesetze häufig auf einer Änderung der Lebenslage beruht; es gibt eine Vielzahl von Gesetzesänderungen, die allein auf einer gewandelten gesetzgeberischen Beurteilung der geregelten Sachverhalte beruhen, etwa wenn das sog. „Schülergehalt" ein halbes Jahr nach seiner Einführung von 40 DM auf 30 DM gekürzt wird. Unabhängig von einer Anpassung der Gesetze an geänderte Lebensverhältnisse oder der Änderung allein auf Grund einer anderen gesetzgeberischen Auffassung beschränkt sich üblicherweise eine Gleichheitsprüfung auf die in der gesetzlichen Regelung getroffenen Differenzierungen. Im Gegensatz zum Verwaltungsbereich, in dem nicht die normative Regelung einer Mehrzahl von Lebenssachverhalten zur Entscheidung steht, gewinnt

---

[19] *Bettermann* Der Staat 1962 S. 83.
[20] Soweit übersehbar, befassen sich lediglich BVerfGE 4, 219 ff. (244 f.); 11, 71; 15, 202 ausdrücklich mit dieser Frage.

§ 11 Voraussetzungen für eine Abänderung der bisherigen Praxis

man hier den Maßstab für eine Gleich- oder Ungleichbehandlung aus einem Vergleich der durch den konkreten Gesetzgebungsakt Betroffenen, d. h. aus der Differenzierung, die die gesetzliche Regelung in sich selbst trägt[21]. Die Gleichheitsprüfung auf der zweiten Ebene, nämlich die Frage einer „Berechtigung" zur Änderung der Gesetze und damit der Schaffung einer rechtlichen Ungleichheit gegenüber der früheren Regelung bleibt regelmäßig außer acht, obwohl der Gleichheitssatz grundsätzlich nicht auf eine Berücksichtigung der bisherigen Einstellung verzichtet.

Es überrascht deshalb nicht, daß die einzigen ersichtlichen Stellungnahmen des *Bundesverfassungsgerichts*[22] zu diesem Problem in Grenzfällen erfolgten, in denen der Gesetzgeber zunächst für eine bestimmte zahlenmäßig übersehbare Gruppe eine einheitliche Regelung getroffen hat, die er noch im Laufe der Durchführung dieses Gesetzes für die noch nicht erledigten Fälle abänderte: Während der Gesetzgeber im allgemeinen frei sei, Gesetze mit Wirkung für die Zukunft zu ändern, weil nicht von vornherein zu übersehen sei, ob die gesetzliche Regelung allen möglicherweise erfaßten Tatbeständen gerecht werde, sei er in Fällen, die ihr Gepräge dadurch erhielten, „daß der Kreis der von ihnen ergriffenen Tatbestände von vornherein bekannt ist, gehindert, die einmal getroffene Entscheidung ohne gewichtige Gründe" abzuändern[23].

Die als selbstverständlich hingenommene Tatsache, daß der Gleichheitssatz einer Gesetzesänderung, der keine Änderung der Lebenslage entspricht, im allgemeinen nicht entgegensteht, hat ihren Grund in der Einordnung des Gleichheitssatzes in das Verfassungssystem eines gewaltengegliederten demokratischen Rechtsstaates[24], in dem der von den Parlamenten wahrgenommenen gesetzgebenden Gewalt das vornehmliche Recht zukommt, nach ihrem — gegenüber der Verwaltung weitergefaßten — Ermessen abstrakte und generelle Regelungen zu setzen[25] und diese den jeweiligen Anschauungen entsprechend zu ändern. Das traditionelle Ermessen der Legislative als notwendige Komponente jeder souveränen Staatsform sollte nicht durch den Gleichheitssatz ausgeschaltet werden, sondern lediglich eine Schranke bei der Ausgestaltung der einzelnen gesetzlichen Regelung finden. Ob und wie der jeweilige Gesetzgeber bestimmte Sachverhalte regeln will,

---

[21] Vgl. z. B. BGHZ 14, 147.
[22] BVerfGE 4, 244; 11, 71; 15, 202.
[23] BVerfGE 4, 245/246; ebenso *Leibholz - Rinck* Art. 3 Rdn. 13.
[24] BVerfGE 3, 135; 4, 155; 7, 315; BVerfG NJW 1964, 587; NJW 1967, 547; vgl. auch oben S. 56, insbes. Anm. 6.
[25] Statt aller *Maunz* in Maunz - Dürig Art. 20 Rdn. 119.

bleibt ihm überlassen; lediglich soweit es um die Differenzierung durch die gesetzliche Regelung selbst geht, also um die Gleichbehandlung des durch das Gesetz berührten Personenkreises und nicht die Zweckmäßigkeit der Beibehaltung oder Änderung einer bestimmten gesetzlichen Regelung, schränkt der Gleichheitssatz das Ermessen des Gesetzgebers insofern ein, als die als notwendig oder zweckmäßig erachtete Gesetzesänderung keine unsachliche Differenzierung in sich tragen darf.

Eine ähnliche Lage besteht auf der Ebene des Verwaltungshandelns, wenn auch die Unterschiede auf Grund der wesensverschiedenen Aufgaben von Normsetzung und Entscheidung eines Einzelfalles dabei nicht verkannt werden dürfen. Auch hier ist Ausgangspunkt die Einordnung des Gleichheitssatzes in einen Staatsaufbau, der seiner historischen Entwicklung nach den Verwaltungsbehörden bei einem Teil ihrer Entscheidungen einen eigenen Spielraum überläßt und in dem die *Ermessensentscheidungen der Verwaltung mit zu den überkommenen Formen in der Wahrnehmung öffentlicher Aufgaben gehören.* Da die Gewährung eines eigenen Entscheidungsspielraums durch den Gleichheitssatz weder auf der Ebene der Legislative noch der der Exekutive beseitigt, sondern nur sinnvoll begrenzt werden soll[26], muß ein Abweichen von der bisherigen Praxis für die Verwaltung im Rahmen ihres Ermessens grundsätzlich ebenso möglich sein wie für den Gesetzgeber. Wie aber einerseits der Gleichheitssatz nicht in einem rechtstheoretischen, a priori inhaltlich festgelegten Raum Geltung hat, sondern einen traditionellen Bereich des Ermessens für Gesetzgeber und Verwaltung vorfindet, wird umgekehrt dieser Ermessensbereich durch den Gleichheitssatz eingeschränkt und inhaltlich ausgefüllt. Auf Grund der Stellung von Gleichheitssatz und Gewaltenteilungsprinzip, — das das Ermessen zwar nicht unbedingt in seinem Kern voraussetzt, aber doch herkömmlicherweise mitumfaßt[27] —, im Rahmen eines umfassenden Systems verfassungsmäßiger Grundentscheidungen[28] besteht eine ähnliche „Wechselwirkung" zwischen Gleichheitssatz und Ermessen, wie sie das *Bundesverfassungsgericht*[29] zwischen Grundrechten und grundrechtseinschränkenden Gesetzen in Form einer gegenseitigen Beeinflussung von Grundrecht und vorbehaltenem allgemeinem Ge-

---

[26] Vgl. oben S. 56/57.

[27] Insofern unterscheidet sich die Begründung Franz *Kleins* (S. 111, 164), der es auf den Grundsatz der Gewaltenteilung abstellt, kaum von der von ihm abgelehnten Begründung des Bundesverfassungsgerichts, das den Begriff des gesetzgeberischen Ermessens verwendet (BVerfGE 7, 305).

[28] Vgl. Franz *Klein* S. 92 und oben S. 56.

[29] BVerfGE 7, 209 — Lüth-Urteil; BVerfG NJW 1963, 2370; ebenso BGHSt 17, 40; BGHSt NJW 1966, 1230 — Fall Pätsch, NJW 1967, 892; *Hoffmann* NJW 1966, 1200.

§ 11 Voraussetzungen für eine Abänderung der bisherigen Praxis   63

setz anerkannt hat. Demgemäß kann die Grenze, die der Verwaltung durch den Gleichheitssatz gezogen ist, nur unter Beachtung des seinerseits wieder am Gleichheitssatz orientierten Verwaltungsermessens bestimmt werden

Einen Anhaltspunkt für die nähere Bestimmung der Grenzen eines Abweichens der Verwaltung von ihrer bisherigen Praxis können die Gesichtspunkte bieten, die im Rahmen der *Legislative* bei der Änderung einer gesetzlichen Regelung herangezogen werden; da die Verwaltungstätigkeit nicht auf generelle und abstrakte Regelungen gerichtet ist, die ihrerseits eine gegen den Gleichheitssatz verstoßende Differenzierung enthalten können, ist auf eine der Gesetzesänderung entsprechende Erscheinung im Verwaltungsbereich abzustellen.

Eine Parallele zur Gesetzesänderung könnte im Verwaltungsbereich in der *grundsätzlichen* Änderung der bisherigen Verwaltungspraxis gesehen werden. Wie die gesetzgebende Gewalt im Rahmen ihres Ermessens eine Norm in einem bestimmten Sinn abändern kann, muß die Verwaltung im Rahmen ihres Ermessens ihre bisherige Praxis zugunsten einer neuen Praxis ändern können. Andererseits ist aber auch die Befugnis des Gesetzgebers zur Änderung einer bisherigen Regelung insofern eingeschränkt, als ihm die besondere Regelung eines *Einzelfalles* durch einen Gesetzesakt (unter anderem auch[30]) auf Grund des Gleichheitssatzes verboten ist, wenn und soweit dieser Fall aus einer Vielzahl anderer zum Zwecke einer abweichenden Regelung herausgegriffen wird[31]. Entsprechend darf die Verwaltungsbehörde dann nicht von ihrer bisherigen Praxis abgehen, wenn das Abweichen nicht im Rahmen einer grundsätzlichen Änderung der früheren Übung erfolgt, die Behörde also lediglich im Einzelfall eine gegenüber ihrer bisherigen Praxis abweichende Entscheidung treffen will. Die Verwaltung muß sich somit „*grundsatzgemäß*"[32] verhalten, d. h. ihr Handeln an den sich selbst gesetzten Maßstäben ausrichten, ohne daß es ihr verwehrt ist, sich neue Grundsätze zu bilden und damit ihren bisherigen Standpunkt zu bestimmten Fragen grundsätzlich zu ändern[33].

---

[30] Einschränkungen aus den Gesichtspunkten des föderativen Prinzips, der Gewaltenteilung oder des Art. 19 Abs. 1 S. 1 GG können hier außer Betracht bleiben; vgl. dazu *Maunz* in Maunz - Dürig Art. 20 Rdn. 109 ff.

[31] Vgl. *Leibholz - Rinck* Art. 3 Rdn. 12; *Maunz* in Maunz - Dürig Art. 20 Rdn. 112; *Wernicke* in BK Art. 19 Anm. II 2 c; weiterhin: *Scheuner* VVDStRL 15 (1957), 72; *Merk* VVDStRL 15, 79; *Münch* VVDStRL 15, 88; dagegen läßt sich aus dem Gleichheitssatz nicht ein generelles Verbot von Einzelgesetzen ableiten, so mit Recht Herbert *Krüger* DVBl 1950, 626; *Leibholz,* Gleichheit S. 246.

[32] W. *Jellinek,* Gesetz S. 324; ähnl. *Forsthoff* S. 92.

[33] Im Ergebnis ebenso VGH Stuttgart DVBl 1952, 192; VGH Stuttgart

Die Forderung nach einem grundsatzgemäßen Handeln mag insofern Bedenken erwecken, als es gerade nicht Aufgabe der Verwaltung ist, wie der Gesetzgeber Normen aufzustellen, sondern den Einzelfall möglichst zweckmäßig und gesetzentsprechend zu regeln. Die Verwaltung hat demnach nicht allgemeine Grundsätze aufzustellen, sondern lediglich konkrete Fälle zu einem sachgemäßen und gerechten Ergebnis zu führen. Dieses primäre Ziel erfährt aber durch den Gleichheitssatz eine Einschränkung, indem dieser die Behörde zwingt, mehrere Fälle auf ihre Übereinstimmung und Divergenz hin zu vergleichen und mit gleichem Maß zu messen[34]. Das bedeutet nicht, daß sich die Verwaltung im voraus auf bestimmte Grundsätze festzulegen braucht, nach denen sie alle möglichen Fälle entscheiden will; sie muß aber eine Einzelentscheidung an sachlichen Gründen so orientieren, daß diese aus ihrer Sicht „allgemeingültig", d. h. darauf angelegt ist, andere gleichliegende Fälle ebenso zu behandeln[35]. Dementsprechend muß sie die folgenden Entscheidungen an ihrer bisherigen Einstellung ausrichten und in das bisher aufgestellte Differenzierungsschema einordnen. Durch den Charakter der (bedingten) „Allgemeingültigkeit" ihrer Entscheidungen in bestimmten Sachlagen bildet sich die Behörde entsprechende Entscheidungsgrundsätze, aus denen sich ein bestimmtes Differenzierungsschema ergibt, das für den jeweiligen Einzelfall maßgeblich ist, solange nicht eine andere grundsätzliche Auffassung vertreten und damit die Entscheidung im Sinne eines neu aufgestellten Grundsatzes getroffen wird.

2. Maßgeblichkeit subjektiver Momente bei der Praxisänderung

Die Einordnung des Gleichheitssatzes in das überkommene System des Verwaltungsermessens ist von ausschlaggebender Bedeutung für die Erklärung der Selbstbindung im Sinne einer Gleichbehandlungspflicht der Verwaltung. Danach bedeutet die grundsätzliche Pflicht, bereits entschiedene Fälle in die Gleichheitsprüfung mit einzubeziehen, nicht etwa, daß die Verwaltung ihren einmal eingenommenen Standpunkt unumstößlich beibehalten muß. Die Verwaltung kann vielmehr im Rahmen ihres Ermessens von der früheren Praxis ab-

---

VerwRspr 9, 471; *Forsthoff* S. 92, 238; *Hamann* Art. 3 Anm. C 3; *Maunz* S. 118; *Scheerbarth* S. 115; ähnl. BVerfGE 4, 1 ff.

[34] Ebenso *Böckenförde* S. 71 Anm. 1; *Esser* S. 14; *Schüle* VerwArch 39, 24; ähnl. *Gneist*, Der Rechtsstaat S. 47.

[35] Die Forderung nach „Allgemeingültigkeit" kommt der der Rechtsanwendung „ohne Ansehen der Person" nahe. Entscheidend ist aber, daß sie auf dem Boden der Forderung sachlicher Rechtsgleichheit steht und so das Verbot sachlich nicht gerechtfertigter Differenzierungen nicht ausschließt; dieses mißt die Maßnahme an vorangegangenen und gleichzeitigen Entscheidungen, jene richtet sie an künftig anstehenden Entscheidungen aus.

gehen und an deren Stelle eine neue von ihr als zweckmäßiger erkannte beginnen; dagegen verbietet es der Gleichheitssatz, im Einzelfall eine gegenüber der sonstigen Praxis abweichende Auffassung zu vertreten. Das Abstellen auf die „Allgemeingültigkeit" der Entscheidung aus der Sicht der Behörde und deren Absicht, eine neue Praxis einzuführen, bringt notwendig ein subjektives Kriterium mit sich, nach dem zulässiges und unzulässiges Abweichen abzugrenzen sind. Die Berücksichtigung der subjektiven Einstellung der Behörde läßt sich schon deshalb kaum vermeiden, weil der erste Fall innerhalb einer geänderten Praxis im Zeitpunkt der Entscheidung äußerlich nicht von einem innerhalb der bisherigen Praxis abweichend entschiedenen Fall unterschieden werden kann. Erst das Abstellen auf die späteren Entscheidungen läßt erkennen, ob es sich um den ersten Fall innerhalb einer neuen Verwaltungspraxis handelt oder um eine einmalige Abweichung von der sonstigen Übung. Eine rein objektive Betrachtungsweise würde die Rechtswidrigkeit der abweichenden Einzelentscheidung unter Umständen über längere Zeit hin unentschieden lassen, weil erst die nachfolgende Verwaltungsübung über die Rechtmäßigkeit oder Rechtswidrigkeit einer von der früheren Praxis abweichenden Einzelentscheidung Auskunft geben könnte. Diese Möglichkeit hatte das *Bundesverfassungsgericht*[36] bei der Frage der Verfassungswidrigkeit eines ergänzungsbedürftigen Gesetzes angedeutet: Die Nichtigkeit des ergänzungsbedürftigen Gesetzes gemäß Art. 3 Abs. 1 GG könne unter Umständen erst festgestellt werden, wenn der Gesetzgeber nicht innerhalb angemessener Frist die notwendige Ergänzung vornehme und damit die durch die bisher unvollständige Regelung hervorgerufene Ungleichbehandlung beseitige.

Gegen diese Auffassung bestehen erhebliche Bedenken. Einmal wird häufig zweifelhaft sein, ob die einmal eingetretene Ungleichbehandlung durch eine spätere Ergänzung wieder beseitigt werden kann; das ließe sich allenfalls bei einer rückwirkenden Ergänzung bejahen, der jedoch Grenzen gesetzt sind. Vor allem aber würde der notwendige Schwebezustand bis zur endgültigen Klärung der Rechtswidrigkeit zu einer unerträglichen Beeinträchtigung der Rechtssicherheit führen. Speziell für den Bereich der Verwaltung kämen erhebliche Schwierigkeiten bei der Beschreitung des Rechtsweges hinzu: Soll der Bürger innerhalb der gesetzlichen Rechtsmittelfristen die Entscheidung beanstanden, obwohl objektiv noch nicht feststeht, ob die behördliche Maßnahme gegen den Gleichheitssatz verstößt, ja diese Feststellung unter Umständen erst nach längerer Zeit erwartet werden kann? Muß das Gericht das Verfahren aussetzen, bis sich — möglicherweise erst nach

---

[36] BVerfGE 6, 266.

Jahresfrist oder noch später — die Frage der Rechtswidrigkeit geklärt hat? Oder ist im Hinblick auf Art. 19 Abs. 4 GG eine Klage auch noch nach Ablauf der Rechtsmittelfrist zulässig, wenn sich objektiv erst in diesem Zeitpunkt die Rechtswidrigkeit herausstellt?

In einem Rechtsstaat, dessen Ziel neben der Verwirklichung der Einzelfallgerechtigkeit die Wahrung der Rechtssicherheit ist, kann eine solche Ungewißheit, wie sie eine rein objektive Betrachtung des Abweichens von der bisherigen Praxis mit sich brächte, kaum ihren Platz finden. Läßt demgemäß der Gleichheitssatz bereits ein subjektiv grundsätzliches Abweichen von der bisherigen Praxis zu, so braucht ein Verstoß gegen den Gleichheitssatz auch dann nicht vorzuliegen, wenn die Behörde nach dem ersten abweichend entschiedenen Fall wieder in anderem Sinne entscheidet oder sogar zu ihrer alten Praxis zurückkehrt. Allerdings wird man die Fortführung der früheren Praxis nach einem abweichend entschiedenen Einzelfall als *Indiz* dafür werten können, daß die Behörde mit dem abweichend entschiedenen Fall nicht eine grundsätzlich neue Praxis beginnen wollte. Zudem bleibt es einem im Sinne der früheren Einstellung der Behörde Beschiedenen überlassen, nach dem Entstehen einer neuen Praxis eine erneute Entscheidung herbeizuführen. Die Behörde kann in diesem Fall einen Antragsteller nicht auf ihre frühere Entscheidung verweisen, sondern ist verpflichtet, ihn sachlich zu bescheiden[37], da sich durch die neue Praxis im Hinblick auf Art. 3 Abs. 1 GG eine Änderung in den maßgeblichen rechtlichen Voraussetzungen ergeben hat.

3. Einzelne Voraussetzungen für eine Änderung der Praxis

Die Funktion des Gleichheitssatzes als bloßes Regulativ des Verwaltungsermessens veranlaßte *Mertens*[38], eine relative Bindungswirkung auf Grund der „Gleichheit der personellen Voraussetzungen" anzunehmen. Die Gleichheitsprüfung umfasse nicht die gesamte Situation, nicht „alle Verschiedenheiten der ‚Lage', aus denen sich ‚die anderen sachlichen Gründe' ergeben[39]", sondern lediglich die personellen Voraussetzungen, die den einzelnen Betroffenen kennzeichneten. Neben diesem Bereich der uneingeschränkten Rechtskontrolle stehe der Bereich des Ermessens, in den lediglich die personelle Voraussetzungsgleichheit eingeordnet sei und einen Ermessensfaktor bilde.

---

[37] Vgl. BVerwGE 11, 109; allgemein zur Frage der Verpflichtung der Behörde zu einer erneuten sachlichen Bescheidung: VG Darmstadt DVBl 1962, 649; *Wolff*, Verwaltungsrecht I § 52 III b 2.
[38] *Mertens*, Selbstbindung S. 83.
[39] *Mertens*, Selbstbindung S. 83; vgl. zu dem unter der Weimarer Reichsverfassung heftig umstrittenen Problem der sachlichen oder personellen Rechtsgleichheit: *Nawiasky* VVDStRL 3, 33 ff.; *Leibholz*, Gleichheit S. 173 ff.

§ 11 Voraussetzungen für eine Abänderung der bisherigen Praxis

Es ist zweifelhaft, ob die Beschränkung der Rechtsfrage auf die Gleichheit der personellen Voraussetzungen unter Außerachtlassung jener Gesichtspunkte der Gesamtsituation, aus denen sich erhebliche Gründe für eine Entscheidung ergeben, berechtigt ist[40].

Im gesamten Bereich des Ermessens ist grundsätzlich zu unterscheiden zwischen den tatsächlichen Umständen, die einer Entscheidung zugrunde gelegt werden können, seien sie unmittelbar aus dem Bereich des Betroffenen, sei es aus der gesamten Situation, und der Bewertung dieser Umstände durch die Behörde auf der Ermessensseite. Dementsprechend hat sich auch die Gleichheitsprüfung auf alle Umstände zu erstrecken, die für eine Unterscheidung erheblich sein können, unabhängig davon, ob sie im Bereich des Betroffenen oder außerhalb dieses Bereichs ihre Grundlage haben. Insofern handelt es sich um eine uneingeschränkte Rechtskontrolle hinsichtlich des Vorliegens der Gleichheit in den Voraussetzungen, aus denen sich erst die Einschränkung des Ermessens ergibt. Wenn also ein Bewerber um eine Subvention die gleichen personellen Voraussetzungen mitbringt wie andere, denen bereits eine Subvention gewährt wurde, aber sich die gesamtwirtschaftlichen Voraussetzungen, derentwegen die Subventionen gewährt werden sollten, geändert haben, fehlt es insoweit bereits an der Gleichheit dieser Fälle. Erst wenn deren Vorliegen festgestellt ist, tritt die Frage einer Gleichheitsbindung der Behörde bei der Bewertung dieser Umstände auf. So wird z. B. im Subventionsfall die Selbstbindung erst akut, wenn die Behörde bei gleichbleibender gesamtwirtschaftlicher Lage oder gleichen personellen Voraussetzungen der Betroffenen diesen Umständen nunmehr eine andere Bedeutung als bisher beimessen will. Hier erst setzt die Ermessenskontrolle ein, d. h. die Prüfung des Abweichens von der bisherigen Praxis an Hand des am Gleichheitssatz orientierten[41] Ermessens: Während ein Abweichen von der sonstigen Praxis im Einzelfall nicht zulässig ist, ist ein *grundsätzliches* Abweichen von der bisherigen Verwaltungsübung im Rahmen des pflichtgemäßen *Ermessens* der Behörde nicht zu beanstanden[42]; die generelle Änderung der Verwaltungsübung kann also auf die gleichen Gründe gestützt werden, die nach allgemeinen Ermessensregeln einer Entscheidung auf dem betreffenden Gebiet zugrunde gelegt werden können.

---

[40] So schon *Leibholz*, Gleichheit S. 176.
[41] Vgl. S. 62/63.
[42] A. A. *Leibholz*, Gleichheit S. 161, nach dem ein Abweichen von der bisherigen Praxis nur dann zulässig ist, wenn ein *Beibehalten* dieser Praxis „willkürlich" ist. Es ist nicht recht einzusehen, weshalb Leibholz in diesem Fall den Willkürbegriff gegenüber seiner sonstigen Anwendung praktisch umkehrt. Konsequenter wäre es, einen Verstoß gegen den Gleichheitssatz dann zu bejahen, wenn ein *Abweichen* von der bisherigen Praxis „willkürlich" ist; vgl. auch *Mertens*, Selbstbindung S. 53/54.

a) Änderung in der Bewertung bisher maßgeblicher Gesichtspunkte

Das bedeutet einmal, daß die Behörde *neue* Gesichtspunkte, die bei der früheren Praxis nicht erkennbar waren und deshalb nicht berücksichtigt werden konnten, für eine Änderung der Praxis heranziehen darf, sofern sie allgemein im Rahmen des Ermessens als sachgemäß berücksichtigt werden können[43].

Zum anderen kann die Behörde auch Gesichtspunkte, die sie bisher *weniger stark* bewertet hat, *stärker* bewerten, solchen, die früher vorrangig berücksichtigt wurden, in Zukunft geringere Bedeutung beimessen, wenn sie zu der Erkenntnis gekommen ist, daß eine von der früheren Auffassung abweichende zweckmäßiger sei[44], so wenn sie Baugenehmigungen im Außengebiet in Zukunft einschränken will, weil sie im Gegensatz zu ihrer bisherigen Auffassung auf eine größere Freiheit für die spätere Planung Wert legt oder wenn sie die Benutzung eines bestimmten Platzes für andere Zwecke als bisher für vorteilhafter hält.

Um einen Grenzfall handelt es sich, wenn sich die Unzweckmäßigkeit einer Fortführung erst auf Grund der bisherigen Praxis ergibt, weil diese selbst eine geänderte Sachlage geschaffen hat; m. E. handelt es sich in diesem Fall nicht mehr um die Frage der Zulässigkeit einer Verschiedenbehandlung mehrerer gleichgelagerter Fälle, sondern es fehlt bereits das entscheidende Kriterium für eine Gleichheitsbindung: die Übereinstimmung mehrerer Fälle in wesentlichen Voraussetzungen. Ein Beispiel: Die bisherigen Genehmigungen zum Aufstellen von Reklametafeln haben nach Ansicht der Stadtverwaltung zu einer Ausstattung der betreffenden Stadt mit Reklametafeln geführt, die ein weiteres Anbringen ohne Verunstaltung des Stadtbildes nicht mehr zuläßt. Unter Berücksichtigung aller Momente, die bei der Entscheidung über das Aufstellen von Reklametafeln herangezogen werden können, handelt es sich um unterschiedliche Sachverhalte, je nachdem, ob eine Reklametafel in einem bereits ausreichend damit versehenen Gebiet aufgestellt werden soll oder in einem Gebiet, in dem bisher kaum derartige Tafeln angebracht worden sind. Mit jeder Genehmigung ändert sich der Ausstattungsstand des betreffenden Gebietes mit Reklametafeln. Wenn nun die Behörde eine bestimmte Anzahl von Genehmigungen erteilt hat, kann sie sich im Rahmen ihres Ermessens zulässigerweise auf den Standpunkt stellen, weitere Tafeln seien unvorteilhaft für das Stadtbild und würden daher nicht mehr zugelassen. Dieser

---
[43] OVG Münster JZ 1951, 119; Franz *Klein* S. 239.
[44] Ähnl. OVG Münster OVGE 14, 26; W. *Jellinek*, Gesetz S. 324; a.A. *Schüle* VerwArch 34, 23.

Standpunkt beruht nicht auf einer geänderten Auffassung der Stadt — sie ist nach wie vor der Meinung, gegen die bereits vorhandenen Tafeln sei nichts einzuwenden —, sondern auf der sich aus den bisherigen Genehmigungen ergebenden neuen Sachlage. Wenn sich die Behörde aber nach einer gewissen Zahl von Genehmigungen auf den Standpunkt stellt, die vorhandenen Reklametafeln reichten aus, so ist sie an diese Auffassung gebunden: Ebensowenig wie sie vorher, als sie die Möglichkeit eines Aufstellens (konkludent) bejahte, einmal die Auffassung, sie genehmige nicht Tafeln mit einer Größe von mehr als 6 qm, ein anderes Mal aber einen großzügigeren Standpunkt vertreten konnte, kann sie, wenn Zahl und örtliche Gegebenheiten in beiden Fällen gleich sind, in diesem Fall eine genügende Ausstattung mit Reklametafeln bejahen, in jenem Fall verneinen (es sei denn, sie ändert wiederum grundsätzlich ihren Standpunkt). Erst ein solcher Wechsel im Standpunkt der Behörde berührt die Frage der Ermessensbindung durch den Gleichheitssatz, während die Weigerung, die bisherige Praxis fortzuführen, weil sich auf Grund dieser Praxis eine Sachlage ergeben habe, die ihre Fortführung als unzweckmäßig erscheinen läßt, bereits auf verschiedenen Tatbeständen aufbaut und insofern eine Gleichheitsbindung nicht akut werden läßt.

b) Leistungsgrenze als Grund für eine Änderung

Von besonderer Bedeutung ist die Frage, inwieweit die *Leistungsgrenze* der Verwaltung als sachlicher Grund für eine Änderung der bisherigen Praxis berücksichtigt werden kann.

aa) Finanzielle Leistungsfähigkeit

Wenn die Behörde über ihre ursprünglich bereitgestellten finanziellen Mittel hinausgreifen müßte, weil der Aufwand größer ist, als dies voraussehbar war, kann Art. 3 Abs. 1 GG sie nicht zu Begünstigungen zwingen, die unter Umständen weit über ihre eigene Leistungskraft hinausgingen; dadurch würde der bisherigen Praxis eine normative Fernwirkung beigelegt, die die Behörde mit Ansprüchen konfrontierte, mit denen sie nicht rechnen konnte und die ihre finanzielle Planung entscheidend beeinträchtigen könnte. Es liegt somit grundsätzlich im Rahmen des Ermessens der Behörde, die Ausdehnung ihrer bisherigen Praxis auf neu hinzukommende, nicht vorausgesehene Fälle deshalb abzulehnen, weil ihre finanziellen Mittel erschöpft sind und sie weitere Mittel als die zunächst für ausreichend angesehenen nicht mehr zur Verfügung stellen will oder kann[45, 46].

---

[45] So im Ergebnis auch *Mertens*, Selbstbindung S. 101; *Wolff*, Verwaltungs-

5. Kapitel: Inhaltliche Konkretisierung der Bindung

Etwas anderes könnte dort gelten, wo die Behörde alle in Betracht kommenden Fälle übersieht und trotzdem eine Praxis beginnt, die dazu führt, daß die bereitgestellten Mittel vorzeitig erschöpft sind.

Reichen die zunächst für alle Fälle vorgesehenen finanziellen Mittel nicht aus, weil die Behörde infolge falscher Einteilung ihre Mittel bereits vorher erschöpft hat, so läßt sich das Abweichen von der einmal getroffenen Entscheidung, alle in Frage stehenden und für die Verwaltung überschaubaren Fälle gleich zu behandeln, nicht als sachgemäß motiviert bezeichnen[47]: Wenn sich die Verwaltung die Möglichkeit der Gleichbehandlung aller in Frage stehenden Fälle durch eigenes fehlerhaftes Verhalten erschwert, kann sie sich nicht auf ihre Ermessensfreiheit berufen, um so ihr vorheriges fehlerhaftes Verhalten auf Kosten einzelner auszugleichen. Die am Gleichheitssatz orientierte Ermessensfreiheit verlangt von der Verwaltung, ihre Entscheidungen so zu treffen, daß ihr erkennbar gleichliegende Fälle auch gleich behandelt werden und deren Gleichbehandlung nicht durch eigenes Verhalten ausgeschlossen wird.

Es bleibt der Fall, daß die Behörde von vorherein ihre Praxis darauf angelegt hat, ihre finanziellen Mittel nur einem Teil der (in Zukunft) anstehenden Fälle zukommen zu lassen. Die erste Schwierigkeit liegt darin, festzustellen, ob die Praxis der Verwaltungsbehörde überhaupt rechtmäßig war und damit geeignet ist, eine Bindungswirkung zu erzeugen[48]. Die in der differenzierenden Verwaltungspraxis liegende Privilegierung eines Teils der Fälle könnte zur Rechtswidrigkeit der begünstigenden Praxis führen, sofern Art. 3 Abs. 1 GG auch ein Verbot unsachlicher *Privilegierungen* beinhaltet.

Ein solches Verbot von Privilegierungen liefe nach Mertens[49] auf ein „Gebot gleicher Belastungen" hinaus, das mit dem Sinn des Gleichheitssatzes in Widerspruch stehe, der gerade *gegen* den Staat gerichtet sei. Danach ist die Rechtswidrigkeit einer ungleichen Begünstigung aus

---

recht III § 138 IV b 3 ß; ähnlich BVerfGE 3, 11 m. w. N.; *Leibholz - Rinck* Art. 3 Anm. 23; *Hamann* Art. 3 Anm. C 1; Hild. *Krüger* DVBl 1955, 213; *v. Münch* AöR 85, 284 für den Gesetzgeber.

[46] Die Frage, ob die Berücksichtigung der (finanziellen) Leistungsfähigkeit einen sachlichen Änderungsgrund darstellt, ist zu trennen von der Frage, ob der Haushaltsplan als solcher anspruchsbegründend bzw. -aufhebend ist. Ist auf Grund der besonderen Komplexität mehrerer Fälle nur eine Gleichbehandlung zulässig, bildet auch der Haushaltsplan keine Schranke für die Durchsetzung dieses Gleichbehandlungsanspruchs, vgl. § 24 RHO und unten S. 73.

[47] Vgl. aber *Wolff*, Verwaltungsrecht III § 138 IV b 3 ß.
[48] Näher dazu S. 98 ff.
[49] *Mertens*, Selbstbindung S. 95, 96 f.

§ 11 Voraussetzungen für eine Abänderung der bisherigen Praxis

dem Gesichtspunkt des Verstoßes gegen den Gleichheitssatz undenkbar, da der Gleichheitssatz eine Privilegierung nicht verbietet[50].

Daß unmittelbares Verpflichtungsobjekt des Gleichheitssatzes der Staat ist, besagt nicht, der Gleichheitssatz wirke sich *inhaltlich* nur *zugunsten* des Gewaltunterworfenen, nicht aber auch zu seinen Ungunsten aus. Die historische Hauptbedeutung des Gleichheitssatzes lag gerade in der Forderung nach ständischer Gleichheit[51], d. h. dem Wegfall diskriminierender Behandlung der „niederen" Stände *und* dem Fortfall privilegierender Behandlung der „oberen" Stände[52], einer Forderung, die noch in der Weimarer Reichsverfassung ihren Niederschlag fand[53] und sogar noch durch die Bestimmung ergänzt wurde, „Orden und Ehrenzeichen" dürften vom Staat nicht verliehen werden (Art. 109 Abs. 5 WRV). Dementsprechend verbietet Art. 3 Abs. 2 und 3 GG sowohl eine bevorzugende als auch eine benachteiligende Differenzierung nach den genannten Merkmalen[54]. Art. 3 GG hat also nicht nur ein Gebot gleicher Begünstigung, sondern auch zuungunsten einzelner ein Verbot der Privilegierung[55], ein Gebot gleicher Belastung zum Inhalt.

Zudem erscheint es undurchführbar, das Gebot gleicher Begünstigung von dem Verbot einer Privilegierung, wie Mertens es will, zu trennen. Das Verbot einer Privilegierung ist nur die Kehrseite des Gebots gleicher Begünstigung. Wenn die Staatsorgane gehalten sind, bei gleichen Voraussetzungen alle *gleich* zu begünstigen, so ist es ihnen verwehrt, einen einzigen oder mehrere ohne sachlichen Grund gegenüber anderen zu privilegieren. Die Auffassung, noch nicht die Privilegierung stelle

---

[50] Ebenso Hildegard *Krüger* DVBl 1955, 180 auf der Grundlage eines allgemeinen Günstigkeitsprinzips.

[51] *Rehfeldt* S. 96.

[52] Vgl. Emmanuel *Sieyès* (Qu' est-ce que le Tiers Etat? Précédé de l') Essai sur les privilèges, krit. Ausgabe der 1788 erschienenen 1. Aufl. von E. Champion, Paris 1888, S. 1 ff., 9; weiterhin: Verfassung des deutschen Reiches vom 28. 3. 1849, § 137: „Vor dem Gesetz gilt kein Unterschied der Stände. Der Adel als Stand ist aufgehoben. Alle Standesvorrechte sind abgeschafft"; Preußische Verfassung vom 31. 1. 1850, Art. 4: „Alle Preußen sind vor dem Gesetz gleich. Standesvorrechte finden nicht statt."

[53] Art. 109 Abs. 3 WRV: „Öffentliche Vorrechte oder Nachteile der Geburt oder des Standes sind aufzuheben. Adelsbezeichnungen gelten nur als Teil des Namens und dürfen nicht mehr verliehen werden."

[54] Insoweit anders *Salzwedel*, Gleichheitsgrundsatz S. 345, der Abs. 3 als „Verbot von Diskriminierungen" versteht. Diese Auffassung steht jedoch nicht nur mit der historischen Entwicklung, sondern auch mit dem eindeutigen Wortlaut des Art. 3 Abs. 3 GG in Widerspruch.

[55] So auch *Leibholz*, Gleichheit S. 109; *Scheuner* VVDStRL 11, 73; *Salzwedel* a.a.O.; *Schmidt - Bleibtreu*, Bundesverfassungsgerichtsgesetz § 90 Rdn. 57 Anm. 5; Carl *Schmitt* S. 22 f.; vgl. weiter *Lanz* NJW 1960, 1798; BVerwG JZ 1956, 33; LG Berlin NJW 1966, 1365.

5. Kapitel: Inhaltliche Konkretisierung der Bindung

eine rechtswidrige Maßnahme dar, sondern erst die spätere *Nichtbegünstigung* der anderen, ist unzutreffend: Obwohl die Behörde nur einige wenige bevorzugt behandeln wollte, entstände für sie die Verpflichtung, andere unter den gleichen Voraussetzungen ebenso zu begünstigen. Ein besonders zuvorkommendes Verhalten des Oberstadtdirektors gegenüber einem Bekannten könnte — die Rechtmäßigkeit aus anderen Gründen als dem des Gleichheitssatzes unterstellt — zu der Verpflichtung der Stadt führen, alle Bewohner in der entsprechenden Lage ebenso zu behandeln. In Wahrheit verstößt nicht erst das spätere Unterlassen gleicher Begünstigung gegen den Gleichheitssatz, sondern schon die ursprüngliche Privilegierung, da bereits diese ihrem Zweck nach eine *ungleiche* Begünstigung enthält[56].

Wenn somit der Gleichheitssatz auch eine sachlich nicht gerechtfertigte *Privilegierung* verbietet, kann eine solche privilegierende Verwaltungspraxis nicht eine Bindung für die Zukunft erzeugen: Es wäre ein Widerspruch in sich, wollte man die gleichheitswidrige Behandlung einiger zur Grundlage eines Gleichbehandlungsanspruchs anderer erheben[57]. Die Schwierigkeit liegt jedoch darin, daß sich eine Praxis, die auf eine unzulässige Privilegierung gerichtet ist, kaum von einer Praxis trennen läßt, die (lediglich) eine *Diskriminierung* einzelner beinhaltet; denn jeder Privilegierung entspricht eine Benachteiligung wie umgekehrt in jeder Benachteiligung einzelner die verhältnismäßige Bevorzugung anderer gesehen werden kann. Die entscheidende Frage für den Fall, daß die Behörde lediglich einen Teil der Betroffenen begünstigt, ist, wann die begünstigende Praxis als rechtswidrige Privilegierung und wann sie als rechtmäßige Begünstigung zu werten ist, der gegenüber lediglich einzelne andere rechtswidrig ausgeschlossen werden. Ebenso wie bei einem Abweichen von der bisherigen Praxis entscheidet auch hier letztlich die Einstellung der Behörde; Anhaltspunkte für diese Einstellung im objektiven Bereich sind insbesondere das Verhältnis von Privilegierten und Nichtprivilegierten sowie deren Bestimmbarkeit: Je mehr das Verhältnis von Begünstigten und Nichtbegünstigten zugunsten der ersteren ausschlägt, je weniger der Kreis der Begünstigten und je mehr der Kreis der Nichtbegünstigten individuell bestimmbar ist, um so eher wird man eine rechtmäßige Begünstigung annehmen können, von der einzelne oder ein bestimmter Kreis ausgenommen werden sollen. In diesem Fall handelt es sich

---

[56] Vgl. auch BGHZ 21, 258; BGH LM Nr. 1 und 2 zu Art. 3 GG.

[57] Anders *Mertens*, Selbstbindung S. 98, der in den Fällen, in denen die Privilegierung gleichzeitig eine Benachteiligung Dritter bedeutet, auf das Erfordernis einer *rechtmäßigen* vorangegangenen Praxis verzichtet, also auch die rechtswidrige Privilegierung einzelner als Grundlage eines Gleichbehandlungsanspruchs zuläßt. — Zur Frage, ob und wie Dritte gegen die gleichheitswidrige Privilegierung anderer vorgehen können, vgl. unten S. 87.

weniger um die Frage, ob die Verwaltung von ihrer bisherigen Praxis abweichen darf, als darum, ob sie die von vornherein als begrenzt angesehene Praxis auf die übrigen gleichgelagerten Fälle ausdehnen muß.

Durch die Benachteiligung eines Teils der Fälle gegenüber anderen differenziert die Behörde die zu ihrer Entscheidung stehenden Fälle ohne sachlichen Grund; für eine „Änderung der Praxis" im Rahmen des Ermessens ist kein Raum, da die Praxis von vornherein auf eine sachlich nicht gerechtfertigte Differenzierung und damit eine gleichheitswidrige Behandlung angelegt war. Eine dem Gleichheitssatz entsprechende Behandlung ist allein dadurch möglich, daß alle gleichgelagerten Fälle in die Praxis der Behörde einbezogen werden. Auch wenn einzelne Fälle erst zeitlich später entschieden werden, handelt es sich doch um einen einheitlichen Komplex, der nur einheitlich entschieden werden kann und bei dem die späteren Entscheidungen nur als Konkretisierung der von vornherein getroffenen Entscheidung zu einer differenzierenden Behandlung anzusehen sind. Insofern hat die Verwaltung die Pflicht, sich die fehlenden Mittel zu beschaffen, auch wenn sie im Haushaltsplan nicht vorgesehen sind[58]; notfalls kann sie dazu im Wege der Zwangsetatisierung angehalten werden[59].

bb) Organisatorische Leistungsfähigkeit

Die Frage der Leistungsgrenze ist nicht nur im Hinblick auf die finanzielle Leistungsfähigkeit, sondern auch auf die arbeitsmäßige Belastung der Behörde von Bedeutung. So kann die gleichmäßige Behandlung aller in Betracht kommenden Personen zu einer ungewöhnlich großen zusätzlichen Verwaltungsarbeit führen, die die Behörde unter Umständen zu der Einrichtung von weiteren Stellen und Arbeitsräumen zwingt.

Nach der Rechtsprechung des *Bundesverwaltungsgerichts*[60] stellt die Einsparung von Verwaltungsarbeit keinen sachlich einleuchtenden Grund für eine unterschiedliche rechtliche Behandlung dar. M. E. ist das Abweichen von der bisherigen Begünstigungspraxis im Hinblick auf die arbeitsmäßige Belastung nicht anders als hinsichtlich des Fehlens finanzieller Mittel zu beurteilen, zumal sich die Frage der arbeitsmäßigen Belastung in der Regel auf die Frage der finanziellen Leistungsfähigkeit reduziert. Demnach ist zu unterscheiden zwischen

---

[58] Vgl. *Stern* JZ 1960, 522, 558; *Mertens*, Selbstbindung S. 34; *Hamann* Art. 3 Anm. C 1.
[59] VG Minden VerwRspr 4, 49; *Mertens* a.a.O.
[60] BVerwGE 5, 91; 9, 77; ähnlich *Drews - Wacke* S. 167; einschränkend *Bachof* JZ 1962, 402.

einem unvorhergesehenen später auftretenden erhöhten Arbeitsanfall und einer Ausrichtung der Praxis auf einen Teil der Fälle, um den gesamten, für eine Gleichbehandlung notwendigen Arbeitsanfall zu umgehen. Nur im letzten Fall ist die Behörde verpflichtet, die Praxis auf alle Fälle zu erstrecken, während im ersten Fall, in dem die Praxis der Behörde auf die Gleichbehandlung aller zunächst überschaubaren Fälle angelegt war, ein Aufgeben der Praxis zum Zwecke der Vermeidung eines übermäßigen unvorhergesehenen Arbeitsaufwandes zulässig ist.

cc) Die Anwendung des Prioritätsgrundsatzes bei begrenzter Leistungsfähigkeit

Eine Frage der Berücksichtigung der Leistungsfähigkeit im weitesten Sinne ist es auch, inwieweit das *Prioritätsprinzip*[61] mit dem Gleichheitssatz in Einklang steht. Sicherlich entspricht es dem Gleichheitssatz, wenn Anträge und Eingaben in ihrer zeitlichen Reihenfolge behandelt werden. Darin erschöpft sich jedoch der Prioritätsgrundsatz nicht. Über diese formelle Funktion hinaus ist er auch von materieller Bedeutung, indem er die Gewährung von beschränkt vorhandenen Vorteilen vom Zeitpunkt der Antragstellung oder der Bewerbung abhängig macht und denjenigen, die erst später einen Antrag gestellt haben, nur eine nachrangige Berücksichtigung für einen späteren Zeitpunkt in Aussicht stellt. Die zwischenzeitliche (materielle) Ungleichbehandlung der verschiedenen Antragsteller entsprechend dem Prioritätsprinzip ist nur dann gerechtfertigt, wenn der Zeitpunkt des Antrags (der Bewerbung) als wesentlicher sachlicher Gesichtspunkt bei der Entscheidung über die Gewährung der Begünstigung anerkannt werden kann. Man wird dies dort bejahen können, wo eine Differenzierung nach anderen sachlichen Gesichtspunkten nicht möglich ist und die Zahl der in Betracht kommenden Antragsteller (Bewerber) größer ist als die zur Verfügung stehenden Möglichkeiten der Begünstigung, etwa im Personenbeförderungsgewerbe[62]; zu beachten ist aber in jedem Fall, daß die Priorität eines Antrags (einer Bewerbung) nur hilfsweise berücksichtigt werden darf, da das Zeitmoment eines Antrags allgemein herangezogen werden kann, ohne in der Sache selbst eine Unterschiedlichkeit zu begründen. Die Funktion des Prioritätsgrundsatzes bleibt somit darauf beschränkt, als methodisches Hilfsmittel Chancengleichheit in solchen Fällen zu gewähren, die zwar gleichgelagert sind, denen aber nicht die Möglichkeit einer gleichzeitigen effektiven Begünstigung entspricht.

---

[61] Vgl. dazu BVerwGE 16, 190 = DVBl 1963, 923; BayrVGH NJW 1962, 2220.
[62] BVerwGE 16, 190, 194.

Dagegen ist die Berücksichtigung des Zeitpunkts eines Antrages auf Begünstigung kein sachlicher Grund für eine Differenzierung, wenn es sich nicht um die Vergabe einer begrenzten Anzahl von Konzessionen u. ä. handelt, sondern um die Gewährung sonstiger Vergünstigungen, die nicht zahlenmäßig vorgegeben sind. Hier ist die Behörde verpflichtet, ihr Verhalten so einzurichten, daß allen unter den gleichen Voraussetzungen die gleiche Begünstigung gewährt wird[63].

c) Stufenweise Änderung

Eine weitere Frage, die des öfteren[64] im Zusammenhang mit der Änderung einer Verwaltungspraxis auftaucht, ist, ob die Behörde auch *stufen-* oder *etappenweise* zu einer anderen Verwaltungsübung übergehen kann. Nach verbreiteter Auffassung[65] kann eine Verwaltungsbehörde schrittweise gegen etwaige Mißstände vorgehen, solange sie sich dabei von sachlichen Erwägungen leiten läßt und die Absicht hat, später auch gegen andere Störer einzuschreiten.

Nach den bisherigen Feststellungen über die Bedeutung des Gleichheitssatzes und die Möglichkeit einer Praxisänderung ist ein stufenweises Vorgehen, d. h. eine zeitweilige Ungleichbehandlung mehrerer Fälle nur zulässig, wenn ein sachlicher Grund gerade für die zeitweilige Ungleichbehandlung geltend gemacht werden kann, wenn sich also ein im Rahmen des am Gleichheitssatz orientierten Ermessens vernünftiger Grund für eine (zeitweilige) Differenzierung finden läßt. Das ist zu bejahen, wenn mehrere *ähnliche* Mißstände vorliegen, die Behörde zunächst aber nur gegen eine bestimmte Art einschreiten will, weil ihr deren Beseitigung als vorrangig erscheint[66].

Bei der Beseitigung von Mißständen der gleichen Art kann die Behörde sich nur dann einen Fall vor dem anderen herausgreifen, wenn für eine vorrangige Beseitigung dieses Mißstandes gegenüber anderen ein sachlicher Grund angeführt werden kann, so wenn es sich um die Beseitigung eines besonders störenden Zustandes handelt. Regelmäßig nicht zulässig ist es, bei gleichen wesentlichen Voraussetzungen zu-

---

[63] Übereinstimmend *Wolff*, Verwaltungsrecht III § 138 IV b 3 ß; vgl. auch BGHZ 13, 314; 14, 145; *Hamann* Art. 3 Anm. C 1, nach denen es nicht sachgemäß ist, Differenzierungen auf Zufälligkeiten — und darum handelt es sich regelmäßig bei dem Zeitmoment — zu stützen; ähnlich BVerfGE 4, 219, 245.
[64] Vgl. BVerwGE 2, 188; VG Kassel BB 1959, 135; *Bachof* JZ 1962, 399; *Drews - Wacke* S. 166/167; *Mertens*, Selbstbindung S. 85; *Scheerbarth* S. 115; *Wolff*, Verwaltungsrecht I § 30 II b 3.
[65] *Bachof* JZ 1962, 402; *Drews - Wacke* S. 167; *Scheerbarth* S. 115.
[66] Vgl. *Wolff*, Verwaltungsrecht I § 30 II b 3.

nächst einen einzigen Fall herauszugreifen und ein Eingreifen in den anderen Fällen auf einen späteren Zeitpunkt zu verschieben[67]; eine abweichende Beurteilung ist nur dort geboten, wo die Behörde einen Fall herausgreift, um die gerichtliche Klärung einer entscheidungserheblichen Rechtsfrage abzuwarten. Zwar ist auch in diesem Fall die Behörde gehalten, nach Möglichkeit gegen die empfindlichste Störung zuerst einzuschreiten; läßt sich jedoch eine Unterscheidung zwischen bedeutsamen und weniger bedeutsamen Störungen nicht treffen, muß es auch zulässig sein, einen Fall herauszugreifen, der in den wesentlichen tatsächlichen Voraussetzungen mit anderen Fällen übereinstimmt, in dem aber dem Betroffenen am ehesten das Prozeßrisiko zuzumuten ist: Es kann nicht Aufgabe des Gleichheitssatzes sein, bei einer unklaren Rechtslage die Behörde zu einem gleichzeitigen Vorgehen zu zwingen und damit eine Flut von Prozessen herbeizuführen; in diesem Fall ist es vielmehr sachgemäß, wenn die Behörde einen Betroffenen herausgreift und so eine gerichtliche Klärung der Rechtslage herbeiführt, die sie auch bei den übrigen Betroffenen zugrunde legen will[68].

§ 12 Räumliche und organisatorische Grenzen der Gleichheitsprüfung

Die Deutung des Gleichheitssatzes als Verbot der grundsatzlosen Verschiedenbehandlung von Fällen, die keine erheblichen Verschiedenheiten in ihren Voraussetzungen aufweisen, könnte dazu verleiten, die daraus folgende Pflicht zur Berücksichtigung der Voraussetzungsgleichheit soweit zu erstrecken, als sich die zu vergleichenden Fälle im gesamten Geltungsbereich des Gleichheitssatzes und damit des Grundgesetzes abspielen. Daß der Gleichheitssatz nicht diese Bedeutung hat[69], liegt nicht nur an der praktischen Unmöglichkeit des Vergleichs aller denkbaren Fälle innerhalb des gesamten Bundesgebietes oder auch an den unterschiedlichen Verhältnissen in verschiedenen Gebieten[70], sondern an der bereits aufgezeigten Einordnung des Gleichheitssatzes in ein Verfassungssystem, das seiner historischen Entwicklung nach den

---

[67] Vgl. auch OVG Lüneburg DÖV 1964, 750; *Scheerbarth* S. 115 (and. noch in der Vorauflage. 1962, S. 85).
[68] So auch VG Kassel BB 1959, 135; *Drews - Wacke* S. 167.
[69] Übereinstimmend OVG Münster DÖV 1953, 413; *Ipsen*, Gleichheit S. 148; Ingo *v. Münch* AöR 85, 298; vgl. weiter BVerfGE 1, 85.
[70] Vgl. aber *Schaumann* JZ 1966, 723, der auf die wachsende Tendenz hinweist, regionale Verschiedenheiten nicht mehr als Ansatzpunkt für eine rechtliche Differenzierung gelten zu lassen. Sein Hinweis auf Art. 72 Abs. 2 Ziff. 3 GG dürfte allerdings in der Tat nur eine Tendenz aufzeigen, kaum aber ein entscheidendes Argument dafür liefern, regionale Verschiedenheiten generell für unbeachtlich zu erklären.

§ 12 Räumliche und organisatorische Grenzen der Gleichheitsprüfung

einzelnen Verwaltungseinheiten (öffentlich-rechtlichen Körperschaften und Anstalten)[71] einen gewissen Bereich eigenen Entscheidungsspielraums überläßt und in dem die Ermächtigung der Verwaltung zu Ermessensentscheidungen zu den überkommenen Leitbildern gehört[72]. Dementsprechend gibt es keine Verwaltung „an sich", die durch den Gleichheitssatz auf eine einheitliche Verwaltungspraxis festgelegt werden könnte, sondern nur verschiedene rechtlich und organisatorisch selbständige Verwaltungseinheiten, wie Bund, Länder und andere öffentlich-rechtliche Körperschaften, die sich in der Wahrnehmung der Verwaltungsaufgaben teilen und jeweils einen eigenen Verantwortungsbereich haben. Damit ist die äußerst denkbare Grenze einer Gleichbehandlungspflicht bereits aufgezeigt: Die Bindungswirkung des Verwaltungshandelns reicht nicht weiter als die eigenverantwortliche Verwaltungseinheit (-organisation), sie geht also nicht über das einzelne Land, die einzelne Gemeinde oder die einzelne öffentlich-rechtliche Körperschaft hinaus, soweit diese in eigener Verantwortung[73], z. B. eine Gemeinde in Selbstverwaltungsangelegenheiten, handelt[74].

Aber auch die unterste denkbare Grenze einer Gleichbehandlungspflicht läßt sich ohne besondere Schwierigkeiten festlegen: Da die Entscheidung der Behörde, nicht aber dem einzelnen Beamten zugerechnet wird, kann es nicht darauf ankommen, welcher Beamte für die Behörde gehandelt hat, ob etwa der Beamte A oder der Beamte B für den Stadtdirektor tätig geworden ist; wenn die Entscheidung nach außen im Auftrage des Stadtdirektors, Oberkreisdirektors usw. ergeht, erstreckt sich ein Gleichbehandlungsgebot zumindest auf alle Fälle, die in seinen Zuständigkeitsbereich fallen und deren Entscheidung ihm zugerechnet wird[75]. Damit ergibt sich als unterste denkbare Grenze einer Gleichbehandlungspflicht der Bereich der konkreten entscheidenden Behörde.

Schwieriger als diese negative Abgrenzung ist die Frage, wie die funktionellen und organisatorischen Grenzen einer Gleichbehandlungspflicht positiv zu bestimmen sind. Vielfach[76] wird der Standpunkt vertreten, die Oberbehörde habe für eine einheitliche Handhabung der

---

[71] *Wolff*, Verwaltungsrecht II § 71 III spricht von „Organisationen".

[72] *Mertens* JUS 1963, 394.

[73] Die allgemeine Rechtsaufsicht sowie die Bundesaufsicht haben dabei außer Betracht zu bleiben.

[74] Vgl. auch BVerfG NJW 1967, 547; *Ipsen*, Gleichheit S. 182; *Leibholz - Rinck* Art. 3 Rdn. 20 m. w. N. für den Bereich der Legislative.

[75] Vgl. BVerwG DVBl 1963, 66; OVG Münster OVGE 9, 187.

[76] OVG Hamburg VerwRspr 1952, 836; *Bachof* JZ 1962, 402; *Ipsen*, Gleichheit S. 148 Anm. 117; *Lanz* NJW 1960, 1798.

Verwaltungspraxis durch alle untergeordneten Behörden zu sorgen. Besteht damit gleichzeitig für alle Behörden eines Verwaltungsträgers, die einer gemeinsamen Oberbehörde unterliegen, die Pflicht, grundsätzlich alle gleichgelagerten Fälle innerhalb des Gebiets, das zum Bereich der übergeordneten Behörde gehört, gleich zu behandeln?

Zunächst einmal ist durch den Gleichheitssatz jeweils das Staatsorgan verpflichtet, das nach außen hin mit einer Gleichbehandlung oder Differenzierung in Erscheinung tritt. Das ist regelmäßig eine bestimmte untergeordnete Behörde. Die übergeordnete Behörde tritt im Normalfall zunächst nicht in Erscheinung. Insofern ergibt sich für die einzelne untergeordnete Behörde lediglich eine auf ihren Bereich beschränkte Gleichbehandlungspflicht[77], wie sie auch umgekehrt keine Möglichkeit hat, auf die Praxis anderer Verwaltungsbehörden Einfluß zu nehmen[78]. Hier ließe sich einwenden, diese Möglichkeit habe ja gerade die gemeinsame übergeordnete Behörde. Wenn der Gewerbeaufsichtsbeamte in X eine Maschine als betriebssicher zulasse, könne sein Kollege in Y die gleiche Maschine nicht als nicht betriebssicher bezeichnen. In diesem Fall sei es Aufgabe der gemeinsamen Mittel- (oberen oder obersten) Behörde, für einheitliche Entscheidungen Sorge zu tragen. Da der einzelne Beamte nicht über ein „grundsätzliches"[79] Abweichen von der bisherigen Praxis auch anderer Behörden entscheiden könne, richte sich diese Frage nach der Stellungnahme der übergeordneten Behörde, der die maßgebliche Entscheidungsbefugnis gegenüber den untergeordneten Behörden zukomme. Wenn also der Beamte in Y von der Entscheidung des Beamten in X in einem gleichliegenden Fall abgehen wolle, so könne er dies nur in Übereinstimmung mit der gemeinsamen übergeordneten Behörde, die zu entscheiden habe, ob die Auffassung des einen oder des anderen Beamten in künftigen gleichliegenden Fällen maßgeblich sein soll.

Die Frage, inwieweit dieses von den Verwaltungsbehörden häufig befolgte Verfahren vom Gleichheitssatz gefordert wird, hängt maßgeblich davon ab, welchen Charakter die allgemeine Rechtsordnung der Anordnungsbefugnis der übergeordneten Behörde gegenüber einer untergeordneten Behörde zuerkennt. Die traditionelle Lehre[80] unterscheidet zwischen verwaltungsinternen Maßnahmen und Maßnahmen der Verwaltungsbehörden mit Außenwirkung: Erstere erzeugen Rechtswirkungen lediglich innerhalb der Verwaltungsorgane, letztere zwischen Verwaltung und Außenstehenden. Die Anweisung der über-

---

[77] Übereinstimmend OVG Münster DÖV 1953, 413.
[78] Vgl. auch BVerwGE 5, 8.
[79] Vgl. oben S. 63.
[80] Statt vieler *Wolff*, Verwaltungsrecht I § 46 IV c m. w. N.

§ 12 Räumliche und organisatorische Grenzen der Gleichheitsprüfung 79

geordneten Behörde, diese oder jene Auffassung in bestimmten Fällen zugrunde zu legen, ist an die untergeordneten Behörden gerichtet und verpflichtet diese, bestimmte Fälle in einem bestimmten Sinn zu entscheiden. Erst die entsprechenden Maßnahmen der untergeordneten Behörden treffen unmittelbar einen außerhalb der Verwaltung Stehenden und entscheiden über dessen Gleich- oder Ungleichbehandlung. Wollte man aus der Befugnis der Oberbehörde, die untergeordneten Behörden anzuweisen, in Fällen bestimmter Art so und nicht anders zu entscheiden, eine Gleichbehandlungspflicht aller untergeordneten Behörden im Außenverhältnis ableiten, so machte man die Gleichbehandlung in unzulässiger Weise von einer verwaltungsinternen Maßnahme abhängig. Regelmäßig handelt es sich dabei nicht nur um eine Einzelanweisung für den betreffenden Fall, sondern gleichzeitig um eine allgemeine Weisung (Richtlinie) an alle untergeordneten Behörden, insbesondere an die Behörden, die bisher in einem abweichenden Sinn entschieden haben, ihr Ermessen in bestimmter Weise auszuüben. Die Erstreckung der Gleichbehandlungspflicht auf alle einer gemeinsamen Oberbehörde untergeordneten Behörden setzte die Anerkennung unmittelbarer Verbindlichkeit dieser verwaltungsinternen Anordnungen voraus: Unterstellt man nämlich der Praxis der einen Behörde eine grundsätzliche Bindungswirkung auch für die anderen der gleichen Oberbehörde unterliegenden Behörden, so läßt sich das Abweichen von der bisherigen Praxis anderer Behörden nur mit der Stellungnahme der gemeinsamen Oberbehörde rechtfertigen. Damit wird die Entscheidung über Gleich- oder Ungleichbehandlung ausschließlich von deren Stellungnahme abhängig gemacht, d. h. je nach dem grundsätzlichen Standpunkt der übergeordneten Behörde ist die Entscheidung in diesem oder in jenem Sinn zu treffen. Das bedeutet nichts anderes als eine — der Gleichheitsprüfung unterschobene — Rechtsverbindlichkeit von verwaltungsinternen Maßnahmen. Ist der Gleichheitssatz in ein Verfassungssystem gestellt, das an im Außenverhältnis verbindliche Normen besondere Anforderungen stellt, so kann ihm selbst nicht ein Umfang beigemessen werden, der verbindliche Verhaltensweisen der Verwaltung voraussetzt, die außerhalb dieser Anforderungen zustande gekommen sind. Die Abhängigkeit des Gleichheitssatzes von den verfassungsmäßigen Grundentscheidungen zwingt dazu, die Gleichbehandlungspflicht auf den Bereich der Behörde zu beschränken, die nach außen für die Entscheidung unmittelbar verantwortlich ist und jeweils mit einer Gleichbehandlung oder Differenzierung in Erscheinung tritt[81].

---

[81] Vgl. auch BVerfG NJW 1952, 1130 zur unterschiedlichen Rechtsauslegung durch verschiedene Gerichte oder Behörden.

Umfaßt also die Gleichheitsprüfung lediglich den Bereich der *konkret zur Entscheidung berufenen Behörde*, so erstreckt sich die Gleichbehandlungspflicht nur dann auf den gesamten Bereich einer Oberbehörde, wenn diese selbst eine eigene, nach außen wirksame Entscheidung — etwa im Widerspruchsverfahren — zu treffen hat. Die Verpflichtung der jeweiligen Behörde, ihre Entscheidungen an der eigenen früheren Praxis auszurichten, kann dazu führen, daß die übergeordnete Behörde eine andere Entscheidung zu treffen hat als die untergeordnete. Das ist der Fall, wenn die sonstige Praxis beider Behörden unterschiedlich ist, beide Behörden also verschiedene Differenzierungsschemen entwickelt haben. Auf Grund der *internen* Weisungsbefugnis der übergeordneten Behörde dürfte eine solche Konstellation allerdings wenig praktisch werden, wie sich überhaupt die Praxis schon von sich aus bemüht, zu einer möglichst einheitlichen Handhabung innerhalb einer hierarchischen Ordnung zu kommen — einer Handhabung, die der einzelne zwar nicht unter Berufung auf den Gleichheitssatz erzwingen kann, die aber verwaltungspolitisch durchaus begrüßenswert ist[82].

§ 13 Rechtstellung des einzelnen auf Grund des Gleichheitssatzes

Daß der Gleichheitssatz ein *subjektiv öffentliches Recht*[1] oder zumindest doch eine Rechtsstellung verleiht, die „die Grundlage für mögliche subjektive Rechte im Sinne von Ansprüchen"[2] bildet, steht heute außer Frage. Die Auffassung, der Gleichheitssatz solle als Grundrecht nicht Individualinteressen anerkennen und schützen, die die Willensmacht des einzelnen (potentiell) erweitern, sondern sei lediglich ein bloßer Rechtsreflex[3], der zwar mittelbar dem Individuum zugute

---

[82] So wohl auch *Schaumann* JZ 1966, 723, wenn er feststellt, die „Selbstbindung der Verwaltung" sei „nur ein scheinbarer Ersatz" für eine Konkretisierung des Gleichheitssatzes durch eine rechtssatzmäßige Regelung, für die der Verwaltung die Gesetzgebungsbefugnis fehle (S. 725).
Eine andere Frage ist, ob eine Behörde nicht verpflichtet ist, anstatt durch Einzelbefehle von Fall zu Fall das Erforderliche anzuordnen, eine bestimmte Materie durch Rechtsverordnung zu regeln, soweit ihr die Befugnis dazu übertragen ist; vgl. dazu *Fleiner* S. 126; *Schaumann* JZ 1966, 726.

[1] BVerfGE 6, 387; BVerwGE 7, 94; OVG Koblenz DVBl 1962, 757; *Bachof* JZ 1956, 35; *Dürig* in Maunz - Dürig, Art. 1 Abs. 3 Rdn. 96; *Fuss* JZ 1959, 329; Franz *Klein* S. 131, 166; *Köhler*, Diss. S. 53; *Leibholz*, Gleichheit S. 117; *v. Mangoldt - Klein* Art. 3 Anm. II 5; *Zippelius* S. 30.

[2] *Menger*, Der Schutz der Grundrechte S. 749.

[3] Vgl. z. B. G. *Jellinek*, System der subjektiven öffentlichen Rechte, 2. Aufl. Tübingen 1919, S. 72, 97 ff.; *Huber* AöR n. F. Bd. 23, 30 ff.; ähnl. noch *Raiser* ZZP 111, 75 (96); zum Unterschied subjektives Recht — Rechtsreflex: G. *Jellinek*, System S. 67 ff.; *Bühler*, Die subjektiven öffentlichen Rechte, Berlin 1914, S. 21 ff., 228; *Wolff*, Verwaltungsrecht I § 43 I b.

komme, seine Rechtssphäre aber nicht erweitere, ist heute nur noch von rechtshistorischer Bedeutung.

1. Form der Berechtigung aus dem Gleichheitssatz

Noch nicht geklärt ist dagegen die Frage, welche Form von subjektivem Recht (Rechtsstellung) der Gleichheitssatz dem Betroffenen verleiht. Es lassen sich mehrere Möglichkeiten[4] unterscheiden:

(a) *Das — materielle oder formelle — Recht auf personelle Rechtsgleichheit.*

Es gibt als materielles Recht einen Anspruch auf positive Gleichbehandlung, als formelles Recht einen Anspruch auf Berücksichtigung der Gleichheit, sofern die Übereinstimmung der personellen Voraussetzungen feststeht; die Gleichheitsprüfung greift also auch dann ein, wenn eine Differenzierung auf Grund anderer sachlicher Merkmale noch möglich ist.

(b) *Der materielle Anspruch auf sachliche Rechtsgleichheit.*

Er beinhaltet einen absolut bindenden, das Ermessen der Verwaltung ausschaltenden positiven Gleichbehandlungsanspruch, sobald die Übereinstimmung in allen entscheidungserheblichen Gesichtspunkten feststeht.

(c) *Das formelle Recht auf Berücksichtigung der Gleichheit mehrerer Situationen.*

Das Ermessen der Verwaltung ist auch bei Gleichheit aller Umstände nicht ausgeschaltet; vielmehr ist die Gleichheit lediglich als Faktor innerhalb des Ermessens mit zu berücksichtigen.

a) Das — materielle oder formelle — Recht auf personelle Rechtsgleicheit

Die erste Möglichkeit, nach der dem Gleichheitssatz ein materieller oder formeller Anspruch auf persönliche Rechtsgleichheit entspricht, setzt voraus, daß die Gleichheitsprüfung nicht die gesamte Situation, nicht „alle Verschiedenheiten der ‚Lage', aus denen sich ‚die anderen sachlichen Gründe' ergeben"[5], umfaßt, sondern lediglich die Voraussetzungen, die unmittelbar dem Bereich des Betroffenen zuzurechnen sind. Daß die Feststellung der Voraussetzungsgleichheit als Grundlage eines möglichen Gleichbehandlungsanspruchs nicht darauf beschränkt werden

---

[4] Ähnlich *Mertens*, Selbstbindung S. 81.
[5] *Mertens*, Selbstbindung S. 83.

kann, wurde bereits aufgezeigt[6]: Für die unterschiedliche Bewertung bestimmter Voraussetzungen kann es nicht darauf ankommen, ob diese dem personellen Bereich des Betroffenen zuzurechnen sind oder den sonstigen Umständen entnommen werden. Wenn aber die sachlich nicht gerechtfertigte („willkürliche") Differenzierung sowohl im Hinblick auf die personellen Voraussetzungen der Betroffenen wie auch auf andere sachliche Gründe unzulässig ist, umfaßt die Gleichheitsprüfung alle jene tatsächlichen Voraussetzungen, die allgemein einer Entscheidung zugrunde gelegt werden können, unabhängig davon, ob sie dem Bereich des Betroffenen oder den sonstigen Umständen zu entnehmen sind. Damit scheidet jedes — materielle oder formelle — Recht auf Gleichbehandlung aus, das lediglich auf einer personellen Rechtsgleichheit und nicht auf der Gleichheit aller der Beurteilung zugrunde liegenden Umstände beruht.

b) Der materielle Anspruch auf sachliche Rechtsgleichheit

Einen materiellen Anspruch auf sachliche Rechtsgleichheit bejahen *Bettermann* und *Hildegard Krüger*. Während *Bettermann*[7] die Lösung des Problems aus der Sicht des Ermessens als der Befugnis der Verwaltung zur Ausfüllung von Normen in dem „einzig richtigen", wenn auch von der Verwaltung bestimmbaren Sinn sucht, begreift *Hildegard Krüger*[8] den Gleichbehandlungsanspruch im öffentlichen Recht als Konsequenz „des Selbstbekenntnisses der Bundesrepublik Deutschland als Sozialstaat"; daraus folge die Verpflichtung der Verwaltung, eine Begünstigung, die sie jemandem gewährt habe, auf alle anderen zu erstrecken, die in den wesentlichen Voraussetzungen mit dem bereits begünstigten übereinstimmen[9].

Diese (zweite) Möglichkeit der absoluten Bindung der Verwaltung nach einmaliger Ermessensbetätigung geht zwar richtig von dem Grundsatz der sachlichen Rechtsgleichheit aus, sie widerspricht jedoch dem Verhältnis von Gleichheitssatz und traditionellem Bereich des Verwaltungsermessens[10], innerhalb dessen der Satz der Gleichheit vor dem Gesetz lediglich als Regulativ, nicht aber als vorrangiges Ziel einer Entscheidung Geltung besitzt[11]:Wenn der Gleichheitssatz dem Er-

---

[6] Vgl. oben S. 67.
[7] *Bettermann*, Der Staat 1962 S. 85/86.
[8] Hildegard *Krüger* DVBl 1955, 212.
[9] Hildegard *Krüger* DVBl 1955, 178.
[10] Vgl. oben S. 62.
[11] Das gleiche gilt für den Versuch *Böckenfördes* (S. 14, 74) zur Begründung eines materiellen, gerechtigkeitsorientierten Gleichbehandlungsanspruchs. Bezeichnend ist, daß er die damit auftauchenden Schwierigkeiten

messen der Verwaltung eingeordnet ist und dieses nicht ausschaltet, kann er nicht einen materiellen Gleichbehandlungsanspruch und damit die unumstößliche Bindung der Verwaltung an ihre frühere Differenzierung unter Ausschaltung jedes weiteren Ermessens zum Inhalt haben. Die Zuerkennung eines solchen Anspruchs bedeutete in letzter Konsequenz eine verfassungswidrige, die Anforderungen des Art. 80 GG ignorierende Rechtsetzungsbefugnis, kraft der jede Verwaltungspraxis normative Kraft erlangte[12].

c) Das formelle Recht auf Berücksichtigung der Gleichheit mehrerer Situationen

Es bleibt somit nur die (dritte) Möglichkeit, nach der der Gleichheitssatz die Verwaltung lediglich zwingt, die Gleichheit in den Voraussetzungen zu beachten und sie als *Faktor* innerhalb des Ermessens mit zu berücksichtigen. Das führt dazu, daß trotz Feststellung der Gleichheit in allen wesentlichen Voraussetzungen die Behörde nicht verpflichtet ist, eine mit den früheren Entscheidungen übereinstimmende Entscheidung zu treffen.

Die sich daraus ergebende prozessuale Rechtslage entspricht der auf Grund der allgemeinen Rüge eines ermessensfehlerhaften Verwaltungshandelns[13]. Über die Aufhebung der ermessensfehlerhaften Verwaltungsmaßnahme hinaus können die Gerichte der Verwaltung nur aufgeben, den Kläger erneut zu bescheiden[14]. Erst wenn von einer Ermessensreduzierung auf Null gesprochen werden kann, d. h. wenn die rechtlich gegebene Ermessensfreiheit der Behörde sich so verengt, „daß nur eine einzige ermessensfehlerfreie Entscheidung, nämlich die zum Einschreiten, denkbar ist"[15], ist es möglich, daß der an sich nur auf ermessensfehlerfreie Entschließung gehende Anspruch „im praktischen Ergebnis einem strikten Rechtsanspruch auf ein bestimmtes Verwal-

---

der gerichtlichen Kontrolle nicht zu bewältigen vermag: Seine Unterscheidung zwischen „Funktions-" und „Kontrollnorm" hilft hier nicht weiter. Ginge die Funktion des Gleichheitssatzes tatsächlich über das Verbot sachlich nicht gerechtfertigter Differenzierungen hinaus, wäre es im Hinblick auf Art. 19 Abs. 4 GG unverständlich, insoweit eine Nachprüfung zu versagen.

[12] Vgl. oben S. 57.

[13] Übereinstimmend *Wolff*, Verwaltungsrecht III § 138 IV b 3; ähnl. *Ipsen*, Gleichheit S.128, insbes. Anm. 55.

[14] Vgl. *Mertens*, Selbstbindung S. 21; *Redeker - v. Oertzen* VwGO § 113 Rdn. 20; *Wolff*, Verwaltungsrecht I § 31 II e; aus der Rspr.: BVerwG JZ 1959, 543; BVerwGE 11, 99; OVG Hamburg VerwRspr 5, 884.

[15] BVerwG DVBl 1961, 126; BVerwGE 8, 336; OVG Münster DÖV 1954, 28; *Eyermann - Fröhler* VwGO § 113 Rdn. 62; *Wolff*, Verwaltungsrecht I § 31 II e.

tungshandeln" gleichkommt[16], also nicht nur ein Bescheidungs-, sondern ein echtes Verpflichtungsurteil ergehen kann. Dementsprechend kann im Zusammenhang mit dem Gleichheitssatz die Verurteilung der Behörde zu einem bestimmten positiven Verwaltungshandeln nur dann erfolgen, wenn auf Grund der besonderen Sachlage jede andere Entscheidung als die Anerkennung der gleichen Behandlung, die andere bereits erfahren haben, dem Verhältnis von Gleichheitssatz und Verwaltungsermessen widersprechen würde[17]. Das ist der Fall, wenn es sich um einen *geschlossenen überschaubaren Komplex* handelt, der nur einer einheitlichen Beurteilung zugänglich ist[18], wie dies der Bundesgerichtshof[19] im Siedlungsfall stillschweigend angenommen hat, oder wenn die Behörde *in einem Einzelfall von ihrer sonstigen Praxis abweicht* und bereits zu erkennen gegeben hat, daß sie im übrigen ihre bisherige Praxis fortführen will.

Die Gerichte können eine Maßnahme also immer dann aufheben, wenn die Voraussetzungsgleichheit in den von der Behörde für wesentlich erachteten Gesichtspunkten mit den früher entschiedenen Fällen nicht beachtet wurde. Darüberhinaus bedeutet die Möglichkeit, durch ein Bescheidungsurteil die Behörde für verpflichtet erklären zu lassen, den Betroffenen unter Beachtung der Voraussetzungsgleichheit erneut zu bescheiden, „zumindest psychologisch ein erhebliches Moment zugunsten des Bürgers"[20]. Schließlich kann das Gericht in den Fällen, in denen unter Beachtung des Gleichheitssatzes keine andere ermessensfehlerfreie Entscheidung als die zu einer konkreten (gleichen) Begünstigung ergehen kann, die Behörde direkt zum Erlaß der gleichen begünstigenden Maßnahme verpflichten.

Eine (ausnahmsweise) Verpflichtung der Behörde durch das Gericht zur gleichen positiven Behandlung steht allerdings im Gegensatz zu der Rechtsprechung des *Bundesverfassungsgerichts*[21] hinsichtlich der Folgen eines gleichheitswidrigen Gesetzes. Das Bundesverfassungsgericht hält sich nicht für befugt, gleichheitswidrige Gesetze[22] so zu ergänzen, daß die von dem Gesetz zu Unrecht außer acht Gelassenen

---

[16] BVerwG DVBl 1961, 126.
[17] Ähnl. *Mertens*, Selbstbindung S. 80 f., 86.
[18] So das bereits zitierte Bundesverfassungsgericht (BVerfGE 4, 219, 244/245) zur Frage der Abänderung einer gesetzlichen Regelung.
[19] BGHZ 29, 76 ff.; ein weiteres Beispiel enthält BVerfGE 7, 107 — Einräumung von Sendezeiten an politische Parteien; auf legislativer Ebene das bereits zitierte Urteil des Bundesverfassungsgerichts BVerfGE 4, 245 f.
[20] *Mertens*, Selbstbindung S. 85.
[21] BVerfGE 8, 36; 9, 255; zustimmend *Schmidt - Bleibtreu* BVerfGG, § 90 Rdn. 56, 96.
[22] Anders hinsichtlich Verordnungen: BVerfGE 13, 260.

§ 13 Rechtsstellung des einzelnen auf Grund des Gleichheitssatzes 85

mit in die gesetzliche Regelung einbezogen werden[23]. Das gilt selbst dann, wenn ein zusätzlicher Verfassungsauftrag[24] zur Begünstigung einer bestimmten Gruppe besteht[25]; in solchen Fällen des relativen Unterlassens stellte bisher das *Bundesverfassungsgericht* auf eine Rüge der Verletzung des Gleichheitssatzes hin lediglich fest, der Gesetzgeber habe es verfassungswidrig unterlassen die Begünstigung auf alle von dem Verfassungsauftrag Erfaßten auszudehnen, oder es erklärte die gleichheitswidrig begünstigende Norm für nichtig[26]. Danach kann, wer ohne sachlich einleuchtenden Grund von einer gesetzlichen Vorzugsstellung ausgeschlossen ist, die Regelung „zu Fall bringen"[27]; das gibt ihm aber kein Recht auf gleiche positive Behandlung. Der Gesetzgeber kann die bisherige Regelung neu fassen und auf die bisher Benachteiligten ausdehnen oder aber die gesamte gesetzliche Regelung aufgeben[28]. Im Bereich der Legislative schützt der *Gleichheitssatz* — auf Dauer gesehen — weder vor einer Belastung noch sichert er ein Recht auf Begünstigung[29].

Ob dieser Rechtsprechung zu folgen ist oder ob auch auf legislativer Ebene zwischen der Privilegierung und der Diskriminierung einzelner zu unterscheiden ist[30], kann hier dahinstehen. Auch wenn man der Rechtsprechung folgt, läßt sich die Unterscheidung von Privilegierung und Diskriminierung im Bereich der Verwaltung und damit ein Gleichbehandlungsanspruch auf dieser Ebene aufrechterhalten, ohne in Widerspruch mit der Rechtsprechung zu ungerechtfertigt differenzierenden Gesetzen zu geraten. Die Nichtigkeit eines Gesetzes bewirkt, daß rechtlich eine (negative) Gleichheit hinsichtlich der Belastung oder Begünstigung von Normadressaten und von der Norm Ausgenommenen besteht. Diese wird allerdings faktisch erst von Bedeutung, wenn das Gesetz vom Bundesverfassungsgericht für verfassungswidrig erklärt worden ist. Die sich so ergebende zwischenzeitliche Begünstigung bzw. Belastung einiger ließe sich damit rechtfertigen, daß mit Erlaß des Gesetzes für die Betroffenen die Möglichkeit einer Rüge der Verletzung des Gleichheitssatzes und damit die Herbeiführung der Nichtigerklärung bestand. Auf der Ebene des Verwaltungshandelns ist diese Möglichkeit dagegen nicht gegeben; dort läßt sich die Forderung nach

---
[23] Dagegen *Lechner* NJW 1955, 1817 ff.
[24] Z. B. Art. 6 Abs. 5, Art. 33 Abs. 5, Art. 131 GG.
[25] Eine Wende dieser Rechtsprechung scheint sich jedoch anzubahnen, vgl. BVerfG NJW 1968, 541.
[26] Ausführlich zu diesem Fragenkomplex: *Schmidt - Bleibtreu*, BVerfGG, § 90 Rdn. 56 f., 96, 112 f.; *Leibholz - Rinck*, Grundgesetz, Art. 3 Rdn. 16.
[27] *Salzwedel*, Gleichheitsgrundsatz S. 342.
[28] *Salzwedel* a.a.O.
[29] *Salzwedel* a.a.O.
[30] So im Ergebnis BVerfGE 13, 248 ff. hinsichtlich der Verordnungsgebung.

einer Gleichbehandlung nur so verwirklichen, daß der *rechtswidrig von der Begünstigung Ausgeschlossene* die gleiche Begünstigung erhält wie alle anderen in entsprechender Lage[31]. Eine Nichtigerklärung der früheren Praxis ist nicht möglich, wie auch eine Differenzierung zwischen früheren Begünstigungen und der späteren Nichtbegünstigung nicht mit der Begründung aufrechterhalten werden kann, der Benachteiligte hätte von vornherein die Feststellung der Nichtigkeit einer Begünstigungspraxis (bzw. Belastungspraxis) herbeiführen können: Weder ist die Benachteiligung des einzelnen Betroffenen bereits zu Beginn der Praxis erkennbar noch läßt sich ein begünstigender Verwaltungsakt, der Dritte nicht belastet, auf die Klage eines Dritten hin als rechtswidrig aufheben oder gar für nichtig erklären.

Allerdings könnte die gleichheitswidrige Begünstigung (Privilegierung) eines Dritten den Nichtbegünstigten insofern belasten und damit zur Anfechtung dieser Begünstigung berechtigen, als sie ihn selbst in einem ihm zustehenden subjektiven Recht auf Nichtprivilegierung Dritter verletzte.

Wenn auch der Gleichheitssatz Privilegierungen, die ohne sachlichen Grund getroffen werden, verbietet, so bedeutet das noch nicht, daß er auch ein subjektives Recht auf Nichtprivilegierung eines Dritten gewährt; vielmehr beinhaltet der Gleichheitssatz nur insoweit ein subjektives Recht, als er die ungleiche Belastung oder Versagung einer Begünstigung verbietet[32]. Der Gleichheitssatz gehört als negatives Statusrecht[33] zu den Freiheitsrechten, die staatliche Eingriffe in die Rechtsgüter des einzelnen abwehren sollen[34]. Ein subjektives, zur Anfechtung einer Maßnahme berechtigendes Recht beinhaltet der Gleichheitssatz daher nur insoweit, als die staatliche Maßnahme zu einer gleichheitswidrigen Behandlung des Betroffenen selbst, nicht aber zu einer gleichheitswidrigen Behandlung (Privilegierung) anderer führt. Nur ein ideologischer Egalitarismus, dessen letzte Grundlage die Mißgunst gegenüber dem Bessergestellten ist, kann der Versuchung erliegen, den Gleichheitssatz als ein Instrument anzusehen, mit dessen Hilfe die (angeblich oder tatsächlich) ungerechtfertigte Besserstellung eines Dritten beseitigt werden soll. Der Gleichheitssatz darf gerade nicht so ver-

---

[31] Anders verhält es sich, wenn sich die Begünstigung anderer lediglich als eine rechtswidrige Privilegierung darstellt; aus dieser kann kein Anspruch Dritter auf gleiche Begünstigung erwachsen, vgl. oben S. 72.

[32] So auch *Schmidt - Bleibtreu*, BVerfGG, § 90 Rdn. 57.

[33] *v. Mangoldt - Klein* Vorbem. A II 3 a (S. 53); *Dürig* in Maunz - Dürig Art. 1 Abs. 3 Rdn. 99; Franz *Klein* S. 94; *Leibholz*, Gleichheit S. 118; vgl. aber auch *Salzwedel*, Gleichheitsgrundsatz S. 339.

[34] *v. Mangoldt - Klein* Art. 3 Anm. II 5.

standen werden, daß er — wie Max Scheler[35] es formuliert — zu einer „Spekulation à baisse" oder zu einem Mittel des „Ressentiments" wird, das „nur die Dekapitierung der Träger höherer Werte, die es ärgern", zum Ziele hat[36]. Ein *subjektives Recht* nicht nur auf gleiche eigene Behandlung, sondern auch auf eine Nichtprivilegierung Dritter mißbrauchte den Gleichheitssatz zur Rechtfertigung einer Ideologie, die die Gleichheit nicht als Teilausschnitt der Gerechtigkeit, sondern als Grundlage allen menschlichen Zusammenlebens begreift.

Der Gleichheitssatz gibt selbst dann kein subjektives Recht auf Nichtprivilegierung Dritter, wenn die Privilegierung gleichzeitig zu der *Benachteiligung* eines anderen, d. h. zu einer Minderung vorhandener Rechtsgüter oder fester Erwerbsaussichten bei diesem führt[37]. Zwar besteht hier für den Drittbetroffenen die Möglichkeit, die Begünstigung anzufechten, da sie ihn in seinen subjektiven Rechten (eingerichteter und ausgeübter Gewerbebetrieb, Eigentum) verletzt. Die Rüge der Verletzung des *Gleichheitssatzes* kann er aber auch in diesem Fall nicht erheben, da er lediglich eine Privilegierung des Begünstigten, nicht aber eine eigene Diskriminierung geltend machen kann. Der Vorschlag *Mertens*[38], die Maßnahme in eine privilegierende und eine diskriminierende aufzuspalten und im Hinblick auf die diskriminierende Wirkung eine Anfechtung wegen Verstoßes gegen den Gleichheitssatz zuzulassen, vermag deshalb nicht zu überzeugen, weil die Entscheidung gegenüber dem Begünstigten nicht eine gleichheitswidrig benachteiligende Entscheidung gegenüber dem Dritten enthält, sondern lediglich ihre Durchführung zu einer tatsächlichen Benachteiligung für diesen führt; daß eine Maßnahme zu einer rechtswidrigen Benachteiligung Dritter führt, macht sie aber noch nicht gleichheitswidrig. Von einer gleichheitswidrigen Benachteiligung (Diskriminierung) des Dritten kann erst dann gesprochen werden, wenn ihm selbst gegenüber eine Begünstigung versagt, andern aber gewährt wird, ohne daß diesen gegenüber eine rechtswidrige Privilegierung vorliegt. Hier kann in der Versagung einer Begünstigung gegenüber dem Dritten eine Diskri-

---

[35] Max *Scheler*, Das Ressentiment im Aufbau der Moralen, ges. Werke Bd. 3, 4. Aufl. Bern 1955, S. 121.

[36] Max *Scheler* a.a.O.; die Konsequenz dieser Haltung zeigt treffend H. *Schoeck* S. 20 auf: Aus der Sicht des Egalitarismus sei ein „kleineres Volkseinkommen für alle erträglicher als ein größeres, innerhalb dessen es einige Reiche gibt".

[37] Vgl. dazu *Stern* JZ 1960, 524, der im Hinblick auf die Doppelwirkung marktbeeinflussender Subventionen grundsätzlich eine spezielle Ermächtigung für deren Vergabe verlangt; ebenso neuerdings *Wolff*, Verwaltungsrecht III § 138 III C 1; zu dem gleichen Ergebnis, wenn auch mit anderer Begründung, gelangt *Friauf* DVBl 1966, 737, mit weiteren ausführl. Nachweisen auf S. 734, Anm. 64 ff.

[38] *Mertens*, Selbstbindung S. 98/99.

minierung, d. h. eine ungleiche Benachteiligung liegen. In diesem Fall hat der gleichheitswidrig von der Begünstigung Ausgeschlossene auf Grund des Gleichheitssatzes zwar nicht einen Anspruch auf Beseitigung der Begünstigung anderer, wohl aber — und das dürfte in der Regel von größerem Wert sein[39] — auf eigene gleiche Begünstigung.

Die Rechtsstellung des einzelnen auf Grund des Gleichheitssatzes erschöpft sich also normalerweise in dem *subjektiven Recht auf Berücksichtigung der Voraussetzungsgleichheit* seines Falles mit anderen Fällen. Ausnahmsweise hat der einzelne aber auf der Ebene des Verwaltungshandelns einen eigenen inhaltlich konkretisierten Anspruch auf eine bestimmte Begünstigung, die vor ihm unter gleichen Voraussetzungen bereits anderen gewährt wurde, sofern es sich um einen geschlossenen, einer einheitlichen Beurteilung zugänglichen Komplex handelt oder die Behörde im Einzelfall von ihrer sonstigen Begünstigungspraxis abweichen will.

2. Selbstbindung und unrichtige Rechtsanwendung

Während die Ermessensentscheidung wegen Verstoßes gegen den Gleichheitssatz aufhebbar ist und vor dem Bundesverfassungsgericht im Wege der Verfassungsbeschwerde angegriffen werden kann, sofern ein Fehler im Vergleich mit gleichgelagerten Fällen festgestellt wird, also die Entscheidung anderer Fälle nicht ausreichend berücksichtigt ist, ist die „bloß" falsche *Rechtsanwendung*, die faktisch ebenfalls zu einer nicht gerechtfertigten Ungleichbehandlung führt, nicht wegen Verstoßes gegen den Gleichheitssatz anfechtbar. Diese auf den ersten Blick fragwürdig erscheinende Differenzierung, die gegenüber der falschen Gesetzesanwendung einen geringeren verfassungsgerichtlichen Schutz gewährt als gegenüber einem Fehler in der Ermessensbetätigung, ist jedoch sachlich gerechtfertigt. Sie folgt nicht nur aus der praktischen Notwendigkeit, eine Ausweitung des Bundesverfassungsgerichts zu einer „Superrevisionsinstanz" zu verhindern[40], sondern ist auch unmittelbar aus dem Inhalt des Gleichheitssatzes zu erklären. Daraus ergibt sich nach geläufiger Auffassung[41] für die rechtsanwendenden Organe die Verpflichtung, das bestehende Recht rückhaltlos und *„ohne*

---

[39] M. E. besteht kein Anlaß, in den Fällen anders zu entscheiden, in denen dies nicht der Fall ist, etwa wenn jemand wirtschaftlich ohne Subvention auskäme, andere Konkurrenten aber nicht. Die Problematik dieser Fälle berührt die allgemeine Zulässigkeit marktbeeinflussender Subventionen, ist aber nicht eine spezielle Frage des Gleichheitssatzes, vgl. auch Anm. 37.

[40] Vgl. BVerfGE 1, 420 = NJW 1953, 177; BVerfGE 7, 207; BVerfG NJW 1964, 1716, NJW 1967, 1956; Willi *Geiger*, Gesetz über Bundesverfassungsgericht, Berlin 1952, § 90 Anm. 6 e.

[41] *Ipsen*, Gleichheit S. 142; Franz *Klein* S. 167; *v. Mangoldt - Klein* Art. 3 Anm. III 1; *Wernicke* in BK Art. 3 Anm. II 1 b; *Hesse*, Grundzüge S. 163.

§ 13 Rechtsstellung des einzelnen auf Grund des Gleichheitssatzes 89

Ansehen der Person" anzuwenden. Diese Auffassung beruht auf der unter der Weimarer Verfassung verbreiteten Lehre von der personellen Rechtsgleichheit[42] und berücksichtigt daher nur eine Differenzierung aus Gründen, die in der Person des Betroffenen liegen. Im Bereich der Ermessensausübung ist jedoch heute auch von den Gegnern der Lehre vom Verbot „willkürlicher" Unterscheidungen anerkannt, daß der Gleichheitssatz nicht nur Differenzierungen im Hinblick auf die Person des Betroffenen, sondern auch in der Sache liegende, z. B. gegen verfassungsmäßige Grundentscheidungen[43] oder gegen Grundforderungen der Gerechtigkeit[44] verstoßende Unterscheidungen verbietet.

Es geht nicht an, dem Gleichheitssatz in seinen verschiedenen Anwendungsbereichen eine verschiedene Deutung zu geben, wenn auch die inhaltliche Konkretisierung auf die unterschiedlichen Funktionen der einzelnen Gewalten Rücksicht zu nehmen hat. Der Gleichheitssatz kann also nicht im Bereich freier Wertungsmöglichkeiten sachliche Rechtsgleichheit, im Bereich reiner Gesetzesanwendung lediglich personelle Rechtsgleichheit fordern. Der Inhalt des Gleichheitssatzes ist daher auch im Bereich reiner Rechtsanwendung auf der Grundlage sachlicher Rechtsgleichheit zu bestimmen. Das bedeutet, daß der Gleichheitssatz bei der Anwendung des geltenden Rechts nicht nur eine Rechtsanwendung ohne Ansehen der Person verbietet, sondern darüber hinaus eine differenzierende, falsche Einstellung (Maßbestimmung[45]) gegenüber der sonstigen richtigen Rechtsanwendungspraxis. Mag auch die Rücksichtnahme auf die Person des Betroffenen der typische Fall eines Verstoßes gegen den Gleichheitssatz im Rahmen strikter Rechtsanwendung sein, so kann diese doch nicht entscheidend für die Frage der Gleichheitswidrigkeit einer Rechtsanwendung sein, sondern die Anlegung gleichen Maßes an alle Betroffenen und damit die „Allgemeingültigkeit" der Rechtsanwendung aus der Sicht der Behörde[46].

Während die Behörde im Rahmen der Ermessensausübung die Gleichheit der Voraussetzungen berücksichtigen muß und zur grundsätzlich gleichen Praxis gezwungen ist, hat die Verwaltung bei der reinen Rechtsanwendung das gesetzlich vorgeschriebene Maß einzuhalten. Ein Verstoß gegen den Gleichheitssatz liegt nicht schon dann vor, wenn die Behörde eine Rechtsnorm *falsch* anwendet, etwa weil sie die

---

[42] Vgl. z. B. *Nawiasky* VVDStRL 3, 33 ff.
[43] Franz *Klein* S. 165.
[44] *Böckenförde* S. 50; *Mertens*, Selbstbindung S. 52.
[45] Rudolf *Gneist* S. 293.
[46] Vgl. oben S. 64.

Tatsachen nicht richtig festgestellt oder unrichtig subsumiert hat[47], sondern erst wenn die Behörde das ihr vorgeschriebene Maß der Behandlung, nämlich die gesetzlich vorgeschriebene Rechtsfolge, in Einzelfällen außer acht läßt und in diesen Fällen ein *eigenes* von der sonstigen richtigen Rechtsanwendungspraxis abweichendes Maß setzt. Somit verstößt erst die *bewußt* falsche Rechtsanwendung gegen den Gleichheitssatz[48].

Diese Feststellung steht in Einklang mit den bisher für die Ermessensausübung der Verwaltung entwickelten Grundsätzen einer Gleichbehandlungspflicht. Nicht die falsche Ermessensausübung als solche ist durch den Gleichheitssatz untersagt, auch wenn sie zu einer Ungleichbehandlung führt — etwa wenn ein Fehler in der Tatsachenermittlung unterlaufen ist —, sondern erst eine Differenzierung, die nicht an sachlichen Verschiedenheiten der Vergleichsfälle ausgerichtet ist, also auf der Anlegung unterschiedlicher Maßstäbe durch die Behörde beruht. Das Verbot einer fehlerhaften Ermessensausübung hat ebensowenig etwas mit dem Gleichheitssatz zu tun wie das Verbot einer falschen Gesetzesanwendung: Das eine folgt aus einem Grundsatz des allgemeinen Verwaltungsrechts, das andere aus dem Wesen der Norm bzw. dem Prinzip der Gesetzmäßigkeit; die Gleichheit aller vor dem Gesetz wird erst mißachtet, wenn gleiche Sachverhalte verschieden bewertet und entsprechend differenziert behandelt werden. Während aber bei der Ermessensausübung eine unterschiedliche Wertung (Ermessensentscheidung) in mehreren gleichen Fällen auch unbewußt erfolgen kann, ist eine unterschiedliche Bewertung im Rahmen strikter Gesetzesanwendung nur bei einem bewußten Abweichen von der gesetzlichen Rechtsfolge möglich; denn eine unbewußt falsche Rechtsanwendung bedeutet lediglich die unrichtige Ermittlung des gesetzlich vorgezeichneten Maßes. Erst durch das bewußte Abweichen von der Rechtsnorm setzt der rechtsanwendende Beamte ein *eigenes* abweichendes Maß, wertet er selbst entgegen der in der Rechtsnorm vorgegebenen[49] Wertung.

3. Selbstbindung als gesetzesunabhängige Normsetzung

Gelegentlich wird die Selbstbindung der Verwaltung als *mittelbare Rechtsetzung*[50], die Verwaltungsübung als besondere Form der Bil-

---

[47] Vgl. aber *Dürig*, Gleichheit Sp. 988.
[48] Insoweit übereinstimmend *Dürig* a.a.O.
[49] Vgl. auch *Wolff*, Verwaltungsrecht III § 138 IV a.
[50] VG Frankfurt RzW 1962, 574; *Forsthoff*, 8. Aufl. 1961, S. 85 (and. in der 9. Aufl. S. 91); *Höhn* S. 38; *Schmidt - Bleibtreu*, BVerfGG § 90 Rdn. 111; *Stern*, Ermessen S. 26 Anm. 80.

§ 13 Rechtsstellung des einzelnen auf Grund des Gleichheitssatzes

dung von *Gewohnheitsrecht*[51] angesehen. Aus dieser Sicht entfaltet Art. 3 Abs. 1 GG tatsächlich eine „Art ‚normativer Kraft des Faktischen'"[52], enthält die Selbstbindung eine „Strukturveränderung des Verhältnisses von Exekutive und Legislative"[53], deren Zulässigkeit insbesondere im Hinblick auf Art. 80 GG nicht zweifelsfrei ist.

Die Frage nach dem normativen Charakter der Selbstbindung ist davon abhängig, wie weit die Bindungswirkung des vorausgegangenen behördlichen Handelns reicht und einen Anspruch auf ein konkretes Verwaltungshandeln erzeugt. Nach den vorangegangenen Feststellungen führt die Selbstbindung für die Behörde regelmäßig nur zu der Verpflichtung, frühere gleichgelagerte Fälle in ihre Entscheidung mit einzubeziehen, also die Gleichheit in den Voraussetzungen zu berücksichtigen. Die Verwaltung kann ihre Grundsätze von sich aus aufgeben und sich auf einen anderen Maßstab stützen. Im Gegensatz zur Verordnung bleibt der einzelnen Behörde weiterhin die Befugnis, ihr Ermessen zur Grundlage ihres Handelns zu machen. Nicht eine übergeordnete Behörde setzt eine allgemeinverbindliche Norm für das Verhalten untergeordneter Behörden, sondern die tätig werdende Behörde gewinnt selbst die Grundsätze für ihr Verhalten in bestimmten Fällen und kann aus eigenem Recht wieder davon abweichen. Weil die Verwaltungsübung regelmäßig gerade *nicht einen Anspruch* des einzelnen auf ein bestimmtes Verhalten der Behörde erzeugt, sondern lediglich die Pflicht, das bisher vertretene Differenzierungsschema bei der Entscheidung eines neuen Falles zu berücksichtigen, handelt es sich nicht um eine gesetzesunabhängige „Normsetzung durch die Verwaltung"[54], sondern die konsequente Folge aus dem dem Verwaltungsermessen eingeordneten Gleichheitssatz. Daß sich die Bindung ausnahmsweise auf die Verpflichtung zu einem bestimmten Verhalten hin verdichten, also einen Anspruch auf eine konkrete Maßnahme erzeugen kann, zwingt ebensowenig zu einer Qualifizierung der Selbstbindung als Rechtsetzung der Verwaltung, wie die Verpflichtung der Behörde zu einem bestimmten Verhalten im Falle der Ermessensreduzierung auf die einzig ermessensfehlerfreie Entscheidung[55] es fordert, die Ermessensbetätigung als bloße Rechtsanwendung zu verstehen.

Die Rechtssatzqualität der Verwaltungsübung läßt sich auch nicht damit aufrechterhalten, daß man die Verwaltungspraxis als besondere

---

[51] Franz *Klein* S. 243; *Mertens*, Selbstbindung S. 71.
[52] *Schmidt-Bleibtreu*, BVerfGG § 90 Rdn. 111; Hildegard *Krüger* DVBl 1955, 211.
[53] Vgl. *Stern*, Ermessen S. 26 Anm. 80.
[54] So aber *Rupp* S. 120.
[55] BVerwG DVBl 1961, 126; *Wolff*, Verwaltungsrecht I § 31 II c 2.

5. Kapitel: Inhaltliche Konkretisierung der Bindung

Form der Bildung von *Gewohnheitsrecht* auffaßt[56]. Nach allgemeiner Auffassung[57] setzt Gewohnheitsrecht eine lang andauernde Übung voraus, die von der Rechtsüberzeugung aller Beteiligten, der Behörde wie der Verpflichteten oder Berechtigten, getragen wird. Auch wenn die Behörde ihr Ermessen längere Zeit hindurch in bestimmtem Sinn ausübt, — was, wie sich noch zeigen wird[58], nicht unbedingt Voraussetzung für die Selbstbindung ist, — ist sie gerade nicht der Überzeugung, einer festumrissenen rechtlichen Verpflichtung nachzukommen[59], sondern das ihr zustehende Ermessen in der von ihr für zweckmäßig erachteten Weise auszuüben. Der Wille zur Ermessensausübung ist Voraussetzung für eine fehlerfreie Ausübung des Ermessens[60]; die Annahme des Bestehens von Gewohnheitsrecht stände direkt mit der Ausübung des Ermessens in Widerspruch. Das Bewußtsein der Behörde, das bisherige Differenzierungsschema bei einer neuen Entscheidung zu berücksichtigen, kann nicht als Rechtsüberzeugung hinsichtlich des Bestehens einer bestimmten rechtlichen Verpflichtung, sondern lediglich als Wille, die Ermessensbindung durch den Gleichheitssatz zu beachten, verstanden werden. Zwar kann sich auf Grund einer langjährigen Übung Gewohnheitsrecht bilden, etwa wenn früher erlassene Versetzungsrichtlinien in der Überzeugung befolgt werden, es handele sich um Schulgewohnheitsrecht[61]. Das ändert aber nichts daran, daß die Selbstbindung als solche noch keine Art der gesetzesunabhängigen Normsetzung, auch nicht in der Form der Bildung von Gewohnheitsrecht, darstellt. Es handelt sich vielmehr um eine eigene, auf dem Gleichheitssatz des Art. 3 Abs. 1 GG beruhende Erscheinung, die regelmäßig nur zu einer Ermessensbindung, ausnahmsweise zu einer Ermessenseinschränkung im Sinne der Pflicht zu einem bestimmten Handeln führt und von der Ausübung anspruchserzeugender legislativer Befugnisse zu unterscheiden ist.

---

[56] So aber *Mertens*, Selbstbindung S. 71.
[57] Statt aller *Forsthoff* S. 139; *Wolff*, Verwaltungsrecht I § 25 III a.
[58] Vgl. unten S. 94 f.
[59] Mit Recht betont BGH NJW 1962, 2054, daß Rechtsanwendende und -unterworfene von der „Zwangsläufigkeit" einer bestimmten Rechtsanwendung überzeugt sein müssen; vgl. auch BGH NJW 1958, 709, wo festgestellt wird, die „fortdauernde Übung der Behörde" reiche in keinem Fall für die Bildung von Gewohnheitsrecht aus.
[60] *Wolff*, Verwaltungsrecht I § 31 II d 1 („Ermessensmangel"); *Forsthoff* S. 93; W. *Jellinek*, Verwaltungsrecht S. 38; *Turegg - Kraus* S. 31.
[61] Vgl. auch VG Kassel DÖV 1956, 636 f.

Sechstes Kapitel

Einzelne Voraussetzungen einer Selbstbindung

§ 14 Verwaltungshandeln als Voraussetzung einer Selbstbindung

Bereits bei der Frage des Verhältnisses von Selbstbindung und Fremdbindung[1] wurde das Kennzeichen der Selbstbindung aufgezeigt: Die Bindung der Verwaltung in dem Sinne, daß sie die sich aus Art. 3 Abs. 1 GG ergebende Gleichbehandlungspflicht konkretisiert.

1. Längere Verwaltungspraxis

Eine solche Bindung ergibt sich regelmäßig auf Grund einer längeren Übung, d. h. einer sich über einen längeren Zeitraum erstreckenden und mehrere Fälle umfassenden Verwaltungspraxis. Hat es sich die Behörde zur Regel gemacht, gewisse Fälle in einem bestimmten Sinn zu entscheiden, oder hat sie eine bestimmte „Verwaltungspolitik"[2] an den Tag gelegt, so ist es ihr verwehrt, im Einzelfall einen anderen Standpunkt einzunehmen. Sie kann sich zwar zu einer grundsätzlich geänderten Praxis entschließen, nicht aber in einem Einzelfall Gesichtspunkte als maßgeblich heranziehen, denen sie in allen anderen Fällen nur untergeordnete Bedeutung beigemessen hat, oder bei der Beurteilung eines bestimmten Sachverhaltes im Einzelfall ihre Grundsätze aufgeben und für diesen Fall einen anderen (an sich ebenfalls rechtlich zulässigen) Standpunkt einnehmen[3]. Durch die bisherige längere Praxis hat sich die Behörde ein Differenzierungsschema gesetzt, aus dem hervorgeht, welche — aus der Vielzahl aller als erheblich in Betracht kommenden — Gesichtspunkte sie stärker oder weniger stark bewertet. Die Einreihung eines zu entscheidenden Falles in ein von der Verwaltung gesetztes Differenzierungsschema ist bei einer längeren Verwaltungspraxis meist ohne größere Schwierigkeiten möglich, da Über- und Unterordnung der als sachlich in Betracht kommenden Gesichtspunkte durch die Behörde um so leichter feststellbar ist, je mehr Vergleichsfälle

---

[1] Vgl. oben S. 21.
[2] *Scheerbarth* S. 114, 117.
[3] Vgl. oben S. 63.

zur Verfügung stehen, die jeweils gewisse Merkmale mit dem neu zu entscheidenden Fall gemeinsam haben.

2. Einmalige Entscheidung

Nach herrschender Auffassung[4] ist die Selbstbindung auf den Fall einer längeren Verwaltungsübung beschränkt. Eine Gleichbehandlungspflicht setze eine *längere „Praxis"* voraus[5], auf Grund deren sich die Verwaltung ein bestimmtes Verhalten „zur Regel" gemacht habe[6].

Wenn der Gleichheitssatz wirklich eine im Sinne der Rechtsprechung „willkürliche" Ungleichbehandlung verbietet, d. h. — positiv formuliert — grundsätzlich gleiche Entscheidungen gebietet, soweit nicht erhebliche Verschiedenheiten die betreffenden Sachverhalte kennzeichnen, muß die Verwaltung auch ohne längere Praxis zu einer Gleichbehandlung mehrerer gleichgelagerter Tatbestände verpflichtet sein[7]. So ist zunächst einmal die gleichzeitige Verschiedenbehandlung mehrerer in den erheblichen Voraussetzungen übereinstimmender Fälle unzulässig[8]. Das *OVG Münster*[9] hat deshalb in einem Fall, der sich auf ein einziges Vergleichsobjekt bezog, mit Recht einen Verstoß gegen den Gleichheitssatz bejaht: Die Naturschutzbehörde hatte eine Ausnahmebewilligung für ein Bauvorhaben im Landschaftsschutzgebiet versagt, während sie ein anderes, den Naturschutz erheblich stärker beeinträchtigendes Bauvorhaben gleichzeitig förderte, ohne daß besondere Gründe die unterschiedliche Behandlung rechtfertigten. Geht man davon aus, daß die Förderung des stärker den Naturschutz beeinträchtigenden Bauvorhabens nicht rechtswidrig war, so verstieß die Ablehnung des Antrags auf Genehmigung des weniger störenden Bauvorhabens gegen den Gleichheitssatz: Die Behörde traf zwischen beiden Bauvorhaben eine Unterscheidung, die nicht an sachlichen Gründen ausgerichtet war.

Neben dieser Pflicht zur unterschiedslosen Behandlung mehrerer gleichzeitig zu entscheidender, in den wesentlichen Voraussetzungen übereinstimmender Fälle ist die Behörde grundsätzlich verpflichtet, einen Fall im gleichen Sinn wie einen gleichliegenden früheren Fall zu entscheiden. Praktisch ist es allerdings schwierig, aus einem ein-

---

[4] BGHZ 19, 354; OVG Münster VerwRspr 7, 329; W. *Jellinek,* Gesetz S. 324; Franz *Klein* S. 237; *Rietdorf,* Ordnungsbehördengesetz, Stuttgart 1957, § 1 Anm. 9; *Scheerbarth* S. 117; *Wolff,* Verwaltungsrecht I § 31 II d 2.

[5] *Scheerbarth* S. 117; *Wolff,* Verwaltungsrecht I § 31 II d 2.

[6] OVG Münster VerwRspr 7, 329.

[7] Insoweit übereinstimmend: *Bettermann,* Der Staat 1962, 83.

[8] Vgl. z. B. BVerfGE 9, 150; BVerwGE 2, 168.

[9] OVG Münster MittDStT 1961, 613; kritisch dazu *Scheerbarth* S. 117.

zigen Vergleichsfall die Betonung oder Unterbetonung von Gesichtspunkten festzustellen, die das Differenzierungsschema, nach dem die Behörde ihr Verhalten ausrichtet, erkennen lassen. In der Regel läßt sich auf Grund eines Einzelfalls die ausschlaggebende Berücksichtigung eines bestimmten Merkmals nicht ermitteln. Häufig werden zwei Fälle in mehrfacher Hinsicht so übereinstimmen und divergieren, daß sich ihre Verschiedenbehandlung auf wesentliche unterscheidende Merkmale und damit bereits auf verschiedene Sachverhalte stützen läßt. Erst die Entscheidung mehrerer Fälle wird die Betonung bestimmter Voraussetzungen durch die Behörde und die Unterbewertung anderer Merkmale auf Grund eines herausgearbeiteten Differenzierungsschemas erkennbar werden lassen und die Feststellung rechtfertigen, die zu entscheidenden Fälle glichen sich in allen erheblichen Voraussetzungen, die die Behörde bisher teils vorrangig, teils weniger ausschlaggebend berücksichtigt hat.

Dennoch ist eine längere Verwaltungspraxis nicht begriffsnotwendige, sondern lediglich regelmäßige Voraussetzung für eine Selbstbindung infolge des Gleichheitssatzes. Das ist insbesondere dort von Bedeutung, wo sich die Begünstigung des einen Antragstellers gleichzeitig als Benachteiligung eines anderen erweist[10]. Soweit in diesen Fällen die erste Begünstigung keine unzulässige Privilegierung darstellt[11], kann die Ablehnung der Begünstigung des zweiten Bewerbers eine „willkürliche" Ungleichbehandlung gegenüber dem Konkurrenten sein, die sich nur durch eine gleiche Begünstigung umgehen läßt, bei der also einzig die Entscheidung einer gleichen Begünstigung des Konkurrenten unter Ausschaltung einer anderen Ermessensentscheidung dem Gleichheitssatz entspricht.

Als Ergebnis ist festzuhalten: Regelmäßig führt erst eine längere, gleichbleibende Verwaltungspraxis zu einem Differenzierungsschema, das einen Vergleich mehrerer Fälle im Hinblick auf die von der Behörde als maßgeblich herangezogenen Merkmale erlaubt; ausnahmsweise kann aber bereits die Behandlung eines einzigen Falles zur grundsätzlichen Gleichbehandlung eines gleichliegenden anderen Falles führen, wenn sich unter Berücksichtigung aller Merkmale, die für die Entscheidung erheblich sein können, keine Verschiedenheit der Fälle feststellen läßt. In jedem Fall ergibt sich eine Gleichbehandlungspflicht also erst, wenn die unterschiedliche Behandlung der Fälle angesichts der Einheitlichkeit der gesamten Sachlage nicht auf sach-

---

[10] Vgl. auch oben S. 87 f.
[11] Diese könnte lediglich unter dem Gesichtspunkt der Verletzung anderer Rechte als des Gleichheitssatzes angefochten werden oder Schadensersatzansprüche auslösen, vgl. oben S. 87.

liche unterscheidende Merkmale gegenüber den bisher entschiedenen Fällen gestützt werden kann.

3. Verwaltungsübung in mehreren verhältnismäßig ungleichen Fällen

Um eine besondere Form der Gleichheitsbindung — die im Rahmen der Legislative ihre Entsprechung vor allem in den Steuergesetzen findet — handelt es sich, wenn mehrere Fälle, die in ihren Voraussetzungen *verhältnismäßig* ungleich beschaffen sind, Gegenstand von Verwaltungsentscheidungen sind. Eine derartige Bindung im Bereich der Verwaltung ist denkbar bei der Gewährung von Zuschüssen für bestimmte Unternehmen (Vorhaben) oder bei Beihilfen in gewissen Notfällen. Hier stellt sich die Frage, welches Gewicht man den (relativen) Verschiedenheiten in den Voraussetzungen der Fälle hinsichtlich der Rechtsfolge beimessen will. Es bieten sich verschiedene Möglichkeiten an, der verhältnismäßigen Verschiedenheit mehrerer Fälle Rechnung zu tragen, denen verschiedene Formen der Gewährung von Zuschüssen bzw. Beihilfen (oder der Festsetzung von Steuersätzen) entsprechen: Unabhängig von der jeweiligen Größe des Unternehmens, Fehlbedarfs oder Schadens kann von einer bestimmten Grenze an ein fester Betrag gewährt werden; Zuschuß oder Beihilfe können in entsprechendem Verhältnis zu der Größe des Unternehmens oder des Fehlbedarfs bzw. Schadens gestaffelt werden; schließlich kann der zu gewährende Betrag sich bei bestimmten Größenordnungen prozentual vervielfachen.

Grundsätzlich steht die Wahl des Verteilungsmodus im Ermessen der Behörde, verlangt der Gleichheitssatz weder die eine noch die andere Form der Verteilung ihrer Mittel. Entscheidend ist allein, ob die Gleich- oder Ungleichbehandlung der betroffenen Fälle auf erheblich verschiedenen Sachverhalten beruht, ob sich also ein sachlicher Grund für die — absolut oder relativ — gleiche oder ungleiche Behandlung der einzelnen Tatbestände ergibt. Diese von der herrschenden Meinung[12] als „Willkürverbot" bezeichnete Ermessensbindung durch den Gleichheitssatz kann allerdings im Einzelfall dazu führen, daß nur eine bestimmte Methode in der Behandlung der Fälle für zulässig zu erachten ist. So ist nach dem *Bundesverfassungsgericht*[13] das Einkommen wirtschaftlich Leistungsfähigerer mit einem höheren Prozentsatz zu besteuern als das wirtschaftlich Schwächerer; so wird man die Zahlung einer Sozialhilfe in Form einer pauschalen Summe an Personen unter einer bestimmten Einkommensgrenze als gleichheitswidrig an-

---

[12] Vgl. oben 4. Kap., § 8 Anm. 6.
[13] BVerfGE 8, 68 f.; ihm folgend *Leibholz - Rinck* Art. 3 Rdn. 23.

§ 14 Verwaltungshandeln als Voraussetzung einer Selbstbindung

sehen müssen, weil derjenige, der an der obersten Grenze der noch erfaßten Einkommensgruppen liegt, ebensoviel erhält wie derjenige, der überhaupt kein eigenes Einkommen hat, und sogar effektiv mehr zur Verfügung hat als der, dessen Einkommen nur minimal über der obersten, beihilfefähigen Einkommensgrenze liegt.

Für den einzelnen innerhalb einer verhältnismäßig ungleichen Gruppe folgt aus dieser Ermessensbindung ein Anspruch auf Berücksichtigung der verhältnismäßigen (Un-)Gleichheit, unter Umständen[14] sogar ein konkreter Anspruch auf verhältnismäßige (Un-)Gleichbehandlung mit den übrigen dieser Gruppe. Die Gleichheitsprüfung kann in diesen Fällen *auf zweierlei Stufen* erfolgen: Auf der ersten Stufe ist die Frage zu entscheiden, ob eine gewisse Konstellation in den Voraussetzungen mehrerer Fälle eine bestimmte gleiche, ungleiche oder verhältnismäßig (un-)gleiche Behandlung dieser Fälle erfordert. Wie soeben aufgezeigt wurde, verlangt nicht jede unterschiedliche Konstellation unbedingt einen bestimmten Differenzierungsmodus, wenngleich die Behörde im Einzelfall zur Anwendung einer bestimmten Methode verpflichtet sein kann.

Die zweite Stufe der Gleichheitsprüfung setzt ein, wenn die Behörde von mehreren zulässigen Verteilungs- oder Belastungsmaßstäben einen Maßstab herausgegriffen und zur Grundlage ihrer Entscheidungen gemacht hat. Wenn z. B. die Behörde eine Produktion von 100 Einheiten mit 5000 DM subventioniert, eine solche von 500 Einheiten mit 25 000 DM und eine solche von 1000 Einheiten mit 50 000 DM, so muß sie die Produktion des vierten Konkurrenten in Höhe von 250 Einheiten mit 12 500 DM subventionieren, sofern sie sich nicht zulässigerweise auf einen grundsätzlich geänderten Standpunkt stellt, nach dem sie die verschiedenen Produktionseinheiten in Zukunft anders berücksichtigen will.

Die Feststellung, daß die Gleichheitsprüfung auf zwei verschiedenen Ebenen erfolgen kann, rechtfertigt jedoch nicht die Annahme einer *qualitativ* unterschiedlichen Gleichheitsprüfung, je nachdem, ob es sich um die Ermittlung des Gleichbehandlungsmaßstabs (der „absoluten" oder „relativen" Un-Gleichbehandlung) als „Normalfall" für das betreffende Rechtsgebiet handelt oder um die Frage der Zulässigkeit von „Ausnahmen" gegenüber der als Normalfall anzusehenden Form der Gleichbehandlung bei erheblichen sachlichen Verschiedenheiten[15]; vielmehr handelt es sich auf beiden Ebenen lediglich um die Konkretisierung der Gleichbehandlungspflicht in Form des generellen Verbots, vergleichbare Fälle mit unterschiedlichem Maß zu messen[16]. Diese

---
[14] Nämlich unter den oben S. 88 entwickelten Voraussetzungen.
[15] So aber Götz *Hueck* S. 200.
[16] Vgl. oben S. 64.

7 Wallerath

Pflicht zur Anlegung gleichen Maßes verlangt in gleichgelagerten Fällen regelmäßig eine Wiederholung des vorherigen Verhaltens, in verhältnismäßig ungleichen Fällen eine verhältnismäßig ungleiche Behandlung gegenüber den anderen Fällen. Die Prüfung, inwieweit jeweils Gleich- oder (verhältnismäßige) Ungleichbehandlung zulässig oder geboten sind, ist für die einzelne „sachlich gerechtfertigte" Differenzierung nicht anders vorzunehmen als für die grundsätzliche Gleich- oder Ungleichbehandlung gleicher bzw. verhältnismäßig ungleicher Fallgruppen: Die im Einzelfall getroffene „sachlich gerechtfertigte" Differenzierung ist ebenso Ergebnis der Anlegung gleichen Maßes wie die grundsätzliche Gleichbehandlung gleicher oder die verhältnismäßige Ungleichbehandlung relativ ungleicher Fälle, auf jeder Ebene der Gleichheitsprüfung ist das Gebot zu beachten, „weder wesentlich Gleiches willkürlich ungleich, noch wesentlich Ungleiches willkürlich gleich"[17], sondern „seiner Ungleichheit entsprechend verschieden zu behandeln"[18]. Der Einwand[19], die „relative Gleichbehandlung" sei eine „Fiktion der Gleichbehandlung", stellt es zu Unrecht ausschließlich auf die äußere Erscheinungsform der jeweiligen Maßnahme ab und berücksichtigt nicht die Beurteilung der ihr zugrunde liegenden Situation im Verhältnis zu den übrigen Vergleichsfällen. Gerade die verhältnismäßige Gleichbehandlung ist typischer Ausdruck der relativen Gerechtigkeitsgleichheit[20], jener Form der Gleichheit, die — sieht man einmal von dem Gedanken der égalité mathématique der französischen Revolution ab — auf der Grundlage der antiken und mittelalterlichen Philosophie[21] Aufnahme in die neueren Verfassungen Mitteleuropas und Nordamerikas gefunden hat[22]. Der Anspruch auf Wiederholung eines Verwaltungshandelns in anderen gleichgelagerten Fällen ist somit nur die praktisch bedeutsamste Form des Anspruchs auf eine Behandlung nach gleichem Maß, neben dem ein Anspruch auf verhältnismäßige (Un-)Gleichbehandlung auf der Ebene der Exekutive zwar weniger bedeutsam, nicht aber grundsätzlich ausgeschlossen ist.

4. Rechtmäßigkeit der Verwaltungsübung

Nicht jedes Verwaltungshandeln führt zu einer Selbstbindung im Sinne einer Gleichbehandlungspflicht. Es ist heute allgemein[23] anerkannt, daß die bisherige Praxis der Behörde *rechtmäßig* sein muß.

---

[17] BVerfGE 4, 155; *Leibholz - Rinck* Art. 3 Rdn. 2.
[18] BVerfGE 16, 25 f.; ähnl. *v. Mangoldt - Klein* Art. 3 Anm. III 1.
[19] *Wiethölter* S. 108.
[20] Vgl. BVerfGE 8, 68 f.; *Leibholz - Rinck* Art. 3 Anm. 23; *v. Mangoldt - Klein* Art. 3 Anm. III 1; Götz *Hueck* S. 119; Ipsen, Gleichheit S. 187.
[21] Vgl. oben 3. Kap., § 7, 1.
[22] Dazu: *Leibholz*, Gleichheit S. 39, 45.
[23] BVerwG NJW 1955, 1452; BGH DRiZ 1963, 355; OVG Münster OVGE

§ 14 Verwaltungshandeln als Voraussetzung einer Selbstbindung

Die Behörde ist weder verpflichtet noch berechtigt, eine rechtswidrige Verwaltungsübung beizubehalten. Der *Verwaltungsgerichtshof Stuttgart*[24] betont mit Recht, es gäbe keine größere Verkennung des Gleichheitssatzes als die Annahme, er zwinge zur Gleichheit im Unrecht.

Mißverständlich wird vielfach[25] geäußert, in dem Berichtigungszweck, die fehlerhafte Maßnahme hinfort dem geltenden Recht anzupassen, liege immer ein durchschlagendes sachliches Motiv zur Änderung. Das Zurückgreifen auf ein sachliches Motiv zur Änderung erübrigt sich in diesem Fall ebenso wie im ausschließlich privatrechtlichen Bereich, da die bisherige Praxis gar keine Bindungswirkung erzeugen konnte. Ein Abweichen davon ist für die Behörde nicht nur ohne weiteres möglich, sondern sogar vorgeschrieben. Die Berufung der Behörde auf den Änderungszweck ist daher nicht nötig, um ein Abweichen von der bisherigen Praxis zu ermöglichen, sondern allenfalls, um einen eventuellen Anschein bisherigen rechtmäßigen Handelns auszuräumen[26] und damit gegenüber dem Betroffenen das Abweichen von der bisherigen Praxis zu begründen.

Das gilt sowohl für den Fall, daß die Praxis der Verwaltung von Anfang an gesetzeswidrig oder ermessensfehlerhaft war, als auch für den Fall, daß sich das Verhalten der Behörde erst im Laufe der Zeit als rechtswidrig erweist, etwa wenn die Verwaltungspraxis selbst auf Grund der Vielzahl der Fälle zu einer ordnungswidrigen Unordnung geführt hat[27], weil die Behörde mehrere lärmerzeugende Betriebe beieinander in einer Wohngegend erlaubt oder eine überhandnehmende Leuchtröhrenreklame zugelassen hat[28].

Um einen ähnlichen Fall handelt es sich, wenn die Behörde von einer Regelvorschrift Ausnahmen zulassen kann, sich ihre bisherige

---

9, 188; VG Frankfurt RzW 1962, 574; VGH Stuttgart JZ 1958, 446; *Bachof* JZ 1962, 402; *Drews - Wacke* S. 166; *Hamann* Art. 3 Anm. C 3; *Ipsen*, Gleichheit S. 147; *Menger* VerwArch 51, 72 Anm. 36; *Scheerbarth* S. 116; *Stern*, Ermessen S. 33; *Wolff*, Verwaltungsrecht I § 31 II d 2.

[24] VGH Stuttgart JZ 1958, 448; ebenso *Drews - Wacke* S. 166; *Bachof* JZ 1962, 402; *Dürig*, Gleichheit Sp. 989.

[25] BVerwG DVBl 1963, 66; Hess. VGH VerwRspr 6, 489; OVG Münster VerwRspr 5, 474; OVG Lüneburg OVGE 12, 461; VG Frankfurt DVBl 1961, 53; *Dürig* in Maunz - Dürig Art. 19 Abs. 4 Rdn. 31; *Ipsen*, Gleichheit S. 148; *Franz Klein* S. 238; *Lanz* NJW 1960, 1797.

[26] Vgl. *Leibholz*, Gleichheit S. 160 = VerwArch 31, 235.

[27] *Drews - Wacke* S. 166; *Scheerbarth* S. 116.

[28] Vgl. im übrigen oben S. 68, wonach ein Aufgeben der bisherigen Praxis, deren weitere Fortführung unzweckmäßig wäre, bereits auf Grund des Vorliegens verschiedener Sachverhalte zulässig ist. Hier geht es also nur noch darum, ob die Behörde eine Übung beibehalten muß, die von Anfang an (ordnungs-)rechtswidrig war oder erst später geworden ist, aber dennoch fortgeführt wurde.

Praxis aber dahin auswirkt, daß die Regel zur Ausnahme, die Ausnahme zur Regel wird. Im Rahmen einer solchen Vorschrift darf die Behörde von der als normal gekennzeichneten Rechtsfolge nur abweichen, wenn sie einen „atypischen" Fall annimmt[29]. Behandelt die Behörde die zu entscheidenden Fälle ohne Rücksicht auf den Ausnahmecharakter der Rechtsfolge, so ist sowohl die gesamte Praxis als auch der jeweilige einzelne Fall rechtswidrig. Hat die Behörde dagegen den Ausnahmecharakter eines jeden von der Regelvorschrift abweichend entschiedenen Falles angenommen, erweist sich aber in der Gesamtschau, daß der Ausnahmecharakter nicht mehr gewahrt geblieben ist, so ist jede einzelne „Ausnahmeentscheidung" rechtmäßig, solange die tatsächlich eingetretene Entwicklung nicht voraussehbar war. Erst der Überblick über das wirkliche Ausmaß der Ausnahmeentscheidungen im Verhältnis zu den Regelentscheidungen ergibt, daß die Ausnahme zur Regel geworden ist, daß die Häufigkeit der als Ausnahmen angesehenen Fälle zu einer dem Sinn des Gesetzes widersprechenden Praxis geführt hat.

Auch in diesen Fällen der Umkehrung von Regel und Ausnahme muß die Behörde ihre bisherige Praxis ändern. Sie ist an das bisher zugrunde gelegte Differenzierungsschema nicht mehr gebunden, sie darf nicht einmal weitere Ausnahmebewilligungen im Sinne ihrer bisherigen Verwaltungspraxis erteilen[30].

5. Bindung durch Unterlassen

Ist Voraussetzung einer Selbstbindung ein rechtmäßiges Verhalten der Verwaltung, das ein Differenzierungsschema erkennen läßt, so kann sich auch eine Selbstbindung durch *Unterlassen* ergeben. Erforderlich ist lediglich, daß das Einschreiten im Ermessen der Behörde steht, also nicht eine fest umrissene Pflicht zum Tätigwerden, etwa zur Beseitigung eines rechtswidrigen Zustandes, besteht[31]. Im übrigen gelten die gleichen Grundsätze wie bei einem positiven Verwaltungshandeln: Die Behörde kann ihr Eingreifen in einem Einzelfall nicht mit Gesichtspunkten rechtfertigen, die sie in anderen Fällen nicht zu einem Einschreiten veranlaßt haben. Allerdings kann eine Selbstbindung in diesem Bereich auf größere praktische Schwierigkeiten stoßen, weil das Nichtäußern der Behörde in anderen Fällen keinen siche-

---

[29] OVG Münster DVBl 1961, 482; *Wolff*, Verwaltungsrecht I § 31 II b.
[30] So auch OVG Münster VerwRspr 7, 329.
[31] Die Rechtswidrigkeit des zu beseitigenden Zustandes steht einer grundsätzlichen Bindung also nicht entgegen, sofern nur das *Verwaltungshandeln selbst* rechtmäßig ist; das wird häufig verkannt, vgl. z. B. *Drews - Wacke* S. 166.

ren Rückschluß auf die Gründe für ihr bisheriges Verhalten zuläßt. Gerade hier ist daher eine längere Praxis in Fällen, die in gewisser Hinsicht übereinstimmen, in anderer divergieren, von besonderer Bedeutung, weil sich regelmäßig erst aus ihr ergibt, welche Bedeutung die Behörde den verschiedenen Gesichtspunkten zugemessen hat.

6. Verwaltungshandeln auf rechtlicher Ebene

In allen Fällen — ob positives Tun oder Unterlassen in Frage steht — ist Voraussetzung für eine Bindung der Verwaltung, daß sich die Maßnahme im Bereich *rechtlicher* Wertungen[32] vollzieht; als verfassungsmäßige Ausprägung des der Gerechtigkeit selbst entspringenden allgemeinen Gleichheitsgrundsatzes erfordert der Gleichheitssatz ein Handeln auf rechtlicher Ebene. Gleichheit vor dem Gesetz ist dort nicht möglich, wo das Handeln nicht von — geschriebenem oder ungeschriebenem — Recht bestimmt wird[33], gerechte oder ungerechte Ungleichbehandlung ist dort undenkbar, wo es um „rechtlich irrelevante" Spären[34] geht. Nach verbreiteter, in neuerer Zeit allerdings mit beachtlichen Gründen bestrittener[35] Auffassung gehören dazu etwa die Verleihung von Orden[36], die Erweisung von Gnadenakten[37] und die Festsetzung des Jubiläumsdienstalters[38]. Sieht man diese Bereiche als rechtlich irrelevant, als Sphäre des „Staatsluxus"[39] an, so muß eine Bindung durch den Gleichheitssatz ausscheiden, kommt eine Selbstbindung im Sinne einer Gleichbehandlungspflicht nicht in Betracht.

§ 15 Verwaltungsverordnung als Grundlage einer Selbstbindung

Im bisherigen Teil der Arbeit wurde als Voraussetzung der Selbstbindung ein — regelmäßig längeres, gleichbleibendes — Verwaltungshandeln untersucht. In neuerer Zeit mehren sich die Stimmen, nach denen sich die Verwaltung auch durch den Erlaß der *Verwaltungsver-*

---

[32] So mit Recht *Mertens*, Selbstbindung S. 25.
[33] Vgl. *Rupp* S. 118.
[34] Hildegard *Krüger* DVBl 1955, 179; *Mertens*, Selbstbindung S. 25.
[35] *Dürig* JZ 1961, 166 f.; ders. in Maunz - Dürig Art. 19 Rdn. 27; *Hamann* Art. 19 Anm. B 14; *König*, Diss. S. 110 f., 129 f.; weit. Nachw. bei BayVGH NJW 1966, 444.
[36] Hildegard *Krüger* a.a.O.; *Mertens* a.a.O.
[37] BVerwGE 14, 73; OVG Münster DVBl 1953, 701; OLG Düsseldorf JZ 1959, 58; *Obermayer*, Grundzüge S. 30 f.; *Redeker - v. Oertzen*, VwGO § 42 Rdn. 4; *Kaiser* NJW 1961, 200, 202.
[38] OVG Hamburg DÖV 1959, 266 m. Anm. von *Obermayer*; *Mertens*, Selbstbindung S. 25.
[39] Hildegard *Krüger* DVBl 1955, 180.

ordnungen nach außen binde. Die Begründungen einer Bindung durch Verwaltungsverordnungen sind verschieden: Teilweise[40] wird den Verwaltungsverordnungen unmittelbar verbindliche Wirkung in dem Sinne beigelegt, daß sie das an sich „freie" Ermessen der Verwaltung entsprechend ihrem Inhalt nach außen einschränken. Nach anderer Ansicht[41] soll sich die Verbindlichkeit von Verwaltungsverordnungen aus dem Gleichheitssatz des Art. 3 Abs. 1 GG ergeben, ohne daß es dabei auf eine Verwaltungspraxis ankäme. Eine dritte Auffassung[42] schließlich nimmt eine Bindungswirkung auf Grund des Gleichheitssatzes erst mit dem tatsächlichen Befolgen der Verordnung an.

Die Frage der Verbindlichkeit von Verwaltungsverordnungen, insbesondere von Ermessensrichtlinien, ist nicht nur deshalb bedeutsam, weil bei der Annahme einer unmittelbar oder mittelbar normativen Wirkung von Verwaltungsvorschriften einer echten Selbstbindung im Sinne einer Gleichbehandlungspflicht die theoretische Grundlage entzogen ist; sie ist insofern auch von besonderer praktischer Bedeutung, als ein rechtlich verbindlicher Charakter der Richtlinien nach außen die Untersuchung darüber erübrigt, ob im Hinblick auf die bisherige Ermessensausübung der Behörde eine Ungleichbehandlung des betreffenden Falles mit anderen Fällen vorliegt.

1. Unmittelbare normative Wirkung von Verwaltungsverordnungen

Die normative Wirkung von Verwaltungsverordnungen wird damit begründet, daß mit der Veränderung der Verfassungsstruktur auch der „absolutistische Restbestand" der unverbindlichen Verwaltungsverordnung seine Rechtfertigung verloren habe[43]. Nicht die rechtliche Unverbindlichkeit im Außenbereich sei entscheidend für die Charakterisierung der Ermessensrichtlinien, sondern die Steuerung des Ermessens und die Gewährung einer einheitlichen Ermessensausübung innerhalb eines Verwaltungszweiges[44]. Da die Ermessensrichtlinien im

---

[40] Vgl. *Jesch*, Gesetz S. 233; ders. JZ 1960, 282; *Seithel*, Der Verwaltungsrechtsschutz gegenüber Verwaltungsanweisungen, Diss. Heidelberg 1957, S. 115; BVerwGE 2, 163 ff.; 14, 310; BVerwG DVBl 1963, 182; BFH JZ 1960, 280; OVG Münster OVGE 3, 161; VerwRspr 5. 117.

[41] BVerwG NJW 1965, 414; NJW 1967, 2289; BGH DNotZ 1967, 705; OVG Münster NJW 1967, 952; OVG Koblenz DVBl 1962, 757; ähnl. Franz *Klein* S. 237; *Menger* VerwArch 51, 71 f.; *Oswald* MDR 1960, 21.

[42] BVerwGE 8, 10; BVerwG NJW 1959, 1843; BFH BStBl 1959 III S. 15; BSG NJW 1968, 127; BayVGH BayVBl 1956, 248; VG Berlin NJW 1964, 940; *Flume*, Steuerber.Jahrb. 1953/54, 111; *Haueisen* NJW 1960, 1883; *Müller* NJW 1963, 506; *Obermayer* JZ 1962, 64; *Ossenbühl* AöR 92, 16, 22; *Scheerbarth* S. 116; *Wolff*, Verwaltungsrecht I § 24 II b 1.

[43] *Jesch*, Gesetz S. 232/233.

[44] *Jesch*, Gesetz S. 234.

§ 15 Verwaltungsverordnung als Grundlage einer Selbstbindung   103

Gegensatz zu Rechtsverordnungen nicht den Inhalt eines Rechtssatzes normativ ausfüllten, unterlägen sie nicht den Anforderungen des Art. 80 GG, ohne aber in ihrer rechtlichen Verbindlichkeit den Rechtsverordnungen nachzustehen. Einen ähnlichen Standpunkt vertritt auch das *Bundesverwaltungsgericht*[45], wenn es feststellt, „öffentlich-rechtliche Ansprüche" könnten sich auch aus Verwaltungsvorschriften oder Richtlinien ergeben.

Mit Recht ist dieser Entwicklung vorgeworfen worden, sie bedeute die verfassungswidrige Anerkennung eines selbständigen Rechtsverordnungsrechts der Verwaltung[46]. Nicht nur, daß Art. 80 GG nicht zwischen Eingriffen in Freiheit oder Eigentum und leistenden Staatsfunktionen unterscheidet[47], die Verbindlichkeit einer Ermessensrichtlinie würde in jedem Fall auch zu Lasten des einzelnen gehen, weil auch ein Abweichen zu seinen Gunsten unzulässig wäre. Damit würden alle für die Verordnungsgebung begründeten Schranken, Kontrollen und Zuständigkeiten umgangen, würde Art. 80 GG zu einer unmaßgeblichen Vorschrift gestempelt oder sogar völlig ignoriert[48]. Es ist ein Widerspruch in sich, die rechtliche Verbindlichkeit von — außerhalb des Art. 80 GG zustandegekommenen — Verwaltungsvorschriften damit zu begründen, diese füllten einen Rechtssatz nicht wie Rechtsverordnungen normativ aus, sondern steuerten lediglich das gesetzlich gewährte Ermessen[49]. Denn die rechtliche Verbindlichkeit einer Verwaltungsverordnung ist nichts anderes als die Anerkennung eines normativen Charakters, durch den gerade das Ermessen des für die Entscheidung verantwortlichen Beamten ausgeschaltet und eine generelle, allgemeinverbindliche Regelung getroffen wird. Die Forderung, „einer fortlaufenden Grenzverwischung" zwischen Rechts- und Verwaltungsverordnung „mit Nachdruck entgegenzutreten"[50] und mit der traditionellen Lehre[51] an dem Fehlen einer normativen Verbindlichkeit von Verwaltungsverordnungen im Verhältnis zum Bürger festzuhalten,

---

[45] BVerwG NJW 1961, 138; vgl. auch BVerwG GewArch 1963, 271, wo es diese Auffassung sogar als seine ständ. Rechtsprechung bezeichnet; weiterhin: BVerwG NJW 1965, 984; BGH NJW 1958, 1352.
[46] *Obermayer* JZ 1962, 64/65; *Rupp* S. 122 ff.
[47] Vgl. *Jesch*, Gesetz S. 154 f., 156, 175; *Rupp* S. 115.
[48] *Rupp* S. 119/120; ähnlich *Schaumann* JZ 1966, 725; *Selmer* NJW 1967, 1435.
[49] So *Jesch*, Gesetz S. 234; dagegen auch *Rupp* S. 114 Anm. 34.
[50] *Obermayer* JZ 1962, 65; ähnlich *Ossenbühl* AöR 92, 22.
[51] BVerfG NJW 1963, 756; BVerfG JZ 1952, 110; LG Berlin NJW 1966, 1364; *Daumann* NJW 1958, 2004; *Haueisen* NJW 1960, 1883; *G. Jellinek*, Gesetz und Verordnung S. 384 f.; *Menger* VerwArch 51, 73; *Obermayer* JZ 1962, 65; *Peters*, Lehrb. S. 74, 77; *Rupp* S. 46, 75; *Schaumann* JZ 1966, 725; *Selmer* NJW 1967, 1435; *Scheerbarth* S. 116; *Wolff*, Verwaltungsrecht I § 24 II b 1; weitere Nachweise bei *Brohm* DÖV 1964, 289, insbes. Anm. 22.

entspricht daher allein der von der Verfassung vorgezeichneten Rechtslage.

2. Verbindlichkeit der Verwaltungsverordnung als solcher auf Grund des Art. 3 Abs. 1 GG

Damit stellt sich die Frage einer (mittelbaren) Bindung der Behörden an Verwaltungsvorschriften unter dem Gesichtspunkt des Art. 3 Abs. 1 GG. Die Verbindlichkeit von Verwaltungsvorschriften auf Grund des Gleichheitssatzes hatte das *Oberverwaltungsgericht Koblenz*[52] in einer Anfechtungsklage gegen eine von den Richtlinien abweichende Dienstalterfestsetzung angenommen. Zwar sprach das Gericht den Richtlinien selbst, nach denen der Bescheid ergangen war, Rechtscharakter ab; dagegen bejahte es ihre Verbindlichkeit im Außenbereich unter dem Gesichtspunkt des Art. 3 Abs. 1 GG. Die gesamte hoheitliche Tätigkeit des Staates stehe unter der Herrschaft des Grundgesetzes, das der Verwaltung gebiete, „nicht ohne triftigen Grund von den Schranken der Selbstbindung" abzuweichen. Dabei spiele es keine Rolle, ob die Richtlinien bereits in gleichgelagerten Fällen angewandt worden seien, „weil sich die Verwaltung durch einen Willensakt der ihr eingeräumten Gestaltungsfreiheit begeben" habe[53].

Einen ähnlichen Standpunkt vertritt *Menger*[54], nach dem die Regelung eines bestimmten Sachverhalts durch Verwaltungsvorschriften der ständigen Praxis gleichzusetzen ist. Während sich die Verwaltung in dem einen Fall durch konkludente Handlung binde, schränke sie sich im anderen Fall durch einen ausdrücklichen Willensakt ein.

Es erscheint zweifelhaft, ob Art. 3 Abs. 1 GG in dieser Form zur Begründung der Verbindlichkeit von Verwaltungsvorschriften im Außenverhältnis herangezogen werden kann. Der Gleichheitssatz gilt nur auf rechtlicher Ebene[55]; Recht kann nicht erst durch den Gleichheitssatz zum Entstehen gebracht werden[56]. Das bedeutet im Verhältnis zwischen Verwaltung und Bürger, daß nur *nach außen* rechtlich relevantes Verwaltungshandeln, nicht aber der interne Bereich der Verwaltung einer Beurteilung durch den Gleichheitssatz unterliegt. Interne Regelungen, wie sie die Verwaltungsvorschriften nach traditioneller Auffassung darstellen, können somit nicht im Außenverhältnis am Gleich-

---

[52] OVG Koblenz DVBl 1962, 757.

[53] OVG Koblenz a.a.O.

[54] *Menger* VerwArch 51, 71 insbesondere Anm. 33 (vgl. aber auch S. 72); ähnl. OVG Münster NJW 1967, 952.

[55] Vgl. oben S. 101.

[56] Eine andere Frage ist, ob nicht kraft des Gleichheitssatzes ein *Anspruch* im rechtlichen Bereich zum Entstehen gebracht werden kann; vgl. dazu oben S. 84, 88.

heitssatz gemessen werden, Verwaltungsvorschriften, die der rechtlichen Verbindlichkeit gegenüber dem Bürger entbehren, nicht durch den Gleichheitssatz mit Rechtsverbindlichkeit ausgestattet werden[57]. Indem die Formel „Verwaltungsübung plus Gleichheitssatz" durch die Formel „Verwaltungsvorschrift plus Gleichheitssatz" ersetzt wird, vollzieht sich unbemerkt der Schritt zu einer Veränderung der rechtlichen Qualität von Verwaltungsvorschriften, zu einer „Denaturierung des Instituts der Verwaltungsvorschriften"[58]. Um der Problematik der Abgrenzung von Verwaltungs- und Rechtsverordnungen zu entgehen, wird das Gleichbehandlungsgebot des Art. 3 GG unmittelbar zur Begründung eines qualitativen Umschlags von unverbindlichen in verbindliche Anordnungen herangezogen. Damit wird nicht nur die Einordnung des Gleichheitssatzes in das Verfassungssystem des Grundgesetzes, das an das Zustandekommen allgemein verbindlicher Verordnungen besondere Anforderungen stellt, verkannt, sondern auch die Grundlage für eine inhaltliche Konkretisierung des Gleichbehandlungsgebots übergangen, nämlich das Vorliegen von Vergleichstatbeständen im rechtlich relevanten Bereich zwischen Staat und Gewaltunterworfenem.

3. Mittelbare Bindung
durch tatsächliches Befolgen einer Verwaltungsverordnung

Wenn somit den Verwaltungsverordnungen als solchen auch nicht in Verbindung mit Art. 3 Abs. 1 GG normative Wirkung zukommt, so kann doch ihr *tatsächliches Befolgen* im Sinne einer Verwaltungsübung zu einer Selbstbindung dergestalt führen, daß die Behörde zu einem weiteren Handeln im Sinne dieser Übung (und damit mittelbar der Verwaltungsvorschrift) verpflichtet ist[59]. Eine derartige Möglichkeit ist im Grunde nichts anderes als die oben entwickelte Selbstbindung auf Grund einer tatsächlichen Verwaltungsübung in gleichgelagerten Fällen. Lediglich der Grund für die von der Behörde so gehandhabte Verwaltungspraxis ist ein anderer, ohne daß diesem aber entscheidendes Gewicht beizumessen ist. Wenn der Beamte einen ministeriellen Runderlaß nicht beachtet, kann auch der Gleichheitssatz nicht zu einer Durchsetzung dieses Erlasses führen[60]. Zwar wird man dem Erlaß einer Verwaltungsverordnung die Bedeutung zuerkennen müssen, daß

---

[57] So mit Recht *Rupp* S. 119; LG Berlin NJW 1966, 1364.
[58] *Ossenbühl* AöR 92, 16, 22; ähnl. *Selmer,* Anm. zum Urt. des OVG Münster v. 8. 9. 1966, NJW 1967, 1435.
[59] So BVerwG NJW 1959, 745, BFH BStBl 1959 III S. 15; OVG Hamburg VerwRspr 7, 307; OVG Münster DVBl 1963, 861; *Brohm* DÖV 1964, 243; *Obermayer* JZ 1962, 64; *Wolff,* Verwaltungsrecht I § 24 II b 1.
[60] Insoweit übereinstimmend: *Rupp* S. 119.

er ein tatsächliches Befolgen durch untergeordnete Behörden indiziert[61], aber der Gegenbeweis einer abweichenden Praxis steht der Behörde jederzeit offen. Sowohl in den Voraussetzungen wie in den Wirkungen gelten also die Grundsätze der Selbstbindung durch vorangegangenes Tun.

Auch dieser (mittelbaren) Bindung an Verwaltungsvorschriften mit Hilfe einer darauf aufbauenden Verwaltungspraxis ist nicht die Kritik erspart geblieben, sie sei eine mittelbare — verfassungswidrige — Rechtsetzung, die das Ergebnis einer normativen Wirkung auf umständlicherem, deshalb aber nicht minder unzulässigem Wege zu erreichen suche[62].

Da die Selbstbindung in jedem Fall, ob die Einstellung der Behörde letztlich auf einer Verwaltungsverordnung beruht oder nicht, das tatsächliche Befolgen einer bestimmten Praxis zur Grundlage hat, richtet sich dieser Vorwurf gegen die Erscheinung der Selbstbindung überhaupt, nicht nur gegen eine Selbstbindung, für deren Begründung eine Verwaltungsverordnung Anlaß ist. Deshalb wurde schon im Rahmen der inhaltlichen Konkretisierung der Selbstbindung[63] die Frage gestellt (und verneint), ob sich die Verwaltung auf Grund der Selbstbindung eine Norm setzt und damit einer Einzelentscheidung normative Fernwirkung[64] beizulegen ist, die den Präjudizien des englischen Rechts gleicht[65]. Gerade im Hinblick auf die Anforderungen des Art. 80 GG für den Erlaß von Rechtsverordnungen ist nachdrücklich zu betonen, daß die Selbstbindung der Behörde das weitere Schicksal der einmal entwickelten Verwaltungspraxis überläßt und dem einzelnen regelmäßig kein Recht auf ein Fortführen der Praxis und damit auch keinen Anspruch auf Gleichbehandlung im Sinne der bisherigen Verwaltungsübung gibt. Art. 80 GG stellt lediglich an die Schaffung von Normen bestimmte Anforderungen, die allgemein als Rechtsgrundlage dem einzelnen positiv ein Recht gewähren oder negativ versagen und damit die Behörde binden, ohne daß diese von sich aus davon abweichen kann. Mag auch die Selbstbindung mit der Ausübung legislativer Funktionen vergleichbar sein, so handelt es sich doch um eine besondere, von der Verordnungsgebung verschiedene und auf dem Gleichbehandlungsgebot des Art. 3 Abs. 1 GG beruhende Erscheinung: Die Verwal-

---

[61] Vgl. *Daumann* NJW 1958, 2005; *Ossenbühl* AöR 92, 14.
[62] *Rupp* S. 120; LG Berlin NJW 1966, 1364; ähnl. der Bundesfinanzhof in seiner früheren Rechtsprechung, vgl. BFH 66, 650; BFH BStBl 1957 III S. 149, 1958 III S. 44.
[63] Vgl. oben S. 91 f.
[64] *Stern*, Ermessen S. 26 Anm. 80; ähnl. *Mertens* JUS 1963, 394 Anm. 32.
[65] So schon von *Lemayer* GrünhZ 22, 417 f.; neuerdings wieder *Stern*, Ermessen S. 26.

§ 15 Verwaltungsverordnung als Grundlage einer Selbstbindung

tungsbehörde setzt nicht beliebig neues Recht, sondern wird lediglich auf die Berücksichtigung der von ihr innerhalb der gesetzlich zugewiesenen Ermessensgrenzen entwickelten Grundsätze festgelegt und zur Anlegung grundsätzlich gleicher Maßstäbe verpflichtet. Die ausnahmsweise Verdichtung der Bindung auf eine inhaltlich konkretisierte Gleichbehandlungspflicht zwingt ebensowenig zu der Annahme einer Normsetzung, wie die ausnahmsweise Verpflichtung der Behörde zu einem bestimmten Verhalten im Rahmen des Ermessens die Qualifizierung einer solchen Entscheidung als bloße Rechtsanwendung rechtfertigt[66].

Die im Sinne der Selbstbindung allenfalls *normähnliche* Funktion einer Verwaltungspraxis hält sich somit innerhalb des geltenden Verfassungsrechts. Auf Grund des Gleichheitssatzes ergibt sich lediglich die Verpflichtung der Behörde zur Einbeziehung gleichgelagerter oder verhältnismäßig ungleichgelagerter Fälle in einen Vergleich und zu deren Berücksichtigung bei der Entscheidung. Nur eine tatsächliche Verwaltungspraxis, die die Behörde bisher entwickelt hat, führt zu einem Differenzierungsschema, das die Behörde bei späteren Entscheidungen zu berücksichtigen hat. Eine Verwaltungsverordnung hat dagegen als bloße Regelung im Innenbereich nicht die Bedeutung, im Außenverhältnis die Entscheidung zu beeinflussen. Sie kann nur mittelbar, nämlich durch das tatsächliche Befolgen, den der Behörde gewährten Entscheidungsspielraum gegenüber dem Gewaltunterworfenen einschränken.

---

[66] Vgl. oben S. 91.

Siebentes Kapitel

Geltungsbereich der Selbstbildung

Nachdem sich lediglich ein Verwaltungshandeln in (relativ) gleichgelagerten Fällen als Grundlage der Selbstbindung erwiesen hat, stellt sich die Frage nach dem Geltungsbereich dieser Bindung. Die Untersuchung soll sich auf die Bereiche erstrecken, die neben den traditionell im Vordergrund stehenden Ermessensentscheidungen im Rahmen eines einseitig hoheitlichen Verwaltungshandelns steigende Bedeutung erlangt haben und jeweils eine eigene Problematik auch im Hinblick auf den Gleichheitssatz aufweisen: Die Bereiche vorbehaltsfreier Leistungsverwaltung, privatrechtlicher Betätigung, unbestimmter Rechtsbegriffe mit Beurteilungsspielraum und schließlich der Bereich öffentlich-rechtlicher Verträge.

§ 16 Selbstbindung im Bereich vorbehaltsfreier Leistungsverwaltung

1. Zulässigkeit eines Verwaltungshandeln ohne ausdrückliche Ermächtigung

Die neuere Lehre[1] neigt immer mehr dazu, auch für den Bereich der *Leistungsverwaltung* eine gesetzliche Ermächtigung zu verlangen und damit das Prinzip des Vorbehalts des Gesetzes auf jegliche Form staatlichen Handelns zu erstrecken. In diesem Zusammenhang erscheint insbesondere die Begründung *Schaumanns*[2] erwähnenswert, der die Einschaltung des Gesetzgebers auch dort verlangt, wo der Staat durch Leistungen in das Sozialgefüge eingreift und ganze Bevölkerungsgruppen in mehr oder weniger weitgehendem Maße begünstigt, weil angesichts der nur beschränkt zur Verfügung stehenden finanziellen Mittel von vornherein der Kreis der Begünstigten im Sinne einer Auswahl zu bestimmen sei[3].

---

[1] *Czermak* NJW 1961, 1760; *Giacometti* S. 250; *Haueisen* NJW 1960, 1882 (and. noch NJW 1954, 1425); *Jesch*, Gesetz S. 175 ff., insbes. 205, 227; *Mallmann* VVDStRL 19, 187; *Maunz*, § 10 II 3 d; *Menger* DVBl 1960, 301; *Obermayer*, DÖV 1959, 268; ders. Grundzüge S. 71; ebenso VG Frankfurt DVBl 1961, 53; RzW 1962, 574; mit Einschränkungen *Rupp* S. 143, 145 *Stern* JZ 1960, 521 f.; ders., Ermessen S. 23.

[2] *Schaumann* JZ 1966, 726.

Demgegenüber steht vor allem die Rechtsprechung[4] auf dem überlieferten[5] Standpunkt, der Grundsatz der Gesetzmäßigkeit der Verwaltung verlange lediglich, daß sich die Verwaltung, sofern sie nicht in Rechts- oder Freiheitssphären eingreife, *„im Rahmen"* des geschriebenen oder ungeschriebenen Rechts halte, diesem also nicht zuwiderhandle[6].

Nach der neueren Auffassung ist jedes Verwaltungshandeln, das nicht auf einer besonderen Ermächtigung beruht, rechtswidrig. Fehlt es an einem Ermächtigungsakt, regelmäßig einer gesetzlichen Ermächtigung, nach manchen auch einer parlamentarischen Willensäußerung[7] oder einer vorübergehenden gewohnheitsrechtlichen Ermächtigung[8], so fehlt die für die Selbstbindung unabdingbare Voraussetzung eines *rechtmäßigen* Verwaltungshandelns in anderen gleichgelagerten Fällen[9].

Eine Gleichheitsbindung im Rahmen eines Verwaltungshandelns ohne besondere Ermächtigung kommt daher nur in Betracht, wenn und soweit man die Zulässigkeit eines solchen Handelns bejaht[10]. Nur für diesen Fall rechtfertigt sich die Frage nach möglichen Besonderheiten einer Bindung durch den Gleichheitssatz im Bereich vorbehaltsfreier Verwaltungstätigkeit.

2. Geltung des Gleichheitssatzes im Bereich nicht gesetzesanwendender Verwaltung

Nach dem strengen Wortlaut des Art. 3 Abs. 1 GG, der die Gleichheit aller Menschen vor dem *Gesetz* postuliert, bezieht sich der Gleichheitssatz nicht auf alle Formen staatlicher Tätigkeit wie z. B. die

---

[3] Ob sich allerdings tatsächlich aus Art. 3 Abs. 1 GG das Erfordernis einer konkreten gesetzlichen Ermächtigung auch für die leistende Verwaltung herleiten läßt, erscheint zweifelhaft. *Schaumann* stützt sich in erster Linie auf die These, daß auf eine nähere Konkretisierung der Gleichheit durch rechtssatzmäßige Regelungen nicht verzichtet werden kann (a.a.O.). M. E. bedürfte es noch eingehenderen Begründung, weshalb gerade der *Gleichheitssatz* über eine „sachlich gerechtfertigte" Auswahl hinaus die Einengung der Auswahlmöglichkeit auf gesetzlicher Ebene verlangt.
[4] BVerfGE 8, 155; 12, 246 (Fernsehurteil): „Gesetzesfreie Verwaltung"; BVerwGE 6, 287; BVerwG NJW 1961, 137; ebenso Ernst-Wolfgang *Böckenförde,* Die Organisationsgewalt im Bereich der Regierung, Berlin 1964, S. 92; *Forsthoff* S. 14; *Hesse,* Festgabe für Smend S. 75; Hild. *Krüger* DVBl 1955, 180; *Peters,* Festschrift für Huber S. 210, 220; *Wolff,* Verwaltungsrecht I § 30 II c; weitergehend — unter Verzicht auf einen allgemeinen Gesetzesvorbehalt — Klaus *Vogel* VVDStRL 24 (Berlin 1966) S. 207 LS 5.
[5] Vgl. z. B. *Fleiner* S. 131; Otto *Mayer,* Deutsches Verwaltungsrecht S. 70; *Peters,* Lehrb. S. 71.
[6] Sog. negatives Gesetzmäßigkeitsprinzip, vgl. *Wolff,* Verwaltungsrecht I § 30 II c, Verwaltungsrecht III § 138 IV a; ähnl. *Hesse* a.a.O.
[7] Vgl. z. B. *Rupp* S. 145.
[8] *Jesch,* Gesetz S. 235.
[9] Vgl. oben S. 98 f.
[10] So auch VG Frankfurt RzW 1962, 574; a.A. *Obermayer,* Grundzüge S. 72.

Gesetzgebung und die *nicht gesetzesanwendende* Verwaltung. Der Versuch, „vor dem Gesetz" im Sinne von „vorstaatlich" zu deuten[11], überzeugt nicht[12]. Es widerspricht den gebräuchlichen Formen der Gesetzgebung, lediglich auf den vorstaatlichen Charakter eines Rechtsgrundsatzes hinzuweisen[13], wie es bei einer solchen Auslegung der Fall wäre. Vielmehr nimmt der Gesetzgeber regelmäßig vorstaatliche Rechtsgrundsätze zum Anlaß, ihren Inhalt zum Gegenstand einer selbständigen und unmittelbar verbindlichen Rechtsnorm zu machen, während ihre Charakterisierung als vorstaatlicher Rechtssatz in anderer Form als der des Gleichheitssatzes erfolgt[14]. Deutet der Wortlaut des Art. 3 Abs. 1 GG somit nur auf die Gewähr einer allgemeinen Rechtsanwendungsgleichheit, so scheint sich die verfassungsmäßige Verbürgung des Gleichheitsgrundsatzes nur auf einen beschränkten Teil staatlicher Betätigungsformen zu beziehen. In der Tat fand der im Laufe der französischen Revolution als politisches Schlagwort erhobene Gedanke allgemeiner Gleichheit nicht die gleiche Ausprägung auf verfassungsrechtlicher Ebene; man beschränkte sich auf die Erzwingung persönlicher Rechtsgleichheit ohne einen Schutz gegenüber den Parlamenten, bei denen man die Grundrechte am besten gewahrt glaubte[15]. Erst mit der Stärkung der Parlamente versuchte man, die Bindung an den Gleichheitsgedanken auch auf die Legislative auszudehnen, ohne daß sich diese Wandlung aber in den Verfassungen selbst widerspiegelte[16].

Die Materialien zum Grundgesetz enthielten neben dem allgemeinen Gleichheitssatz des heutigen Art. 3 Abs. 1 GG eine ausdrückliche Erwähnung der Bindung des Gesetzgebers an den Grundsatz der Gleichheit[17]. Diese ist später wieder fortgefallen[18], ohne daß daraus mit

---

[11] Vgl. *Leibholz*, Gleichheit S. 35; Erich *Kaufmann* VVDStRL 3, 4; vgl. auch *v. Mangoldt - Klein* Art. 3 Anm. III 4 c.

[12] Ebenso *Mainzer* S. 24.

[13] Die Ausnahmen der amerikanischen und französischen revolutionären Verfassung sprechen nicht entscheidend dagegen, da sie einer anderen geistesgeschichtlichen Epoche angehören.

[14] Vgl. Art. 1 Abs. 1 GG: „Die Würde des Menschen *ist* unantastbar", nicht etwa „Vor dem Gesetz steht die Würde des Menschen"; vgl. weiterhin den völlig andersartigen Wortlaut der in Anm. 13 genannten Verfassungen, Beispiele bei *Böckenförde* S. 39/40.

[15] *Nawiasky*, Die Grundgedanken des Grundgesetzes, Stuttgart und Köln 1950, S. 18 ff.

[16] Vgl. *Fuss* JZ 1959, 329; *Ipsen*, Gleichheit S. 118 ff.; *Böckenförde* S. 40 (insbes. Anm. 5), 41 mit einem Überblick über die verschiedenen Formulierungen.

[17] Art. 4 der 1. Fassung für die 1. Lesung des Hauptausschusses v. 20. 1. 1949, Parlamentarischer Rat, Drucksache Nr. 548.

[18] Vorschlag des Fünferausschusses für die 3. Lesung im Hauptausschuß v. 5. 3. 1949, Parlamentarischer Rat, Drucksache Nr. 543.

§ 16 Bindung im Bereich vorbehaltsfreier Leistungsverwaltung

Bestimmtheit geschlossen werden könnte, daß der späteren Nichterwähnung des Gesetzgebers die Vorstellung zugrunde lag, seine Bindung ergäbe sich bereits aus Abs. 1[19]. Ein dem Art. 3 GG unmittelbar zu entnehmendes, uneingeschränktes Gleichbehandlungsgebot für alle Bereiche staatlicher Tätigkeit blieb nur in Abs. 2 und 3 bestehen, nach denen Männer und Frauen gleichberechtigt sind und niemand wegen seines Geschlechts, Glaubens, seiner Abstammung usw. benachteiligt oder bevorzugt werden darf. Nur insoweit ist in Art. 3 GG ein Gleichbehandlungsgebot für alle Bereiche staatlicher Machtäußerung als bindend zum Ausdruck gebracht, ohne daß aber der vorstaatliche Gleichheitsgrundsatz die Differenzierungsverbote der Abs. 2 und 3 gerade in dieser Form gefordert hätte.

Entgegen dem Wortlaut wird man aber im Hinblick auf die sich bereits unter der Weimarer Reichsverfassung gebildete, inzwischen als nahezu einhellige Meinung zu bezeichnende Auffassung Art. 3 Abs. 1 GG als Verbürgung der Gleichheit aller Menschen im gesamten Bereich hoheitlicher Tätigkeit auffassen müssen, die lediglich noch im hier nicht interessierenden Bereich der Legislative ihrem Umfang nach bestritten ist. Der Wortlaut des Gleichheitssatzes stellt nur noch eine überlieferte Formel dar, die den gewandelten Sinn des Gleichheitssatzes nicht mehr wiedergibt[20] und einen in Wahrheit gar nicht mehr beabsichtigten Unterschied zwischen Gesetzesanwendung und anderer hoheitlicher Staatstätigkeit macht. Damit hat sich die Auslegung des Art. 3 Abs. 1 GG im Sinne eines allgemeinen, für alle hoheitlichen Tätigkeitsformen der Verwaltung verbindlichen Gleichheitssatzes zu einer Rechtsüberzeugung entwickelt, die mit der gewohnheitsrechtlichen Bildung von Rechtssätzen vergleichbar ist[21] und im Grundgesetz *mittelbar* durch Art. 1 Abs. 3 GG[22] Bestätigung gefunden hat.

Demgemäß ist der Gleichheitssatz — und nicht erst der allgemeine, vorstaatliche Gleichheitsgrundsatz — als unmittelbar verpflichtender

---

[19] Vgl. im übrigen BVerfGE 1, 312; BGHZ 23, 390; OVG Münster OVGE 9, 94, nach denen der Entstehungsgeschichte als solcher nur insofern Bedeutung zusommt, als sich die Auslegung einer Vorschrift nicht aus dem Wortlaut oder dem Sinnzusammenhang entnehmen läßt.

[20] Vgl. *Fuss* JZ 1959, 329.

[21] Vgl. dazu *Enneccerus - Nipperdey* § 39 II 3 c.

[22] Daß in Art. 1 Abs. 3 GG neben der Gesetzgebung und Rechtsprechung nur von der „vollziehenden" Gewalt die Rede ist, steht der Anerkennung einer Gleichheitsbindung der nicht gesetzesausführenden Verwaltung nicht entgegen. Die Ersetzung der ursprünglichen Formulierung „Verwaltung" durch den Ausdruck „vollziehende Gewalt" diente lediglich der Klarstellung, daß auch die militärische Gewalt in die Grundrechtsbindung einbezogen sein sollte; außerdem sollte eine Übereinstimmung mit der Formulierung des Art. 20 Abs. 2 und 3 GG erzielt werden; vgl. *Menzel* in BK Art. 1 Abs. 3 Anm. II 1 und 2.

Rechtssatz für die Verwaltung in ihrem *gesamten* hoheitlichen Tätigkeitsbereich, insbesondere also auch dem der Vorsorge-, Sozial- und Förderungsverwaltung, anzusehen.

3. Vorbehaltsfreie und rechtsfreie Verwaltung

Gegen die Geltung des Gleichheitssatzes und damit eine Selbstbindung im vorbehaltsfreien Bereich des Verwaltungshandelns wendet sich mit Entschiedenheit *Rupp*[23]. Mit Hilfe des verfassungsrechtlichen Gleichheitsgebotes werde die bloß tatsächliche Verwaltungsübung zur Ausfüllung von Normlücken benutzt[24]. Ein Festhalten an dem überkommenen Vorbehaltsbereich des Gesetzes lasse lediglich die Alternative, ob man die gesetzesfreie Verwaltung überhaupt völlig rechtsfrei stellen oder aber ihr selbst ein gesetzesungebundenes Rechtsetzungsrecht für den nicht unter den Gesetzesvorbehalt fallenden Außenbereich zusprechen will[25]. Da das Rechtsverordnungsrecht heute ausnahmslos unter speziellem Gesetzesvorbehalt stehe, reduziere sich die Frage darauf, ob in dem Verwaltungsbereich, der nicht vom tradierten Eingriffsvorbehalt umfaßt sei, überhaupt objektives Recht herrschen solle[26]. Die Anerkennung eines vorbehaltsfreien Bereichs führe mit zwingender Notwendigkeit zur Bejahung einer schlechthin rechtsfreien Verwaltungsbetätigung[27]. Gleichheit ohne Recht aber sei undenkbar; wer das Gegenteil behaupte und Recht kraft Gleichheit zum Entstehen zu bringen hoffe, inauguriere nur eine apokryphe Rechtsetzung nach ungesicherten Maßstäben[28].

Daß der Gleichheitssatz nur dort Anwendung finden kann, wo es sich um eine Gleichbehandlung auf *rechtlicher* Ebene handelt, wurde bereits nachgewiesen[29]. Die Abhängigkeit des Gleichheitssatzes von einem Handeln auf rechtlicher Ebene gewinnt jedoch im vorbehaltsfreien Raum leistender Verwaltungstätigkeit nur dann Bedeutung, wenn es sich in diesem Bereich nicht mehr um ein Verwaltungshandeln auf rechtlicher Ebene handelt, wenn also mit Rupp[30] die „Anerkennung eines gesetzesfreien Bereichs" wirklich zur Bejahung einer „schlechthin rechtsfreien Verwaltungsbetätigung" zwingt. Das ist in Wahrheit nicht der Fall. Auch wenn man die Zulässigkeit eines Verwaltungs-

---

[23] *Rupp*, S. 118 ff.; ihm folgend LG Berlin NJW 1966, 1364.
[24] *Rupp*, S. 118.
[25] *Rupp*, S. 113.
[26] *Rupp*, S. 116.
[27] *Rupp*, S. 117, 119.
[28] *Rupp*, S. 118; ähnl. LG Berlin NJW 1966, 1364.
[29] Vgl. oben 6. Kapitel, § 14, 6.
[30] *Rupp*, S. 117.

§ 16 Bindung im Bereich vorbehaltsfreier Leistungsverwaltung

handelns ohne gesetzliche oder parlamentarische Ermächtigung bejaht, braucht damit noch nicht die Anerkennung einer „rechtsfreien Verwaltungswillkür"[31] verbunden zu sein. Ähnlich wie die gesetzgeberische[32] Gestaltungsfreiheit als gesetzgeberisches Ermessen bezeichnet wird, läßt sich auch die Handlungsfreiheit der Verwaltung im vorbehaltsfreien Raum leistender Verwaltungstätigkeit — wenn und soweit man ihn überhaupt anerkennt — als Unterfall des Ermessens bezeichnen[33]; aber auch wenn man den Begriff des Ermessens nur bei einem „durch Äußerungen anderer Staatsfunktionen determinierten" Verwaltungshandeln[34] verwenden will, bedeutet die Handlungsfreiheit der Verwaltung in diesem Bereich jedenfalls nicht die Freiheit zu *rechtsfreiem*, sondern nur zu einem von einer speziellen gesetzlichen Ermächtigung freien Handeln. Ebenso wie die Verwaltung kraft ausdrücklicher gesetzlicher Ermächtigung eine Ermessensentscheidung treffen kann, bei der ihr ein Rahmen gegeben ist, innerhalb dessen sie zwar nicht „frei" ist, aber doch unter verschiedenen Möglichkeiten wählen kann, ist es bei einem Handeln ohne ausdrückliche Ermächtigung im Bereich der leistenden Verwaltung, mögen auch die Grenzen auf Grund fehlender „Vorwertung" durch eine ermächtigende Norm weitergefaßt sein. Grundsätzlich unterliegt auch diese Verwaltungstätigkeit Recht und Gesetz (Art. 20 Abs. 3 GG)[35], d. h. sie hat sich innerhalb des geltenden — geschriebenen und ungeschriebenen — Rechts, insbesondere des Verfassungs- und allgemeinen Verwaltungsrechts zu halten. Damit erweist sich nicht nur die Folgerung, die Anerkennung eines Verwaltungshandelns ohne ausdrückliche Ermächtigung zwinge zur Annahme einer rechtsfreien Verwaltungstätigkeit, als unzutreffend, sondern auch die Befürchtung als unbegründet, mit Hilfe des Gleichheitssatzes werde versucht, im rechtsfreien Raum Normen aufzustellen und Recht zum Entstehen zu bringen.

Erkennt man die Möglichkeit eines Verwaltungshandelns ohne ausdrückliche Ermächtigungsgrundlage an, steht nichts im Wege, auch in diesem Bereich eine uneingeschränkte Bindung der Verwaltung an den Gleichheitssatz anzunehmen. Das bedeutet, daß auch im Bereich vorbehaltsfreier, leistender Verwaltungstätigkeit im Einzelfall Differenzie-

---

[31] *Rupp*, S. 119.
[32] Streitig ist, ob auch die richterliche Gestaltungsfreiheit als „Ermessen" zu bezeichnen ist; vgl. dazu z. B. *Ehmke* AöR 82, 204 Anm. 161.
[33] *Dürig* in Maunz - Dürig Art. 20 Rdn. 120; *Ipsen*, Gleichheit S. 147; *Peters*, Lehrb. S. 10; *Wolff*, Verwaltungsrecht I § 31 III (vgl. aber auch § 31 II a); Rüdiger *Klein* AöR 82, 87.
[34] So *Stern*, Ermessen S. 15; *Ule*, Rechtmäßigkeit S. 242; vgl. auch *Wolff*, Verwaltungsrecht I § 31 II a.
[35] Zur Bedeutung des Begriffs „vollziehende Gewalt" in Art. 1 Abs. 3 GG und Art. 20 Abs. 3 GG vgl. oben Anm. 22.

rungen verboten sind, die nicht auf erheblichen Verschiedenheiten der Fälle beruhen. Während sich im Bereich gesetzesanwendender Verwaltung die Erheblichkeit nach dem Zweck der Norm, den Grundentscheidungen der Verfassung und den Grundforderungen der Gerechtigkeit richtet, tritt hier an die Stelle des Zwecks der anzuwendenden Norm der Zweck der — im übrigen rechtmäßigen — Maßnahme. So sind im Bereich der Wirtschaftsförderung vorrangig wirtschaftspolitische Gesichtspunkte, im Bereich der Förderung von Jugendeinrichtungen jugenderzieherische für eine Differenzierung maßgeblich. Jede differenzierende Gewährung oder Ablehnung einer Leistung verstößt gegen den Gleichheitssatz, die nicht an einer relevanten Verschiedenheit mehrerer Fälle und damit einer typischen Vorzugswürdigkeit der Interessen, insbesondere im Hinblick auf das Sozialstaatsprinzip[36], orientiert ist, d. h. jede Differenzierung, der unerhebliche Gesichtspunkte zugrunde liegen oder die auf der unterschiedlichen Bewertung erheblicher, in allen Fällen gleichermaßen vorliegender Gesichtspunkte beruht[37]. Das Abstellen auf die typische Vorzugswürdigkeit bestimmter Interessen unter besonderer Berücksichtigung des Sozialstaatsprinzips gewährleistet die Praktikabilität des Gleichheitsprinzips auch bei der Beurteilung vorbehaltsfreier, leistender Staatstätigkeit und damit die Möglichkeit einer Heranziehung des Gleichheitssatzes im Raume nichtgesetzesanwendender Verwaltung[38].

§ 17 Selbstbindung im Bereich privatrechtlicher Betätigung der Verwaltung

Die Selbstbindung der Verwaltung im Bereich privatrechtlicher Betätigung berührt ein Problem, das wie kaum ein anderes Beachtung in der neueren verwaltungsrechtlichen Rechtsprechung und Literatur gefunden hat: Die Grundrechtsgebundenheit der Verwaltung im Bereich privatrechtlicher Betätigung. Dabei werden herkömmlicherweise zwei Fallgruppen unterschieden[39]: Die unmittelbare Wahrnehmung öffentlicher[40] Aufgaben in privatrechtlichen Betätigungsformen und

---

[36] *Wolff*, Verwaltungsrecht III § 138 IV a; *Maunz* S. 118.
[37] Vgl. auch OVG Berlin NJW 1966, 2328 (öffentliche Zuwendungen für Theaterbesuche).
[38] Übereinstimmend *Wolff* a.a.O.
[39] Vgl. die Zusammenstellung der verschiedenen Meinungen bei *Stern* JZ 1962, 181 f.; weiterhin *Stern - Püttner* S. 81 m. w. N. in Anm. 181.
[40] *Peters*, Öffentliche und staatliche Aufgaben, Festschrift für H. C. Nipperdey, München/Berlin 1955, S. 877 f., unterscheidet zwischen öffentlichen und staatlichen Aufgaben und unterstellt lediglich letztere dem öffentlichen Recht. Staatliche Aufgaben seien diejenigen Aufgaben von öffentlichen Interesse (= öffentliche Aufgaben), die vom Staat selbst wahrgenommen würden. Danach müßte es hier heißen: „der Wahrnehmung staatlicher Aufgaben".

die rein fiskalische Betätigung zur Bedarfsdeckung oder zu erwerbswirtschaftlichen Zwecken.

1. Bindung bei der Wahrnehmung öffentlicher Aufgaben in privatrechtlichen Formen

Hinsichtlich der unmittelbaren Wahrnehmung öffentlicher Aufgaben in privatrechtlichen Formen besteht im Ergebnis Einigkeit, daß die Verwaltung auch an die öffentlich-rechtlichen Vorschriften, insbesondere die Grundrechte[41], gebunden ist. Die Verwaltung kann sich nicht der Bindung an öffentlich-rechtliche Vorschriften bei der Wahrnehmung öffentlicher Aufgaben entledigen, indem sie sich privatrechtlicher Formen bedient. Die Bindung an das öffentliche Recht setzt nicht einen Mißbrauch privatrechtlicher Gestaltungsformen zur Umgehung der öffentlich-rechtlichen Forderungen voraus[42], sondern ist dem Verwaltungshandeln als der Wahrnehmung öffentlicher Aufgaben immanent[43]. Auch wenn Staat und Gemeinden über die traditionelle Form hoheitlichen Handelns hinausgreifen und sich der Rechtsformen des Privatrechts bedienen, hören sie nicht auf, materiell öffentliche Verwaltung zu sein, solange sie nur unmittelbar deren Zwecke verfolgen, insbesondere Daseinsvorsorge betreiben[44]; das bloße Auswechseln der Rechtsformen ändert nichts an der spezifischen Verantwortung, die der Wahrung dieser Aufgaben innewohnt[45].

Ist man sich über das Ergebnis einer Bindung an die Grundrechte, und damit auch an den Gleichheitssatz, einig, so gehen die Auffassungen über deren konstruktive Begründung auseinander: Im wesentlichen stehen sich die Theorie vom Verwaltungsprivatrecht und die Zwei-Stufen-Theorie gegenüber, ohne daß ihre Trennung allerdings strikt durchgeführt wird. Nach der Theorie vom *Verwaltungsprivatrecht*[46] besteht eine Gemengelage von privatem und öffentlichem Recht. Zwar

---

[41] BGHZ 29, 80; *Böckenförde* S. 10; *Stern* JZ 1962, 181; *Wolff*, Verwaltungsrecht I § 23 II b jeweils m. w. N.

[42] Mißverständlich *Forsthoff* S. 94/95.

[43] BGHZ 29, 80; *Forsthoff* S. 343; *Menger*, Der Schutz der Grundrechte S. 770; *Köttgen*, Das Verwaltungsrecht der öffentlichen Anstalt VVDStRL 6, 105, 107; *Siebert*, Privatrecht im Bereich öffentlicher Verwaltung S. 235 ff., 240.

[44] Grundlegend *Forsthoff* S. 340 ff., insbesondere S. 342 mit Nachw. in Anm. 1.

[45] *Dürig* in Maunz - Dürig Art. 1 Abs. 3 Rdn. 134.

[46] BVerfGE 12, 244; BGHZ 29, 80; OVG Münster DVBl 1959, 103; *Evers* NJW 1961, 289; *Siebert*, Privatrecht im Bereich der öffentlichen Verwaltung S. 222, 247; *Wertenbruch* JUS 1961, 106; *Willigmann* DVBl 1960, 756; *Wolff*, Verwaltungsrecht I § 23 II b, der den Begriff „Verwaltungsprivatrecht" prägte.

gilt für das gesamte Handeln einheitlich Privatrecht; dieses ist aber mit öffentlich-rechtlichen Bedingungen durchsetzt ähnlich der Ausübung der Eigentumsrechte an öffentlichen Sachen nach der Theorie vom modifizierten Privateigentum. Dagegen teilt die *Zwei-Stufen-Theorie*[47], die auf ein zu einem Rechtsstreit um öffentliche Wohnungsdarlehen ergangenes Urteil des *Bundesverwaltungsgerichts*[48] zurückgeht, das Leistungsverhältnis auf in zwei zu verschiedenen Rechtsgebieten gehörende Stufen; auf der ersten Stufe, die dem öffentlichen Recht angehöre, werde durch Verwaltungsakt über das „Ob" der Leistung entschieden; erst die Durchführung dieser Entscheidung in bürgerlich-rechtlicher Form, etwa einem Darlehnsvertrag, gehöre dem bürgerlichen Recht an. Während hier die Frage der Begründung einer grundsätzlichen Grundrechtsbindung der Verwaltung bei der Warhnehmung öffentlicher Aufgaben in privatrechtlichen Formen angesichts des einheitlichen Ergebnisses, zu dem die verschiedenen Auffassungen gelangen, nicht weiter verfolgt zu werden braucht, ist die Frage des rechtlichen Charakters und — damit zusammenhängend — des Rechtswegs gegen mögliche Verletzungen der Gleichbehandlungspflicht in diesem Rahmen von eigenständiger Bedeutung, da mit der Bejahung einer grundsätzlichen Grundrechtsbindung noch nicht die Form dieser Bindung in einem bestimmten Sinn entschieden ist. Die Beantwortung der Frage nach dem rechtlichen Charakter eines Gleichbehandlungsgebots bereitet nach der streng durchgeführten Zwei-Stufen-Theorie keine Schwierigkeiten. Die Trennung von öffentlichem und privatem Recht auf verschiedenen Stufen erlaubt die Einordnung der öffentlich-rechtlichen Bindungen, insbesondere der Grundrechte, in die erste Stufe und damit die Qualifizierung des Gleichbehandlungsgebots als unmittelbare Folge des öffentlich-rechtlichen Gleichheitssatzes. Nicht so eindeutig ist die Frage der Rechtsnatur der Gleichheitsbindung vom Standpunkt des Verwaltungsprivatrechts aus zu entscheiden; danach gilt primär privates Recht, das lediglich durch öffentlich-rechtliche Bindungen Einschränkungen erfährt. Soweit Art. 3 Abs. 1 GG innerhalb privatrechtlicher Beziehungen gilt, könnten die einzelnen Rechte und Pflichten, die sich aus der Geltung des Gleichheitssatzes ergeben, privatrechtlicher Natur sein[49]. Das könnte um so eher gelten, als ein

---

[47] BGH NJW 1964, 196; OVG Münster DVBl 1959, 665; *Dürig* in Maunz - Dürig Art. 1 Abs. 3 Rdn. 137; *Bachof* DÖV 1953, 423; *Ipsen*, Gleichheit S. 149; *Menger*, Der Schutz der Grundrechte S. 770; *Raiser* JZ 1959, 405; *Schaumann* JUS 1961, 110 f.; *Soergel - Siebert - Glaser*, BGB 2. Bd., Stuttgart 1962, § 839 Rdn. 46 ff. m. w. N.

[48] BVerwGE 1, 308 ff.; die Zwei-Stufen-Theorie hat ihren gesetzlichen Niederschlag in § 102 Abs. 1 und 2 des 2. Wohnungsbaugesetzes vom 1. August 1956 (Wohnungsbau- und Familienheimgesetz) gefunden.

[49] So der Sache nach BGHZ 29, 76; BVerwG NJW 1958, 395.

§ 17 Selbstbindung im Bereich privatrechtlicher Betätigung

Gleichbehandlungsanspruch auf privatrechtlicher Ebene an sich nichts Neues ist, sondern insbesondere auf den Gebieten des Gesellschafts- und Arbeitsrechts allgemeine Anerkennung gefunden hat[50].

Das entscheidende Kriterium, ein privatrechtliches Gleichbehandlungsgebot dennoch abzulehnen, liegt in der unterschiedlichen Funktion von Privatautonomie und behördlichem Ermessen[51]. Bei der Frage eines Gleichbehandlungsgebots im Zusammenhang mit der Wahrnehmung öffentlicher Aufgaben in den Formen des Privatrechts geht es nicht um eine Begrenzung der Privatautonomie des Staates, auch wenn er sich privatrechtlicher Gestaltungsformen bedient, sondern um seine Bindung bei der Wahrung öffentlicher Aufgaben[52], die nicht anders zu beurteilen ist als die bei schlicht hoheitlicher Verwaltungstätigkeit[53]. Demnach ist auch für die Wahrnehmung öffentlicher Aufgaben in privatrechtlichen Formen die Ausrichtung an dem Gemeininteresse maßgeblich, geht es letztlich um eine *Ermessensbindung* der Verwaltung[54]. Beruht diese dem Verwaltungshandeln immanente Bindung auf dem Gleichheitssatz des Art. 3 Abs. 1 GG, so vermag auch die Einordnung in privatrechtliche Gestaltungsformen nichts an ihrer öffentlich-rechtlichen Natur zu ändern. Wie ein Verwaltungsakt, der privatrechtsgestaltende Wirkung hat und deshalb privatrechtliche Rechte und Pflichten zur Entstehung bringen kann, dennoch ein hoheitlicher Akt bleibt, bleibt auch der innerhalb privatrechtlicher Beziehungen geltende und diese gestaltende Gleichheitssatz *öffentlich-rechtlicher Natur*[55], weil er auf der öffentlich-rechtlichen Zweckbindung der Verwaltungstätigkeit beruht.

Die Folge ist, daß gegen eine angebliche Verletzung des Gleichheitssatzes bei der Wahrnehmung öffentlicher Aufgaben in privatrechtlichen Formen der Verwaltungsrechtsweg gegeben ist[56]. Der bekannten Entscheidung des *Bundesgerichtshofs*[57], die für die Frage des Anspruchs eines Siedlers auf Gleichbehandlung in der Landzuteilung die Zulässigkeit des Zivilrechtswegs bejahte, ist daher nicht zuzustimmen. Der

---

[50] Vgl. oben 2. Kap., § 5, 2.
[51] *Mertens*, Das Recht auf Gleichbehandlung JUS 1963, 395.
[52] Imboden S. 51.
[53] Vgl. Böckenförde S. 10.
[54] *Mertens*, Das Recht auf Gleichbehandlung JUS 1963, 395; vgl. auch BayObLG NJW 1967, 113 — Bindung an den Grundsatz der Erforderlichkeit bei Ausübung des Vorkaufsrechts nach § 24 Abs. 2 BBauG.
[55] Ebenso *Mertens* a.a.O.; *Raiser* Anm. zu BGHZ 29, 76 ff. in JZ 1959, 405.
[56] Vgl. auch *Püttner* GRUR 1964, 364, der allerdings im Gegensatz zur hier vertretenen Auffassung keinen Unterschied zwischen der „Wahrnehmung öffentlicher Aufgaben" und rein „fiskalischer" Tätigkeit macht.
[57] BGHZ 29, 76 ff.

Anspruch des Betroffenen gründete sich — sofern man, wie der Bundesgerichtshof, die Wahrnehmung öffentlicher Aufgaben annahm — unmittelbar auf Art. 3 Abs. 1 GG; des vom *Bundesgerichtshofs*[58] gewählten Umwegs über arbeitsrechtliche Rechtsgedanken bedurfte es nicht[59]. Da der Gleichheitssatz des Art. 3 Abs. 1 GG seinen öffentlich-rechtlichen Charakter beibehielt, obwohl er in concreto die Behörde zu einem gleichen privatrechtlichen Verhalten verpflichtete, war der geltend gemachte Anspruch ein öffentlich-rechtlicher und gehörte somit vor die Verwaltungsgerichte[60].

Etwas anderes gilt dort, wo aus dem Gleichheitssatz nicht ein selbständiger Anspruch auf eine bestimmte Leistung resultiert, sondern lediglich die Geltendmachung eines anderen Anspruchs durch den Gleichheitssatz als Gegenrecht beeinträchtigt wird. So bleibt es bei dem Zivilrechtsweg, wenn eine Stadt auf Grund ihres privatrechtlichen Hausrechts einem Fotografen das Betreten des Rathauses verbietet, auch wenn dieser sich auf Art. 3 GG beruft und geltend macht, die Stadt könne ihm ein Betreten des Rathauses auf Grund ihres Hausrechts nicht verwehren, während sie seinem Kollegen den Zutritt gestatte[61].

2. Bindung bei rein fiskalischer Betätigung von Verwaltungsträgern

Problematischer und im Ergebnis umstrittener ist die Frage der Gleichheitsbindung der rein *fiskalisch* tätig werdenden Verwaltung.

a) Gleichstellung von Fiskus und Privatrechtssubjekten

Die überlieferte Lehre[62], die dem fiskalisch[63] handelnden Staat bei der Deckung seines Bedarfs oder bei der rein erwerbswirtschaftlichen Betätigung einen eigenen Standort ausschließlich im privatrechtlichen Bereich zuweist, der von seiner hoheitlichen, insbesondere obrigkeit-

---

[58] BGHZ 29, 80.

[59] Im übrigen erscheint es zweifelhaft, ob in diesem Fall entsprechend der arbeits- und gesellschaftsrechtlichen Betrachtungsweise bereits von einer Gemeinschaftsbindung der Siedler untereinander und im Verhältnis zum beklagten Land gesprochen werden kann, ohne es gleichzeitig auf die Wahrnehmung öffentlicher Aufgaben abzustellen.

[60] Richtige Klageart wäre in diesem Fall die allgemeine Leistungsklage gewesen, Klageziel die Verschaffung des Eigentums an der betreffenden Parzelle des Siedlungsgeländes an den Kläger.

[61] Vgl. BGHZ 33, 233; vgl. auch den Fall BGH NJW 1967, 1912.

[62] Otto *Mayer* S. 119/120; W. *Jellinek*, Verwaltungsrecht S. 25; *v. Mangoldt - Klein* Art. 1 Anm. V 3 d; *Geiger* S. 27; *Forsthoff* S. 292; *Peters*, Lehrb. S. 129, 157; *Wolff*, Verwaltungsrecht I § 23 II a 1.

[63] Zur historischen Entwicklung des Fiskusbegriffs vgl. *Zeidler* VVDStRL 19, 221.

§ 17 Selbstbindung im Bereich privatrechtlicher Betätigung 119

lichen Stellung streng zu unterscheiden ist, bietet keinen Raum für eine spezifische Gleichheitsbindung des fiskalisch handelnden Staates. Da nach dieser Lehre der Staat wie jedes andere Privatrechtssubjekt am Privatrechtsverkehr teilnimmt, ergibt sich für ihn die gleiche Freiheit und Gebundenheit wie für jedes andere Rechtssubjekt im Bereich privatrechtlicher Betätigung. Auf diesem Standpunkt steht noch das Urteil des *Bundesgerichtshofs* vom 26. 10. 1961[64], nach dem die Rechtsbeziehungen zwischen fiskalisch handelndem Staat und den anderen am Rechtsgeschäft Beteiligten ausschließlich privatrechtlichen Charakter tragen; deshalb könnten sie nicht von der unmittelbaren Bindung an die Grundrechtsnormen erfaßt werden, die lediglich bei der Erfüllung öffentlicher Aufgaben — unabhängig von der Form ihrer Wahrnehmung — eintrete.

b) Unmittelbare Fiskalgeltung der Grundrechte

Diese Auffassung von der Doppelgesichtigkeit[65] des Staates hat in neuester Zeit wiederholt[66] Kritik erfahren. Die Aufteilung der Staatsfunktionen in hoheitliche und fiskalische sei — jedenfalls im Hinblick auf die Verantwortlichkeit des tätig werdenden Staatsorgans — nicht mehr gerechtfertigt. Der Staat könne auch dort nicht wie eine Privatperson behandelt werden, wo er eine äußerlich rein privatrechtliche Tätigkeit entfalte, weil es eine dem Bürger vergleichbare Privatautonomie des Staates in Wahrheit nicht gebe[67]; welche Betätigungsformen der Staat auch wähle, in jedem Fall nehme er doch Gemeinschaftsangelegenheiten und damit öffentliche Verwaltung wahr. Das zwinge dazu, auch die fiskalisch tätig werdende Verwaltung als vollziehende Gewalt im Sinne von Art. 1 Abs. 3 GG anzusehen[68].

Neben der grundsätzlichen Gleichstellung von öffentliche Aufgaben wahrnehmendem Staat und Fiskus im Bereich der Grundrechte wurden mehrfach[69] differenzierende Lösungen vorgeschlagen, die eine Grund-

---

[64] BGHZ 36, 96.
[65] Vgl. Otto *Mayer* S. 121 Anm. 15; daß Staat und Fiskus nicht verschiedene Rechtssubjekte sind, sondern „Fiskus" nur eine besondere Bezeichnung für den privatrechtlich handelnden Staat ist, ist heute unstreitig; vgl. *Wolff*, Verwaltungsrecht I § 23 I b; W. *Jellinek*, Verwaltungsrecht S. 27; *Mallmann* VVDStRL 19, 196/197; Otto *Mayer* S. 120; *Peters*, Lehrb. S. 129.
[66] *Bachof* VVDStRL 12, 63; *Löw* DÖV 1957, 879 f.; *Mallmann* VVDStRL 19, 194 ff.; *Stern*, Anm. zum AOK-Urteil des BGH, JZ 1962, 182; *Zeidler* VVDStRL 19, 224.
[67] *Stern* a.a.O.
[68] *Mallmann* VVDStRL 19, 194 f.; *Stern* JZ 1962, 182; *Zeidler* VVDStRL 19, 232 LS V.
[69] Vgl. die Nachweise bei *Stern - Püttner* S. 81.

rechtsbindung fiskalisch handelnder Verwaltung nur unter bestimmten Voraussetzungen annehmen. Bemerkenswert erscheint insbesondere der Lösungsvorschlag *Zeidlers*[70], der zwischen Bedarfsdeckung und erwerbswirtschaftlicher Tätigkeit der Verwaltung unterscheidet. Nur für den Bereich der Bedarfsdeckung bejaht er die unmittelbare und uneingeschränkte Grundrechtsgebundenheit; die privatrechtlichen Hilfsgeschäfte der Träger öffentlicher Verwaltung seien Voraussetzung für die Erledigung öffentlicher Aufgaben und nähmen daher an deren öffentlich-rechtlicher Bindung teil[71]. Wieder anders differenziert *Bachof*[72], nach dem es darauf ankommt, welche Position der Staat bei der Durchführung seiner Aufgaben einnimmt; nur bei Vorliegen einer Monopolstellung und damit der Abhängigkeit Dritter von den Aufträgen staatlicher Einrichtungen bejaht er eine Grundrechtsbindung.

Die verschiedenen Möglichkeiten einer Lösung des Problems der Fiskalgeltung lassen sich in folgende Gruppen zusammenfassen: Die grundsätzliche Gleichbehandlung von Fiskus und Staat, sei es im gesamten Bereich privatrechtlicher Betätigung[73], sei es nur in einzelnen Bereichen[74]; die mittelbare Bindung an die Grundrechte unter Heranziehung des Grundsatzes des „venire contra factum proprium"[75]; die mittelbare Bindung über die bürgerlich-rechtlichen Generalklauseln, wobei wiederum die Alternative besteht, strengere Voraussetzungen[76] oder aber grundsätzlich gleiche Voraussetzungen wie bei jedem Privatrechtssubjekt aufzustellen.

Die Kritik gegen die überlieferte Fiskustheorie ist in ihrem Ansatzpunkt berechtigt. Die unumschränkte Gleichstellung des Staates im fiskalischen Betätigungsbereich und damit die Zuerkennung der vollen Privatautonomie des Fiskus geht an seiner eigentlichen Aufgabe der Wahrnehmung von Gemeinschaftsangelegenheiten unter Ausrichtung auf das Gemeinwohl vorbei. Die spezifische Verantwortung des Staates für den Ausgleich der verschiedenen Individualinteressen läßt eine Privatautonomie des Staates in der Form, wie sie jedem Privatrechtssubjekt zusteht, nicht zu. Eine andere Frage ist es jedoch, welche Konsequenzen aus dieser Stellung des Staates zu ziehen sind, insbesondere, ob seine besondere Verantwortlichkeit zu einer grundsätzlichen und unmittelbaren Geltung der Grundrechte auch im Bereich fiskalischer Betätigung zwingt.

---

[70] *Zeidler* VVDStRL 19, 232, 241 LS VI; ebenso *Böckenförde* S. 11.
[71] *Zeidler* VVDStRL 19, 238.
[72] *Bachof*, Freiheit des Berufs S. 175; ders. DÖV 1953, 417, 423.
[73] *Mallmann* VVDStRL 19, 194 ff.; *Stern* JZ 1962, 182.
[74] *Zeidler* VVDStRL 19, 232, 241; *Bachof* DÖV 1953, 417, 423.
[75] *Dürig* in Maunz - Dürig Art. 1 Abs. 3 Rdn. 135.
[76] *Dürig*, Verfassung und Verwaltung im Wohlfahrtsstaat DVBl 1953, 199.

§ 17 Selbstbindung im Bereich privatrechtlicher Betätigung

Eine unmittelbare Bindung der fiskalisch handelnden Verwaltung an die Grundrechte ist nur gerechtfertigt, wenn sich entgegen dem historisch entwickelten Begriff der vollziehenden Gewalt im Sinne des Art. 1 Abs. 3 GG, der in Übereinstimmung mit der römisch-rechtlichen Fiskuslehre lediglich den hoheitlichen, insbesondere den obrigkeitlichen Tätigkeitsbereich des Staates umfaßte, der Staat in all seinen Erscheinungsformen als „vollziehende Gewalt" ansehen läßt. Eine Ausdehnung des Begriffs der vollziehenden Gewalt auf die gesamten Staatsfunktionen entgegen dem historischen Verständnis ist jedoch nicht geboten. Die besondere, unmittelbare Verantwortlichkeit des Staates durch Zuständigkeitsregelungen und Grundrechte ist die Konsequenz der Wahrnehmung öffentlicher Aufgaben und der spezifischen Stellung als eines die Einzelinteressen ausgleichenden und gleichzeitig diesen übergeordneten Gemeinwesens[77]. Weil und soweit der Staat dem Bürger gegenüber in seiner Eigenschaft als Wahrer des Gemeinwohls auftritt, ist er besonderen Regeln unterworfen, die seine Verantwortung gegenüber dem Bürger in bestimmtem Sinn konkretisieren. Sofern der Staat aber seinen Bürgern gegenüber nicht in dieser Form in Erscheinung tritt, sondern sich ausnahmsweise auf die Ebene des Privatrechtsverkehrs begibt, um dort Aufgaben zu erfüllen, die nicht unmittelbar auf die Wahrung des Gemeinwohls gerichtet sind, tritt die besondere öffentlich-rechtliche Bindung ebenso in den Hintergrund wie die Wahrung spezieller öffentlich-rechtlicher Aufgaben nur den Hintergrund für das konkrete Handeln auf privatrechtlicher Ebene bildet; wenn der Charakter der einzelnen Maßnahme nicht durch die Wahrung öffentlicher Aufgaben geprägt ist, sondern die Maßnahme nur *mittelbar*[78] zu deren Erfüllung beiträgt, ist kein Platz mehr für die unmittelbare Heranziehung des Art. 3 Abs. 1 GG, der die besondere Verantwortung des Staates bei der Wahrnehmung hoheitlicher Aufgaben gegenüber dem einzelnen in Form eines Gleichbehandlungsgebotes konkretisiert.

Das Zurücktreten der spezifisch öffentlich-rechtlichen Verantwortlichkeit bei dem Fehlen eines unmittelbaren öffentlichen Interesses an den wahrgenommenen Aufgaben wird besonders deutlich, wenn man sich den Charakter des Gleichheitssatzes als einer Ausprägung des dem Gerechtigkeitprinzip unmittelbar entspringenden Gleichbehandlungsgebotes für Autoritäten einer Gemeinschaft deren Mitgliedern gegenüber vor Augen hält: Der Staat ist den Gewaltunterworfenen zu gleicher

---

[77] *Wolff*, Verwaltungsrecht I § 3 I c und e.
[78] So grundsätzlich für die Frage der Grundrechtsbindung der Verwaltung bei erwerbswirtschaftlicher Tätigkeit und fiskalischen Hilfsgeschäften: *Dürig* in Maunz - Dürig Art. 1 Abs. 3 Rdn. 135 Fußn. 2; *Ipsen* DVBl 1956, 466; *Siebert*, Privatrecht im Bereich öffentlicher Verwaltung S. 221.

Behandlung verpflichtet, soweit diese als Glieder der staatlichen Gemeinschaft Rechte zugeteilt und Lasten auferlegt bekommen[79]. Voraussetzung für eine Gleichheitsbindung ist also, daß der Staat aus seiner autoritären Stellung, die nicht unbedingt ein obrigkeitliches Handeln, aber doch die Wahrnehmung öffentlicher Aufgaben voraussetzt, begünstigende oder belastende Maßnahmen gegenüber dem Staatsbürger als Gewaltunterworfenem vornimmt. Wenn er dagegen im privatrechtlichen Bereich als Auftraggeber tätig wird oder als Unternehmer Leistungen anbietet, so nimmt er damit zunächst Tätigkeiten wahr, die nicht spezifisch für seine Stellung als Repräsentant des Gemeinwesens sind, sondern von jedem anderen ebenso wahrgenommen werden und damit nicht vorrangig als Verwirklichung des Gemeinwohls erscheinen. Demgemäß treten die am Rechtsgeschäft Beteiligten dem Staat nicht als Glieder der staatlichen Gemeinschaft, sondern als Handelspartner entgegen, so daß von der Zuteilung von Rechten oder Auferlegung von Lasten durch die Repräsentanten einer Gemeinschaft deren Mitgliedern gegenüber nicht gesprochen werden kann. Deshalb scheidet sowohl im Bereich der Bedarfsdeckung (fiskalischer Hilfsgeschäfte) wie in dem erwerbswirtschaftlicher (kommerzieller) Betätigung eine unmittelbare Anwendung des Art. 3 Abs. 1 GG aus.

c) Gesteigerte mittelbare Geltung der Grundrechte

Es bleibt somit nur Raum für eine *mittelbare* Bindung der fiskalisch handelnden Verwaltung an den Gleichheitssatz.

Die Kritik der neueren Lehre an der Gleichstellung von Fiskus und Privatrechtssubjekten hat, wenn sie m. E. auch im Ergebnis zu weit geht, doch eine fruchtbare Anregung zu einem neuen Durchdenken der bisherigen Vorstellungen über die Bindung des fiskalisch handelnden Staates an die Normen des öffentlichen Rechts gebracht. In der Tat muß sich der Fiskus als „alter ego"[80] des hoheitlich handelnden Staates eine schärfere Beurteilung seiner Rechtsgeschäfte gefallen lassen als der Private im Rechtsverkehr. Die Anerkennung einer uneingeschränkten Privatautonomie des Staates berücksichtigt nicht, daß jede privatrechtliche Tätigkeit des Staates letztlich nur ein Annex gegenüber der eigentlichen Aufgabe der Wahrung des bonum commune ist. Von der Wahrung des Gemeinwohls ist der Staat auch dann nicht entbunden, wenn die konkrete Tätigkeit nicht unmittelbar der Erfüllung öffentlicher Aufgaben dient, sondern zunächst als Maßnahme erscheint, die wie die eines Privatmannes lediglich auf die Befriedigung

---

[79] Vgl. oben S. 33.
[80] *Dürig* in Maunz - Dürig Art. 1 Abs. 3 Rdn. 135.

§ 17 Selbstbindung im Bereich privatrechtlicher Betätigung   123

von Individualinteressen gerichtet ist[81]. Die gesteigerte Gemeinschaftsbindung, von der sich auch die fiskalisch handelnde Verwaltung nicht gänzlich freizeichnen kann, zwingt zu der Annahme einer stärkeren Abhängigkeit des Fiskus von den Wertvorstellungen des Grundgesetzes, insbesondere der Grundrechte, als sie für den sonstigen Privatrechtsverkehr besteht. Wenn auch eine unmittelbare Bindung des Staates an die Vorschriften des öffentlichen Rechts dort nicht in Betracht kommt, wo er nicht aus seiner hoheitlichen Stellung heraus in das Gemeinwesen regelnd eingreift oder als Sachwalter dem einzelnen gegenüber tätig wird, so geht dennoch seine Verpflichtung zur Wahrung des öffentlichen Interesses nicht verloren, steht es ihm doch nicht zu, ausschließlich Eigeninteressen zu verfolgen und sich aus diesem Grunde auf die allgemeine Privatautonomie zu berufen[82]. Die (mittelbare) Bindung an die Wertvorstellungen der Grundrechte ist um so stärker, je mehr sich der Fiskus dem Bereich der Daseinsvorsorge nähert und der einzelne in Abhängigkeit von den Leistungen des Fiskus gerät, je mehr also die Wirkungen seines Handelns existentielle Bedeutung erlangen[83] und der Staat als maßgeblicher Verteiler von Gütern oder als Auftraggeber erscheint, gegenüber dem eine Ausweichmöglichkeit auf gleiche Leistungen Privater nicht besteht[84]. Hier kann die Wertvorstellung des Art. 3 GG entscheidende Bedeutung gewinnen und damit dem Staat die Möglichkeit einer unsachlichen Differenzierung auch im fiskalischen Bereich verwehrt sein. Allerdings dürfte sich eine Gleichheitsbindung im Fiskalbereich weitgehend in den Differenzierungsverboten der Abs. 2 und 3 erschöpfen, da die Erheblichkeit von Entschließungsmomenten im wirtschaftlichen Bereich weniger scharf umrissen ist[85], eine Differenzierung auf Grund anderer unsachlicher Merkmale daher nur in Ausnahmefällen bejaht werden kann. Im übrigen liegt das größere Gewicht der besonderen Verantwortlichkeit des Fiskus im Sinne grundgesetzlicher Wertvorstellungen weniger auf dem Gleichheitssatz[86] als dem Sozialstaatsprinzip, der Meinungs-, Vereinigungs- und der Berufsfreiheit. So ist etwa der Ausschluß eines Unternehmers von Aufträgen der öffentlichen Hand weniger eine Frage des Gleichheitssatzes als eine solche des Sozialstaatsprinzips und der Berufsfreiheit, die Benachteiligung einer bestimmten politischen Partei bei der Vermietung eines gemeindlichen Saales weniger ein Problem des allgemeinen Gleichbehandlungsgebots als das der be-

---

[81] Ähnl. *Imboden* S. 51; *Mertens* JUS 1963, 395.
[82] Vgl. *Mertens* a.a.O.
[83] Vgl. *Bachof* VVDStRL 12, 63.
[84] *Dürig* in Maunz - Dürig Art. 1 Abs. 3 Rdn. 135; *Mertens*, Selbstbindung S. 88.
[85] Ähnl. Herbert *Krüger* DVBl 1955, 382.
[86] A.A. *Zeidler* VVDStRL 19, 235; *Maunz*, Gleichheit S. 559.

sonderen Chancengleichheit der politischen Parteien. Erst wenn im Rahmen privatrechtlicher Betätigung des Staates eine Differenzierung getroffen wird, die nicht auf Gründen im wirtschaftlichen Bereich, sondern auf sonstigen „sachfremden" Gesichtspunkten, insbesondere auf den in Art. 3 Abs. 2 und 3 GG für unzulässig erklärten Merkmalen beruht, kann sich trotz der Notwendigkeit eines bestimmten Maßes wirtschaftlicher Beweglichkeit des Fiskus die Unzulässigkeit der privatrechtlichen Maßnahme ergeben.

Gegenüber der Frage nach der grundsätzlich gesteigerten (mittelbaren) Bindung des Fiskus an den Gleichheitssatz ist die Frage nach der methodischen Begründung dieser Bindung von untergeordneter Bedeutung. Nach *Dürig*[87] läßt sich die mittelbare Fiskalgeltung der Grundrechte mit einer Heranziehung des Verbots des venire contra factum proprium erklären. Aus diesem Grundsatz folge die Verpflichtung des Fiskus zur Beachtung der Wertvorstellungen des Grundgesetzes, die den Staat in der Ausübung seiner hoheitlichen Funktionen binden. Die Heranziehung des aus dem Grundsatz von Treu und Glauben entwickelten Verbots widersprüchlichen Verhaltens ist jedoch für eine Erklärung der Fiskalgeltung der Grundrechte wenig geeignet. Einmal knüpft das Verbot des venire contra factum proprium an ein vorangegangenes Verhalten, das einen bestimmten Vertrauenstatbestand setzt, an, auf das es aber nicht ankommen kann; zum anderen ist nicht die unmittelbare Bindung im hoheitlichen Bereich, der sich der Fiskus etwa treuwidrig oder rechtsmißbräuchlich[88] entziehen will, Grundlage für eine mittelbare Bindung im fiskalischen Bereich[89], sondern die dem staatlichen Handeln in all seinen Formen immanente Gemeinschaftsbindung, die bei der Wahrnehmung hoheitlicher Aufgaben durch die unmittelbare Geltung der Normen des öffentlichen Rechts aktualisiert wird, während sie bei der Durchführung fiskalischer Rechtsgeschäfte lediglich die Privatautonomie des Fiskus modifiziert.

Es erscheint daher richtiger, eine Bindung des Fiskus an den Gleichheitssatz über die wertausfüllungsfähigen und -bedürftigen Generalklauseln des bürgerlichen Rechts (z. B. §§ 138, 242, 826 BGB, 26 Abs. 2, 98 GWG[90]) anzunehmen[91], so wie es die Vertreter der Lehre von der

---

[87] *Dürig* in Maunz - Dürig Art. 1 Abs. 3 Rdn. 135; dieser Gedanke klingt auch bei *Mallmann* (VVDStRL 19, 280) in der Diskussion der Vereinigung deutscher Staatsrechtslehrer über die Schranken nichthoheitlichen Handelns an.

[88] *Dürig* in Maunz - Dürig Art. 1 Abs. 3 Rdn. 135

[89] So auch *Löw* DÖV 1957, 879.

[90] Ob das GWG allerdings auch bei der Wahrnehmung materiell öffentlicher Aufgaben anwendbar ist, ist bestritten. Im übrigen sieht BGHZ 33, 259 (266) mit Recht in § 26 Abs. 2 GWG eine spezielle Ausprägung des Gleich-

§ 17 Selbstbindung im Bereich privatrechtlicher Betätigung

mittelbaren Drittwirkung der Grundrechte allgemein im Rahmen des Privatrechtsverkehrs befürworten[92]. Der Form nach handelt es sich um dieselbe Bindung, die jedem Privatrechtssubjekt im rechtsgeschäftlichen Verkehr auferlegt ist; ihrem Inhalt nach geht sie aber darüber hinaus, indem sie auf die gesteigerte Verantwortlichkeit des Staates für das gemeine Wohl und seine den Individualinteressen übergeordnete Stellung Rücksicht nimmt.

Diese Lösung führt dazu, daß der gleiche äußere Sachverhalt je nach den beteiligten Rechtssubjekten einmal als sittenwidrig, ein anderes Mal als nicht sittenwidrig bezeichnet werden muß. Während ein Privatunternehmen lediglich bei einer Monopolstellung in seiner Kontrahierungsfreiheit gemäß § 826 BGB beschränkt wird[93], ergibt sich bei einem Unternehmen der öffentlichen Hand u. U. auch ohne Monopolstellung gemäß § 826 BGB das Verbot, ein Kontrahieren aus bestimmten, z. B. den in Art. 3 Abs. 3 GG genannten Gründen abzulehnen. Im Hinblick auf die unterschiedlichen Ergebnisse, die eine Anwendung des § 826 BGB bei Privaten einerseits und dem Fiskus andererseits mit sich bringt, wirft *Zeidler*[94] der hier vertretenen Auffassung vor, sie beruhe auf der Annahme einer „doppelten Moral", indem sie für den Staat einen anderen Sittenbegriff als für Private aufstelle. Während bei einer mittelbaren Fiskalgeltung der Grundrechte über die wertausfüllungsbedürftigen Generalklauseln des bürgerlichen Rechts der Begriff der Sittenwidrigkeit als eines Verhaltens, das dem Anstands- und Sittengefühl aller billig und gerecht denkenden Menschen widerspricht[95], gleichermaßen für Fiskus wie Private gilt, wird die Frage, welches Verhalten im einzelnen Fall die Kennzeichen der Sittenwidrigkeit aufweist, verschieden beantwortet, nämlich je nach den beteiligten Rechtssubjekten bald unter strengeren, bald unter weniger strengen Voraussetzungen. Insofern ist der Einwand, es werde eine „doppelte Moral" zugrunde gelegt, durchaus naheliegend.

---

heitsgrundsatzes, der eine Anwendung des Art. 3 GG in seinem Anwendungsbereich ausschließt, auch wenn man sonst die absolute Drittwirkung der Grundrechte bejaht. Bei der bloß mittelbaren Drittwirkung bzw. Fiskalgeltung stellt sich dieses Problem nicht, da in jedem Fall § 26 Abs. 2 GWG allein Anwendung findet; allerdings bleibt es bei der verfassungsgerichtlichen Nachprüfbarkeit daraufhin, ob die Wertentscheidungen des Art. 3 Abs. 1—3 GG bei der Ausfüllung des unbestimmten Rechtsbegriffs „ohne sachlich gerechtfertigten Grund" beachtet worden sind.

[91] So auch *Dürig* DVBl 1953, 193, 199.
[92] Vgl. oben 2. Kap., § 5, 1.
[93] BGH MDR 1960, 100; RGZ 133, 388; LG Berlin NJW 1962, 206; *Soergel - Siebert - Schräder*, BGB, 2. Bd. Stuttgart 1962, § 826 Rdn. 101 m. w. N.
[94] *Zeidler* VVDStRL 19, 228 Anm. 88; ähnl. *Püttner* GRUR 1964, 362.
[95] RGZ 124, 125; BGH NJW 1957, 587.

Dennoch gibt die Notwendigkeit, das gleiche äußerliche Verhalten unter verschiedenen Rechtssubjekten verschieden zu beurteilen, keinen Anlaß, die Konstruktion der mittelbaren Fiskalgeltung der Grundrechte über die Generalklauseln des bürgerlichen Rechts abzulehnen. Die verschiedene rechtliche Beurteilung eines äußerlich gleichen Verhaltens je nach den beteiligten Personen ist auch in anderen Fällen nicht unbekannt. So wird die Frage der Fahrlässigkeit als der Außerachtlassung der im Verkehr erforderlichen Sorgfalt je nach der Zugehörigkeit des Handelnden zu einer nach Beruf, Vorbildung und Kenntnissen bestimmten Menschengruppe verschieden beantwortet[96]; so werden an einen Arzt höhere Anforderungen gestellt als an eine Arzthelferin[97], wird bei diesem Fahrlässigkeit bejaht, bei jener eine Schuld verneint, obwohl die Tatbestände im übrigen gleich liegen. Auch bei der Frage der Sittenwidrigkeit wird derselbe Sachverhalt je nach der inneren Einstellung eines Beteiligten bald als sittenwidrig, bald als mit den Anschauungen aller billig und gerecht Denkenden vereinbar angesehen[98]. Wie sich ein Unternehmer, der eine Monopolstellung innehat, anderen Anforderungen gegenüber gestellt sieht als *ein* Unternehmer unter mehreren Konkurrenten und daher bereits dem Vorwurf der Sittenwidrigkeit ausgesetzt ist, wenn konkurrierende Unternehmen noch im Einklang mit der allgemeinen Sittenordnung handeln, muß sich auch der zur Wahrung des Gemeinwohls verpflichtete Fiskus den Vorwurf der Sittenwidrigkeit gefallen lassen, wenn ein Privatunternehmer sich noch im Rahmen der sittlichen Anschauungen aller billig und gerecht Denkenden bewegt. Die unterschiedliche Bewertung des gleichen äußeren Verhaltens verschiedener Rechtssubjekte beruht somit nicht auf einer „doppelten Moral", d. h. auf einer unterschiedlichen Auffassung von der Sittenwidrigkeit in mehreren gleichen Fällen, sondern auf der Berücksichtigung der besonderen Stellung einzelner Rechtssubjekte und ihrer sich daraus ergebenden unterschiedlichen Pflichtigkeit im Rahmen der Rechtsgemeinschaft[99]. Die Folge davon ist, daß die Frage einer Gleichbehandlungspflicht des fiskalisch handelnden Staates grundsätzlich von den Zivilgerichten im Rahmen der bürgerlich-rechtlichen Generalklauseln zu überprüfen ist[100], mag

---

[96] BGH NJW 1967, 558; RGZ 95, 16; *Erman - Groepper*, BGB 1. Bd., 4. Aufl. Münster 1967, § 276, 4 f.; *Soergel - Siebert - Schmidt*, BGB 1. Bd., 9. Aufl. Stuttgart 1959, § 276 Rdn. 15.
[97] RG JW 1935, 3460.
[98] Vgl. BGHZ 10, 228 (233).
[99] Vgl. auch BGH MDR 1957, 30, wo es darauf abgestellt wird, ob der Täter mit Rücksicht auf Beruf oder Ansehen eine besondere Vertrauensstellung einnimmt.
[100] A.A. *Püttner* GRUR 1964, 362 auf Grund seines unterschiedlichen Ausgangspunktes der unmittelbaren Bindung des Fiskus an die Normen des öffentlichen Rechts.

auch das Problem, ob die Verwaltung überhaupt auf bestimmten Gebieten oder in bestimmten Formen tätig werden darf, dem öffentlichen Recht angehören und als solches von den Verwaltungsgerichten zu entscheiden sein[101].

§ 18 Die Selbstbindung der Verwaltung im Bereich „freien" Beurteilungsspielraums

Während im Verlauf der vorangegangenen Untersuchungen die Gleichheitsbindung in den Bereichen des Verwaltungsermessens und der eingeschränkten Privatautonomie des Fiskus zur Frage stand, blieb das Problem der Selbstbindung im Bereich des Beurteilungsspielraums[1] der Verwaltung bei der Anwendung unbestimmter Rechtsbegriffe bisher unbeantwortet.

1. Anwendung unbestimmter Rechtsbegriffe mit Beurteilungsspielraum

Die grundsätzliche Anwendbarkeit des Gleichheitssatzes im Bereich eines den Verwaltungsbehörden eingeräumten Beurteilungsspielraums ist weitgehend anerkannt[2], wenn auch die Selbstbindung als solche fast ausschließlich[3] unter dem Blickwinkel der Ermessensbindung betrachtet wurde. Daß die Selbstbindung nicht gesondert unter dem Gesichtspunkt des Beurteilungsspielraums der Verwaltung gesehen wurde, liegt nicht zuletzt daran, daß die Frage der Anwendung unbestimmter Rechtsbegriffe lange Zeit nicht von der der Ermessensausübung getrennt wurde[4]; insofern umfaßte die Anerkennung der Selbstbindung im Bereich des Verwaltungsermessens der Sache nach auch die Selbstbindung bei Entscheidungen der Verwaltungsbehörden mit einem Beurteilungsspielraum. Tatsächlich bestehen keine Bedenken, die auf dem Gleichheitssatz beruhende besondere Erscheinung der Selbstbindung auch auf den Bereich des Beurteilungsspielraums zu übertragen[5]. Während sich bei der Anwendung einer Norm ohne unbestimmten Rechtsbegriff die Bindung an eine bestimmte Auffassung

---

[101] So mit Recht *Püttner* GRUR 1964, 361.

[1] Zur Problematik der Abgrenzung von Ermessen und Beurteilungsspielraum vgl. *Bachof* JZ 1955, 97; *Jesch* AöR 82, 163 ff., insbes. 211 ff.; *Rüdiger Klein* AöR 82, 103 f.; *Stern*, Ermessen S. 19, 23; *Wolff*, Verwaltungsrecht I § 31 II a; *Ule*, Gedenkschrift für W. Jellinek S. 309 f.

[2] BVerwG NJW 1961, 796; OVG Münster GewArch 1965, 276; *Ipsen*, Gleichheit S. 147; *Leibholz*, Gleichheit S. 239 Anm. 1 = DVBl 1951, 193 Anm. 5.

[3] And. Franz *Klein* S. 237.

[4] Vgl. z. B. OVG Münster OVGE 6, 150; OVG Lüneburg OVGE 2, 222; BVerwGE 8, 272; heute noch *Eyermann - Fröhler*, VwGO § 114 Rdn. 9 d.

[5] Übereinstimmend Franz *Klein* S. 237.

unmittelbar aus dem Gesetz ergibt, ermöglicht der gesetzlich eingeräumte Beurteilungsspielraum der Verwaltung die maßgebliche Zugrundelegung eigener, wenn auch an objektiven Kriterien ausgerichteter Wertungen[6] im Rahmen des Vertretbaren und damit die Bindung der Verwaltung an ihr bisheriges Differenzierungsschema: Die Subsumtion des konkreten Sachverhalts unter den unbestimmten Rechtsbegriff ist nur dahingehend nachprüfbar, ob das Vorliegen der Voraussetzungen eines (unbestimmten) Rechtsbegriffs von der Behörde „vertretbar" bzw. „sachverständig" bejaht oder verneint wurde[7].

Wenn die Behörde das Vorliegen der Voraussetzungen eines unbestimmten Rechtsbegriffs unter bestimmten Umständen bejaht hat, ist sie auf Grund des Gleichheitssatzes verpflichtet, diese Beurteilung in anderen gleichgelagerten Fällen zu berücksichtigen. Sie kann sich daher ebensowenig wie bei der Ermessensausübung im einen Fall auf diesen, im anderen gleichzeitig zu entscheidenden auf jenen Standpunkt stellen, wenn die Sachverhalte in allen Gesichtspunkten, deren Berücksichtigung für die Entscheidung „vertretbar" erscheint, übereinstimmen. Sie kann weiterhin nicht im Einzelfall von ihrer bisherigen Auffassung bei der Beurteilung bestimmter Sachverhalte abweichen, während sie im übrigen ihre bisherige Auffassung beibehalten will; dagegen ist es zulässig, wenn die Behörde ihre bisherige Einstellung grundsätzlich ändert, weil sie zu der Überzeugung gelangt ist, eine andere als ihre bisherige Praxis entspreche einzig dem Sinn des Gesetzes.

2. Beurteilung schulischer und dienstlicher Leistungen

Ein besonderes Problem wirft die Selbstbindung im Rahmen von Prüfungsentscheidungen sowie sonstigen (pädagogischen oder fachlichen) Beurteilungen von charakterlichen oder geistigen Leistungen auf.

Die pädagogische und wissenschaftliche Beurteilung schulischer und dienstlicher Leistungen wird überwiegend[8] als Unterfall des Beurteilungsspielraums aufgefaßt, während eine andere, im Vordringen befindliche Meinung[9] der Beurteilung eine eigene Stellung im Sinne eines höchstpersönlichen, nicht ersetzbaren Werturteils zuweist. Die Beson-

---

[6] Ähnl. *Wolff*, Verwaltungsrecht I § 31 I c 2.

[7] Vgl. *Obermayer* NJW 1963, 1177; *Wolff*, Verwaltungsrecht I § 31 I c; *Ule* VVDStRL 15, 168.

[8] Vgl. BVerwGE 8, 195, 272; OVG Münster OVGE 14, 38; *Bachof* JZ 1955, 98 f.; *Kellner* DÖV 1962, 576; *Jesch* AöR 82, 211 f.; wieder anders OVG Münster DVBl 1954, 584 und *Eyermann - Fröhler*, VwGO § 114 Rdn. 9 d, die einen Fall des Ermessens annehmen.

[9] BVerwG DVBl 1964, 825; *Stern*, Ermessen S. 22; *Ule* VVDStRL 15, 168 f.; *Wolff*, Verwaltungsrecht I § 31 I c 3.

derheit dieser Fälle liegt darin, daß vielfach die Feststellung der der abschließenden Bewertung zugrunde liegenden Tatsachen, nämlich die der konkreten Leistungen des Schülers, Beamten etc., gleichzeitig einen Bewertungsvorgang darstellt und als solcher ebenfalls der pflichtgemäßen Beurteilung des zuständigen Lehrers, Dienstvorgesetzten usw. unterliegt, während im Bereich (normalen) Beurteilungsspielraums die Feststellung der Tatsachen, nicht aber deren Subsumtion, gerichtlich voll nachprüfbar ist[10]. Demgemäß ist es bei schulischen Beurteilungen den Gerichten nicht nur verwehrt, selbst zu bestimmen, ob der Schüler eine gute oder weniger gute Note verdient oder die festgestellten Leistungen eine erfolgreiche Mitarbeit in der nächsten Klasse erwarten lassen, sondern auch, selbst durch Beweisaufnahme festzustellen, ob der angebliche Leistungsstand des Schülers den tatsächlichen Leistungen entspricht[11]. So ist im Rahmen eines Deutschaufsatzes nicht nur die eigentliche Note Sache des beurteilenden Lehrers, sondern auch die Frage, ob der Aufsatz stilistisch gut oder das Thema erfaßt ist, d. h. welche Leistung der abschließenden Beurteilung in Form einer Note zugrunde zu legen ist. Zeugnisnoten können deshalb allenfalls[12] daraufhin überprüft werden, ob bei der Bewertung erhebliche Verfahrensfehler unterlaufen, wesentliche Tatsachen übersehen oder irrig angenommen worden sind, ob sich der Lehrer von sachfremden Erwägungen hat leiten lassen oder allgemeingültige Wertmaßstäbe verletzt hat[13]. Wenn sich somit der beurteilende Beamte im Rahmen von Prüfungsentscheidungen, dienstlichen oder schulischen Bewertungen an allgemeingültige Wertmaßstäbe — und dazu gehört auch der Grundsatz der gleichen Beurteilung gleicher Leistungen — zu halten hat, so kann die Beurteilung einer Leistung doch nicht mit der Begründung als gleichheitswidrig angefochten werden, der im Zeugnis ausgewiesene Leistungsstand entspreche in Wahrheit nicht den tatsächlichen Leistungen, sondern sei im Verhältnis zu denen anderer Schüler (Kandidaten etc.) schlechter bewertet worden. Eine solche Rüge kann nicht dazu führen, die gerichtliche Nachprüfung des unvertretbaren pädagogischen Werturteils auf dem Wege der Gleichheitsprüfung doch noch zu erzwingen. Soweit die angebliche Verletzung des Gleichheitssatzes in der allgemeinen pädagogischen Bewertung besteht, d. h. die Ermittlung des angeblich echten Leistungsstandes den erst zu erbringenden Nachweis eines bestimmten Maßes von Fähigkeiten voraussetzt, kommt

---

[10] Vgl. *Wolff*, Verwaltungsrecht I § 31 I c 3.
[11] OVG Hamburg NJW 1964, 2178; vgl. auch BVerwGE 8, 272.
[12] Zur Frage, ob eine Einzelnote oder nur das Gesamtzeugnis anfechtbar ist, vgl. VG Wiesbaden NJW 1963, 2140 mit Anm. von *Czermak* NJW 1964, 939; VG Berlin NJW 1964, 939 mit Anm. von *Ule*.
[13] OVG Hamburg NJW 1964, 2178; OVG Münster NJW 1967, 951; BVerwG DVBl 1966, 37; NJW 1961, 796.

eine Gleichheitsprüfung nicht in Betracht. Die Gleichheitsprüfung setzt erst dort ein, wo es um die Frage geht, ob die gleiche, konkret erwiesene Leistung bei verschiedenen Schülern (Kandidaten) verschieden bewertet worden ist, ob z. B. der Lehrer die gleiche Formulierung bei dem einen Schüler als Ausdrucksfehler angesehen hat, bei einem anderen aber nicht; denn hier geht es nicht um die Feststellung des Leistungsstandes durch das Gericht, sondern um die Frage der *gleichen* pädagogischen (wissenschaftlichen) Bewertung einer *feststehenden* Leistung. Ebenso wäre es, wenn ein Lehrer eine Hausarbeit, die dem Leistungsstand der Schüler nicht entspricht, bei *einem* Schüler als mangelhaft berücksichtigt, während bei allen *übrigen* dieses Ergebnis unberücksichtigt bleibt. Wenn auch die eigene Auffassung des beurteilenden Beamten nicht durch die Auffassung des Gerichts zu ersetzen ist, so wird man ihn doch auf die sonst als einzig pädagogisch (wissenschaftlich, fachlich) richtig vertretene Auffassung festlegen dürfen. In all diesen Fällen wird die Entscheidung über die Leistung des Schülers (Kandidaten) nicht dem Gericht überlassen, sondern die Beurteilung der als gleichwertig feststehenden Leistungen verschiedener Schüler auf die Anlegung des gleichen Maßstabes hin untersucht. Aber auch insoweit ist der beurteilende Lehrer (Beamte) nicht gehindert, seinen früheren Maßstab in der Beurteilung schulischer (dienstlicher) Leistungen grundsätzlich zu ändern und die Anforderungen herab- oder heraufzusetzen oder einer bestimmten Lösung, die er bisher als richtig anerkannt hat, entsprechend seiner inzwischen gewandelten Anschauung nicht mehr als richtig[14] gelöst zu folgen, sofern der neue Standpunkt nur pädagogisch bzw. wissenschaftlich (fachlich) vertretbar ist.

§ 19 Selbstbindung im Bereich subordinationsrechtlicher Verträge

Die Frage der Selbstbindung der Verwaltung beim Abschluß öffentlich-rechtlicher Verträge mit generell Gewaltunterworfenen (Subordinierten) wurde gegenüber den anderen Formen des Verwaltungshandelns weitgehend vernachlässigt[15]. Diese Vernachlässigung mag auf die traditionell kritische Einstellung gegenüber öffentlich-rechtlichen Verträgen überhaupt[16] zurückzuführen sein, ist aber um so weniger

---

[14] Um eine Frage allgemeiner Bewertungsgrundsätze, nicht aber speziell des Gleichheitssatzes handelt es sich, ob der Lehrer dabei die Vertretbarkeit einer abweichenden — nach seiner Auffassung falschen — Meinung berücksichtigen muß.

[15] Eine umfassende Erörterung der Gleichbehandlungspflicht beim Abschluß öffentlich-rechtlicher Verträge bringt lediglich *Salzwedel*, Die Grenzen der Zulässigkeit S. 125 ff.

[16] Vgl. Otto *Mayer* AöR 3, 1 ff. (42); *Forsthoff* S. 266 f.; *Salzwedel*, Die Grenzen der Zulässigkeit S. 19; weitere Nachw. bei *Stern* VerwArch 49, 110, insbesondere Anm. 18.

gerechtfertigt, als gerade die Gleichheitsbindung im Bereich subordinationsrechtlicher Verträge angesichts der Verknüpfung verschiedener Interessen bei Vertragschluß und der vielfach unterschiedlichen Vertragsgestaltungen von besonderer Problematik ist.

Die Untersuchung der Selbstbindung beim Abschluß öffentlich-rechtlicher Verträge stößt insbesondere deshalb auf Schwierigkeiten, weil die Auffassungen über die Zulässigkeit derartiger Verträge nach wie vor unterschiedlich sind[17]. In diesem Zusammenhang muß die Untersuchung darauf beschränkt bleiben, eventuelle Zweifel hinsichtlich der Zulässigkeit lediglich am Gleichheitssatz zu messen sowie die Gleichheitsbindung im Rahmen zulässiger Verträge zu konkretisieren. Daß der Gleichheitssatz als solcher auch im Bereich öffentlich-rechtlicher Verträge uneingeschränkte Geltung hat, ist unzweifelhaft[18]: Wenn sich der Staat auch beim Abschluß subordinationsrechtlicher Verträge auf den Boden der Gleichstellung mit dem Vertragspartner begibt, so doch als Hoheitsträger in der Erfüllung öffentlicher Aufgaben[19].

Neben den *Auftragsverhältnissen*, die für die Frage der Gleichheitsbindung von untergeordneter Bedeutung sind und deshalb unberücksichtigt bleiben sollen, kommen vor allem *Vergleichsverträge* und *Austauschverträge* in Betracht.

1. Vergleichsverträge

Vergleichsverträge dienen der Regelung eines Sachverhalts durch gegenseitiges Nachgeben bei objektiver oder subjektiver Ungewißheit über die wirkliche, für die Beurteilung maßgebliche Sach- oder Rechtslage[20].

a) Unklarheit über die tatsächlichen Verhältnisse

Geht man mit *Wolff*[21] davon aus, daß ein Vergleich bei einer Ungewißheit im *tatsächlichen* Bereich wegen der im Verwaltungsverfahren geltenden Untersuchungsmaxime erst nach Erschöpfung aller Sachaufklärungsmittel zulässig ist, so dürfte die Bedeutung derartiger Verträge an sich schon gering sein. Darüber hinaus werden die verbleibenden

---

[17] Vgl. OVG Münster DVBl 1960, 798 f.; *Haueisen* NJW 1967, 591; *Stern* VerwArch 49, 114, 117, 144 jeweils m. w. N.

[18] Statt vieler: BVerwG NJW 1966, 1937; OVG Münster DVBl 1960, 799; *Wolff*, Verwaltungsrecht I § 44 I b 4.

[19] *Apelt* S. 24, 25, 124; *Forsthoff* S. 267, 269.

[20] *Salzwedel*, Die Grenzen der Zulässigkeit S. 128; vgl. auch *Apelt* S. 148 ff.

[21] *Wolff*, Verwaltungsrecht I § 44 I b 3; ebenso *Ule - Becker*, Verwaltungsverfahren im Rechtsstaat S. 67/68.

einer vergleichsweisen Regelung zugänglichen Fälle regelmäßig nicht nur hinsichtlich der feststehenden Tatsachen, sondern vor allem hinsichtlich des Maßes an Gewißheit oder Ungewißheit über das Vorliegen der weiteren Voraussetzungen so divergieren, daß eine Gleichbehandlungspflicht nur sehr selten in Betracht kommt, etwa bei mehreren Geschädigten eines Unglücks. Bedenklich erscheint es allerdings, generell eine Gleichbehandlungspflicht mit der Begründung abzulehnen, ein „Vergleichszwang" sei „in sich widerspruchsvoll"[22]. Mag auch auf Grund der unterschiedlichen Erweisbarkeit zweifelhafter Tatsachen regelmäßig eine Übereinstimmung in den Vergleichslagen nicht in Betracht kommen, so bleibt doch die Möglichkeit einer Gleichheitsbindung auch bei dem Abschluß von Vergleichsverträgen bestehen. Daß ein Vergleichszwang in sich widersprüchlich wäre, läßt sich nur vom Standpunkt einer rein zivilistischen Betrachtungsweise her behaupten. Im öffentlichen Recht kann es nicht zulässig sein, Unklarheiten in den tatsächlichen Voraussetzungen mehrerer Fälle in der Weise auszunutzen, daß der Schwächste am schlechtesten dabei fährt[23]. Wenn sich mehrere Fälle ausnahmsweise in den feststehenden wie in den unklar gebliebenen Umständen so gleichen, daß unter Berücksichtigung aller als wesentlich heranziehbaren Gesichtspunkte kein Unterschied festgestellt werden kann, ist es m. E. allein gerechtfertigt, wenn die Behörde diese Fälle ebenso gleich behandeln muß, wie sie dies tun müßte, wenn sich die Fälle in allen maßgeblichen Voraussetzungen gleichen, ohne daß irgendein Umstand (in allen Fällen gleichermaßen) unklar geblieben ist.

b) Unklarheit im rechtlichen Bereich

Bei einer Ungewißheit der Behörde über die *Rechtslage* wird zum Teil[24] die Befugnis zum Abschluß von Vergleichsverträgen überhaupt verneint. Hier geht es lediglich um die Frage, ob das Abweichen von der gesetzlich vorgesehenen, wenn auch „objektiv" oder subjektiv ungewissen Rechtsfolge durch eine vergleichsweise Regelung unter dem Gesichtspunkt des *Art. 3 Abs. 1 GG* unzulässig ist[25].

Bei der Frage der Ungewißheit über die Rechtslage lassen sich zwei Fallgruppen unterscheiden: Die Ungewißheit hinsichtlich der Anwendbarkeit einer Norm überhaupt bzw. der gesetzlich vorgesehenen Rechtsfolge und die Ungewißheit darüber, ob bestimmte Fälle unter eine

---

[22] So aber *Salzwedel*, Die Grenzen der Zulässigkeit S. 130.
[23] Vgl. auch *Forsthoff* S. 265.
[24] *Ule - Becker*, Verwaltungsverfahren S. 68 f.; *Wolff*, Verwaltungsrecht § 44 I b 3 ß; weitergehend BVerwGE 14, 103.
[25] Vgl. dazu auch *Forsthoff* S. 265.

Norm fallen, während die Anwendbarkeit dieser Norm auf andere Fälle für die Behörde feststeht. Legt man die geläufige Auffassung[26] vom Gleichheitssatz als Gebot einer Rechtsanwendung „ohne Ansehen der Person" zugrunde, so läßt sich weder im ersten noch im zweiten Fall ein Verstoß gegen den Gleichheitssatz durch den Abschluß eines Vergleichsvertrages als solchen bejahen. Das bewußte Abweichen von der gesetzlich vorgesehenen Rechtsfolge durch den vergleichsweisen Abschluß eines öffentlich-rechtlichen Vertrages, regelmäßig mit einem Inhalt, der zwischen den von der Behörde als möglich angesehenen Auslegungen des Gesetzes liegt, erfolgt durchaus „ohne Ansehen der Person", nämlich allein mit Rücksicht auf die Ungewißheit der Behörde hinsichtlich der richtigen (rechtmäßigen) Auslegung des Gesetzes. Legt man die hier vertretene[27] Deutung des Gleichheitssatzes im Bereich der Gesetzesanwendung als Verbot einer Differenzierung durch eine bewußt abweichende Gesetzesanwendung gegenüber der sonstigen rechtmäßigen Rechtsanwendungspraxis zugrunde, so liegt jedenfalls in den Fällen der Ungewißheit hinsichtlich der Anwendbarkeit der Norm überhaupt bzw. der gesetzlich vorgesehenen Rechtsfolge kein Verstoß gegen den *Gleichheitssatz* vor. Die Behörde weicht in allen Fällen, die an sich der Norm unterfallen, von der gesetzlich vorgeschriebenen Rechtsfolge ab und trifft eine eigene Regelung. Sie sieht also nicht nur in einzelnen Fällen, sondern ganz allgemein, sei es auch vielfach aus Mangel an Entschlossenheit, von der Anwendung dieser Norm ab.

Etwas anderes könnte aber in den Fällen gelten, in denen die Anwendbarkeit einer *zwingenden* Norm für die Behörde zweifelhaft ist, während sie für bestimmte andere Fälle deren Anwendbarkeit bejaht. Hier könnte bereits die vergleichsweise Regelung als solche einen Verstoß gegen den Gleichheitssatz bedeuten, sofern die an der vertragsmäßigen Regelung Beteiligten tatsächlich von der bestehenden Vorschrift erfaßt und gegenüber denen, bei denen die betreffende Norm uneingeschränkt angewendet wird, ungleich behandelt werden. Die Behörde sieht in diesen Fällen von der Anwendung der Norm auf alle von ihr Erfaßten bewußt, im Sinne strafrechtlicher Terminologie: mit bedingtem Vorsatz, ab und behandelt einen Teil von ihnen durch die vertragliche Regelung abweichend von der gesetzlichen Rechtsfolge und ihrer Praxis in den übrigen, für sie rechtlich zweifelsfreien Fällen. Da die Unterscheidung hier nicht mehr an allgemein sachlichen Gesichtspunkten ausgerichtet werden kann, — auf Grund des gesetzlich abschließend umschriebenen Tatbestandes und der entsprechenden

---

[26] *Ipsen*, Gleichheit S. 142; Franz *Klein* S. 167; *Wernicke* in BK Art. 3 Anm. II 1 b.
[27] Vgl. oben S. 90.

7. Kapitel: Geltungsbereich der Selbstbindung

Rechtsfolge ist eine weitere Differenzierung nach „sachlichen" Merkmalen nicht zulässig[28] — handelt es sich um eine gleichheitswidrige Differenzierung. Der Abschluß von Vergleichsverträgen ist somit wegen Verstoßes gegen den Gleichheitssatz unzulässig, wenn die Behörde von der Anwendung einer zwingenden Norm in bestimmten Fällen, in denen sie unsicher ist, ob sie von der Norm erfaßt werden oder nicht, abweicht.

Unterstellt man im übrigen die Zulässigkeit von Vergleichsverträgen nach allgemeinen verwaltungs- und verfassungsrechtlichen Grundsätzen, so stellt sich die weitere Frage nach der *inhaltlichen* Bindung durch den Gleichheitssatz.

Soweit es sich um Zweifel hinsichtlich der Bedeutung einer Norm handelt, die ihre Gültigkeit als solche, etwa ihre Verfassungsmäßigkeit bzw. den Inhalt der angeordneten Rechtsfolge in Frage stellen, ist die Ungewißheit in allen Fällen, die an sich von der Norm erfaßt werden, dieselbe. Da aber — wenn überhaupt — nur diese Ungewißheit die Behörde zu einer vergleichsweisen Regelung berechtigen kann, muß die vertragliche Regelung diese Ungewißheit in allen Fällen gleichermaßen berücksichtigen. Ebenso wie die Behörde bei einer Anwendung der Norm alle Fälle hätte gleich im Sinne dieser Norm entscheiden müssen, kann sie nun bei einer an die Stelle der Gesetzesanwendung tretenden vertraglichen Regelung nur eine gleiche andere Regelung setzen, die lediglich die Ungewißheit hinsichtlich der eigentlich eingreifenden Rechtsfolge berücksichtigt. Das hindert sie zwar nicht, von dieser Regelung wieder abzugehen, wenn sie sich doch zu einer Entscheidung durchgerungen hat und gegebenenfalls eine gerichtliche Entscheidung herbeiführen will oder auch wenn sie grundsätzlich nur noch eine andere vertragliche Regelung treffen will[29]; solange sie sich aber nicht zu einer grundsätzlich geänderten Praxis entschließt, muß sie alle Fälle gleich behandeln. Diese Lösung bedeutet nicht einen in sich widersprüchlichen Vergleichszwang, sondern ist die Konsequenz der in allen Fällen gleichermaßen vorliegenden Ungewißheit über die wahre Rechtslage. Wenn man schon die Ungewißheit der Behörde über die wahre Rechtslage als Grundlage für eine vergleichsweise Regelung ansieht, erscheint es weder rechtsstaatlich noch verwaltungspolitisch bedenklich, die Behörde dann wenigstens auf eine einheitliche Auffassung festzulegen[30].

---

[28] Das übersieht *Salzwedel*, Die Grenzen der Zulässigkeit S. 129.
[29] Vgl. oben S. 63.
[30] Dagegen lehnen *Eyermann - Fröhler*, VwGO § 40 Rdn. 11 bei einer Vielzahl gleichgelagerter Fälle bereits die Zulässigkeit einer vertraglichen Regelung ab und verweisen die Behörde auf ein einseitig hoheitliches Handeln.

Die gleichen Grundsätze haben zu gelten, wenn es sich um eine Unsicherheit über die Anwendbarkeit einer nicht zwingenden Norm auf einen bestimmten Kreis von Fällen handelt. Soweit für diesen Kreis eine besondere vertragliche Regelung getroffen wird, kann die Behörde den Faktor der Unsicherheit hinsichtlich der Rechtslage in allen Fällen nur gleichermaßen berücksichtigen, muß sie daher alle Fälle, soweit sie in den wesentlichen Voraussetzungen gleichgelagert sind, gleich behandeln[31].

2. Austauschverträge

Eine weitere Gruppe innerhalb des Bereichs öffentlich-rechtlicher Verträge bilden die Austauschverträge, bei denen eine Leistung öffentlich-rechtlichen Inhalts von einem der Vertragspartner gegen eine Gegenleistung des anderen erbracht wird[32]. Die Anerkennung der Zulässigkeit von Austauschverträgen beruht auf der Auffassung, daß eine Behörde bei der Wahrnehmung der ihr obliegenden Aufgaben nicht auf die Berücksichtigung der eigentlichen Ressortinteressen, z. B. gewerbesteuerrechtlicher, bauordnungs- oder wegerechtlicher, beschränkt ist, sondern auch allgemeine Verwaltungsinteressen, ohne mit dem Verbot unsachgemäßer Koppelungen in Konflikt zu geraten, berücksichtigen kann[33]. Der Abschluß von Austauschverträgen führt regelmäßig zu einer Ungleichbehandlung auf zwei Ebenen: Einmal gegenüber denjenigen, die keine Gegenleistung erbringen, mit denen also kein Vertrag abgeschlossen wird, zum anderen gegenüber denjenigen, die ebenfalls eine Gegenleistung erbringen, mit denen aber ein Vertrag anderen Inhalts abgeschlossen wird.

Soweit die Differenzierung darin liegt, daß dem einen Erwerber eine Leistung öffentlich-rechtlichen Inhalts vertraglich gewährt, einem anderen, der keine Gegenleistung erbringt, aber versagt wird, ist die Ungleichbehandlung auf Grund der verschiedenen Sachverhalte[34] — Gewährung einer im Verwaltungsinteresse liegenden, zulässigerweise zu berücksichtigenden Gegenleistung auf der einen, Versagung einer Gegenleistung auf der anderen Seite — gerechtfertigt.

Dasselbe muß grundsätzlich auch dort gelten, wo angesichts der verschiedenen Gegenleistungen unterschiedliche vertragliche Regelungen getroffen werden. Je nach dem Gewicht der gebotenen Gegenleistung liegen, sofern man deren Berücksichtigung aus Gründen des

---

[31] Vgl. auch *Tetzner*, Kartellrecht S. 177 für § 26 II GWG.
[32] *Salzwedel*, Die Grenzen der Zulässigkeit S. 130.
[33] Vgl. *Salzwedel*, Die Grenzen der Zulässigkeit S. 131.
[34] Vgl. oben S. 67; im Ergebnis ebenso, aber in der Begründung anders: *Salzwedel*, Die Grenzen der Zulässigkeit S. 130/131.

allgemeinen Verwaltungsinteresses überhaupt für zulässig erklärt, unterschiedliche Sachverhalte vor, deren unterschiedliche Behandlung grundsätzlich gerechtfertigt erscheint. Eine eigentliche Gleichbehandlungsproblematik taucht damit erst auf, wenn die Gegenleistungen in mehreren Fällen gleich sind. Der Fall, daß mehrere Gegenleistungen als gleich zu bezeichnen sind, dürfte aber sehr selten sein; ein Gleichheitsurteil läßt sich praktisch nur dort fällen, wo es um zahlenmäßige Größen geht oder aber die beiden Leistungen inhaltlich wie umfangmäßig übereinstimmen. Dagegen fehlt es bei einer bloßen „Gleichwertigkeit", die notwendig eine subjektive Wertung voraussetzt, bereits an der für die Gleichheitsbindung vorausgesetzten effektiven Gleichheit mehrerer Fälle; ob die Behörde eine Gegenleistung in diesem oder in jenem Maße einschätzt, ob sie z. B. mehr Wert auf die Errichtung von Garagenbauten oder von bloßen Einstellplätzen legt, ist eine Frage, die ihrer eigenen Einstellung überlassen bleiben muß. Insofern wird die Gleichheitsbindung erst von Bedeutung, wenn die Behörde *selbst* die Gleichwertigkeit verschiedener Gegenleistungen *anerkannt* hat und damit wieder die effektive Gleichheit eines neuen Falles mit dem früheren (einem anderen als „gleichwertig" erachteten) Fall festgestellt werden kann. Soweit die Gegenleistungen für die erwünschte öffentlich-rechtliche Leistung als gleich feststehen, könnte der Gleichheitssatz die Behörde dazu zwingen, all denen, die die gleichen Gegenleistungen anbieten, jeweils die gleiche Leistung öffentlich-rechtlichen Inhalts zu gewähren. Die Annahme einer derartigen Gleichbehandlungspflicht (Kontrahierungspflicht) wäre allerdings unzulässig, wenn die Verwaltung im Bereich öffentlich-rechtlicher Verträge eine der Privatautonomie von Privatrechtssubjekten entsprechende Kontrahierungsfreiheit besäße, die ihrem Wesen nach gerade die Freiheit des Staates beinhaltete, in jedem einzelnen Fall je nach der Einstellung des Vertragskontrahenten den Vertragsinhalt verschieden zu gestalten. Die Regelung atypischer Fälle und damit das Abstellen auf den jeweiligen Einzelfall ist gerade Kennzeichen des Vertrages im Gegensatz zum Gesetz, das notwendig typisierend sein muß[35].

Dennoch erscheint es zweifelhaft, ob der mehr auf den Einzelfall abgestellte Charakter des öffentlich-rechtlichen Vertrages wie jeden Vertrages es rechtfertigt, eine Gleichbehandlungspflicht generell zu verneinen und die inhaltliche Ausgestaltung jeweils von der Nachgiebigkeit oder Starrheit des einzelnen wie der Behörde abhängig zu machen. Entscheidend dürfte sein, daß der Abschluß öffentlich-rechtlicher Verträge nur eine besondere Form bei der unmittelbaren Verfolgung öffentlicher Zwecke darstellt. Wie die Verwaltungsbehörde bei der Wahrung

---

[35] Vgl. *Forsthoff* S. 265; *Stern* VerwArch 49, 146 sowie — im Anschluß an diese — BVerwG NJW 1966, 1937.

§ 19 Selbstbindung im Bereich subordinationsrechtlicher Verträge

öffentlicher Aufgaben in anderen Formen, etwa denen des Privatrechts, an den Gleichheitssatz gebunden ist und die Voraussetzungsgleichheit mehrerer Fälle zu berücksichtigen hat, muß sie auch bei Abschluß öffentlich-rechtlicher Verträge grundsätzlich ihr Verhalten in anderen gleichgelagerten Fällen berücksichtigen. Das bedeutet nicht, daß sie in den zahlenmäßig ohnehin seltenen Fällen völliger Übereinstimmung dem Vertragsgegner von sich aus ihren in den bisherigen Verträgen eingenommenen Standpunkt aufdrängen muß. Wenn der Vertragspartner der Behörde eine Regelung anbietet, die günstiger ist als frühere Regelungen in gleichgelagerten Fällen, ist die Behörde nicht verpflichtet, eine solche Regelung abzulehnen. Sie darf jedoch nicht einer Regelung ihre Zustimmung verweigern, die den Regelungen früherer Übereinkommen entspricht[36], sofern sie diese weiterhin für angemessen hält und nicht zu der Auffassung gelangt ist, nur noch bei einer höheren Gegenleistung die gleiche öffentlich-rechtliche Leistung oder bei der gleichen Gegenleistung eine geringere öffentlich-rechtliche Leistung zu erbringen.

Die Gebundenheit durch den Gleichheitssatz in den Fällen völliger Übereinstimmung der Vertragsgrundlagen, d. h. der angebotenen Gegenleistung sowie den sonstigen sachlichen Voraussetzungen, muß vor allem dann gelten, wenn man die Befugnis der Behörde, nach ihrem Ermessen zu entscheiden, gleichzeitig als Ermächtigung ansieht, die betreffende Materie auch in Form öffentlich-rechtlicher Verträge zu regeln[37]. Die Behörde kann nicht bei einem Vertragsabschluß von der grundsätzlichen Gleichbehandlungspflicht freigestellt sein, während sie bei einer einseitig hoheitlichen Regelung derselben Materie einer grundsätzlichen Pflicht zur Gleichbehandlung unterliegt[38]. Sinn des Vertrages ist in erster Linie, atypische Fälle in der Form beiderseitigen Einvernehmens regeln zu können, nicht aber der Behörde die Möglichkeit zu verschaffen, unter allen Umständen ein „günstiges" Ergebnis auszuhandeln.

Im Bereich öffentlich-rechtlicher Verträge besteht somit nicht eine Abschluß- und Gestaltungsfreiheit der Behörde in dem Sinne, daß die jeweilige Ausgestaltung des Vertrages der Nachgiebigkeit und Verständnisbereitschaft der Beteiligten überlassen werden soll[39] und in

---

[36] A.A. BGH JZ 1965, 282, nach dem der Gleichheitssatz einem Siedler kein Recht gibt, sich auf „derselben Grundlage" zu vergleichen, auf der sich bereits die anderen Siedler mit der Behörde verglichen haben.
[37] Vgl. *Eyermann - Fröhler*, VwGO § 40 Rdn. 10 m. w. N.
[38] Vgl. auch *Stern* VerwArch 49, 146.
[39] Ähnl. *Forsthoff* S. 265; *Imboden* S. 51; vgl. auch *Haueisen* NJW 1967, 591, nach dem öffentlich-rechtliche Verträge nicht ohne weiteres an den Grundsätzen für die Beurteilung zivilrechtlicher Verträge gemessen werden können.

jedem Einzelfall die günstigsten Bedingungen von den Parteien ausgehandelt werden sollen. Der unterschiedliche Zweck von öffentlichrechtlichen und privatrechtlichen Verträgen rechtfertigt es daher, über das besondere Gleichheitsprinzip[40] der Angemessenheit von Leistung und Gegenleistung (vgl. § 138 Abs. 2 BGB) hinaus auf den allgemeinen Gleichheitssatz des Art. 3 Abs. 1 GG zurückzugreifen.

Das bedeutet die Möglichkeit einer Selbstbindung im Rahmen von Vergleichsverträgen bei Gleichheit von geklärten und ungeklärten Umständen, im Rahmen von Austauschverträgen bei Gleichheit aller Voraussetzungen einschließlich der Gegenleistung. Die Selbstbindung hat hier die Pflicht der Behörde zum Inhalt, die Voraussetzungsgleichheit mit den bisher durch Vertrag geregelten Fällen zu berücksichtigen und damit in gleichgelagerten Fällen zu den Bedingungen anderer Fälle abzuschließen, wenn sie diese Bedingungen weiterhin für angemessen hält und nicht die Absicht hat, grundsätzlich nur noch zu geänderten Bedingungen ihre Leistung öffentlich-rechtlichen Inhalts zu erbringen.

---

[40] Götz *Hueck* S. 4, 12; vgl. oben S. 24.

Achtes Kapitel

§ 20 Zusammenfassung und Ergebnis

1. Selbstbindung der Verwaltung bedeutet Bindung der Verwaltungsbehörden im Bereich eigener Wertungsmöglichkeiten an das von ihnen gesetzte Differenzierungsschema.

2. Als spezifische Form der Gleichheitsbindung im Bereich eigener Wertungen durch die Verwaltung findet sie ihre Rechtsgrundlage im Gleichheitssatz des Art. 3 Abs. 1 GG; insofern läßt sie sich als die inhaltlich in die „Freiheit" der Verwaltung gestellte Konkretisierung der Fremdbindung durch Art. 3 Abs. 1 GG bezeichnen.

3. Eine inhaltliche Deutung des Gleichheitssatzes und damit der auf diesem beruhenden Selbstbindung ist nur möglich unter Beachtung der Einordnung des Gleichheitssatzes in den konkreten, gewaltengegliederten Rechtsstaat, der das Ermessen der Verwaltung traditionell mitumfaßt.

4. Demgemäß fordert der Gleichheitssatz nur Gleichheit im Rahmen des Ermessens, d. h. unter Beachtung der der Verwaltung eingeräumten Befugnis zur Gestaltung von Lebenssachverhalten in dem von ihr jeweils für zweckmäßig erachteten Sinn.

5. Aus der gegenseitigen Ausrichtung von Gleichheitssatz und Ermessen folgt die Verpflichtung der Behörde, die Gleichheit mehrerer Fälle im Rahmen ihres Entscheidungsspielraums zu beachten und grundsätzlich mit gleichem Maß zu messen.

6. Das bedeutet im einzelnen:

    (a) Die Pflicht zur gleichen Behandlung von gleichzeitig zu entscheidenden, in den Voraussetzungen übereinstimmenden Fällen;

    (b) das Verbot, innerhalb eines überschaubaren, einer einheitlichen Beurteilung zugänglichen Komplexes differenzierende Auffassungen zu vertreten;

    (c) das Verbot, im Einzelfall von der sonstigen Praxis in gleichliegenden Fällen abzuweichen oder in verhältnismäßig ungleichen Fällen einen unterschiedlichen Maßstab anzulegen. Dagegen ist ein

8. Kapitel: Zusammenfassung und Ergebnis

Abweichen von der bisherigen Praxis zum Zwecke einer grundsätzlichen Änderung der Verwaltungsübung aus sachlichen Gründen, auch im Hinblick auf eine unterschiedliche Bewertung bereits bekannter Umstände, mit dem Gleichheitssatz vereinbar.

7. Gleichheit bedeutet Übereinstimmung in den erheblichen Voraussetzungen. Maßgeblich für die Erheblichkeit sind der Zweck der Norm (Maßnahme), aber auch andere im Verwaltungsinteresse liegende Gesichtspunkte, die ohne Verstoß gegen das Verbot unsachgemäßer Koppelungen berücksichtigt werden dürfen, weiterhin die Grundentscheidungen der Verfassung sowie die Grundforderungen der Gerechtigkeit.

8. Der Gleichheitssatz beinhaltet sowohl ein Verbot ungleicher Belastungen wie ein Verbot ungleicher Begünstigungen; ein subjektiv öffentliches Recht gewährt er aber nur, soweit dem einzelnen selbst eine Begünstigung versagt oder eine Belastung auferlegt wird.

9. Die Selbstbindung gewährt dem einzelnen ein formelles Recht auf Berücksichtigung der (absoluten oder relativen) Voraussetzungsgleichheit; dessen Mißachtung führt regelmäßig nur zur Aufhebung der gleichheitswidrigen Maßnahme bei gleichzeitiger Verpflichtung, den Betroffenen unter Berücksichtigung der Gleichheit erneut zu bescheiden. Nur ausnahmsweise ergibt sich aus dem Gleichheitssatz ein Anspruch auf ein konkretes (gleiches oder verhältnismäßig ungleiches) Handeln, wenn es sich um einen geschlossenen, einer einheitlichen Beurteilung zugänglichen Komplex handelt oder wenn die Behörde im Einzelfall von ihrer sonstigen Praxis abweichen will.

10. Bei der Selbstbindung handelt es sich weder um eine Art mittelbarer Rechtsetzung noch um eine besondere Form der Bildung von Gewohnheitsrecht, da sie regelmäßig keine Ansprüche auf ein konkretes Verhalten der Behörde erzeugt.

11. Während eine differenzierende Ermessensausübung in gleichgelagerten Fällen als Verstoß gegen den Gleichheitssatz gerügt werden kann, stellt die „bloß" falsche Rechtsanwendung noch nicht eine Verletzung des Gleichheitssatzes dar. Ebensowenig wie der Gleichheitssatz generell eine falsche Ermessensausübung verbietet, verbietet er die falsche Rechtsanwendung als solche; im Rahmen strikter Rechtsanwendung beinhaltet der Gleichheitssatz vielmehr das Verbot, durch bewußt falsche Anwendung des Gesetzes in Einzel-

fällen ein eigenes von der richtigen Rechtsanwendungspraxis abweichendes Maß zu setzen.

12. Die Selbstbindung wird regelmäßig — im Falle relativer Ungleichheit begriffsnotwendig — erst auf Grund einer mehrere Fälle umfassenden Verwaltungsübung akut; sie setzt eine rechtmäßige Praxis voraus.

13. Verwaltungsverordnungen kommt keine eigenständige Bedeutung im Hinblick auf die Selbstbindung zu; sie erlangen nur mittelbar durch das tatsächliche Befolgen Bindungswirkung.

14. Die Selbstbindung ist auf den Bereich der Behörde beschränkt, die nach außen für die Entscheidung unmittelbar verantwortlich ist und jeweils mit einer Gleichbehandlung oder Differenzierung in Erscheinung tritt.

15. Soweit man die Zulässigkeit vorbehaltsfreier Leistungsverwaltung anerkennt, haben dort die gleichen Grundsätze zu gelten wie bei der Ausübung von (gesetzlich ausdrücklich zuerkanntem) Ermessen.

16. Der Gleichheitssatz hat auch dort unmittelbare Geltung, wo die Verwaltung öffentliche Aufgaben in privatrechtlichen Formen wahrnimmt. Im Bereich rein fiskalischer Betätigung von Verwaltungsträgern kommt ihm eine dem übrigen Privatrechtsverkehr gegenüber gesteigerte mittelbare Geltung über die Generalklauseln des bürgerlichen Rechts zu.

17. Bei der Anwendung unbestimmter Rechtsbegriffe mit Beurteilungsspielraum gelten die zur Gleichheitsbindung im Rahmen der Ermessensausübung entwickelten Grundsätze entsprechend. Eine Gleichheitsbindung bei der Beurteilung schulischer und dienstlicher Leistungen kommt nur insoweit in Betracht, als die der Bewertung zugrunde liegenden Leistungen als solche feststehen.

18. Im Rahmen öffentlich-rechtlicher Verträge ist zu differenzieren: Während der Gleichheitssatz bei Unklarheit über die Anwendbarkeit einer zwingenden Norm auf einen bestimmten Kreis von Fällen bereits den Abschluß eines Vergleichsvertrages verbietet, führt er in den übrigen Fällen zu einer grundsätzlichen Selbstbindung der Behörde bei der Vertragsgestaltung. Soweit vertragliche Regelungen im Hinblick auf eine Unklarheit über die Rechtslage zulässig sind, haben sie den Unsicherheitsfaktor in allen Fällen gleichermaßen zu berücksichtigen; bei Vergleichsverträgen auf Grund einer Ungewißheit im tatsächlichen Bereich sowie bei Austauschverträgen ist die Selbstbindung praktisch von geringerer Bedeutung, wenn auch grundsätzlich möglich.

Schrifttumsverzeichnis

Aldag, Heinrich: Die Gleichheit vor dem Gesetz in der Reichsverfassung, Berlin 1925.

Anschütz, Gerhard: Die Verfassung des Deutschen Reiches vom 11. 8. 1919, Kommentar 14. Aufl., Berlin 1933.

Apelt, Willibald: Der verwaltungsrechtliche Vertrag, Leipzig 1920.

Arndt, Adolf: Besprechung der 2. Aufl. der Leibholzschen Dissertation in: NJW 1961, 2154.

Bachof, Otto: Begriff und Wesen des sozialen Rechtsstaats in: VVDStRL 12 (Berlin 1954) S. 37 ff.

— Die Rechtsprechung des Bundesverwaltungsgerichts in: JZ 1957, 334 ff., JZ 1962, 399 ff.

— Freiheit des Berufs in: Bettermann, Nipperdey, Scheuner, Die Grundrechte 3. Band, 1. Halbband, Berlin 1958, S. 155 ff.

Bettermann, Karl August: Rechtsgleichheit und Ermessensfreiheit in: Der Staat 1962, S. 79 ff.

Bockelmann, Paul: Einführung in das Recht, München 1963.

Böckenförde, Werner: Der allgemeine Gleichheitssatz und die Aufgabe des Richters, Münstersche Beiträge zur Rechts- und Staatswissenschaft, Heft 5, Berlin 1957.

Bonner Kommentar: Kommentar zum Bonner Grundgesetz, Loseblattausgabe, Stand 17. Lieferung (1966), Hamburg 1950 ff. (1964 ff.), zit.: Name des Bearbeiters in BK.

Brohm, Winfried: Verwaltungsvorschriften und besonderes Gewaltverhältnis in: DÖV 1964, 238 ff.

Curti, Eugen: Das Prinzip der Gleichheit vor dem Gesetze (Art. 4 der schweizerischen Bundesverfassung), Diss. St. Gallen 1888.

Drews - Wacke: Allgemeines Polizeirecht — Ordnungsrecht — der Länder und des Bundes von Gerhard Wacke, bearbeitet von Bill Drews, 7. Aufl. Berlin, Köln, München, Bonn 1961.

Dürig, Günter: Gleichheit in: Staatslexikon, herausgegeben von der Görres-Gesellschaft, 3. Band (Freiburg 1959) Sp. 983 ff.

Ehmke, Horst: „Ermessen" und „unbestimmter Rechtsbegriff" im Verwaltungsrecht in: Recht und Staat, Heft 230/231 (Tübingen 1960).

Enneccerus - Nipperdey: Allgemeiner Teil der Bürgerlichen Rechts, 1. Halbband, 15. Aufl., Tübingen 1959.

Esser, Josef: Einführung in die Grundbegriffe des Rechtes und Staates, Wien 1949.

Eyermann - Fröhler: Verwaltungsgerichtsordnung, Kommentar von Erich Eyermann und Ludwig Fröhler, 4. Aufl., München und Berlin 1965.

Fleiner, Fritz: Institutionen des Deutschen Verwaltungsrechts, 8. Aufl., Tübingen 1928.

Forsthoff, Ernst: Lehrbuch des Verwaltungsrechts, 1. Band Allgemeiner Teil, 9. Aufl., München und Berlin 1966.

Fuss, Ernst-Werner: Gleichheitssatz und Richtermacht in: JZ 1959, 329 ff.

— Normenkontrolle und Gleichheitssatz, Die Rechtsprechung des Bundesverfassungsgerichts zu Art. 3 I GG in: JZ 1962, 565 ff., 595 ff., 737 ff.

Geiger, Willi: Der Gleichheitssatz und der Gesetzgeber, Staats- und verwaltungswissenschaftliche Beiträge, herausgegeben von der Hochschule für Verwaltungswissenschaften Speyer 1957.

Giacometti, Zaccaria: Allgemeine Lehren des rechtsstaatlichen Verwaltungsrechts, 1. Band, Zürich 1960.

Giese - Schunck: Grundgesetz für die Bundesrepublik Deutschland vom 23. Mai 1949, erläutert von Friedrich Giese, neu bearbeitet von Egon Schunck, 6. Aufl., Frankfurt 1962.

Gneist, Rudolf: Der Rechtsstaat und die Verwaltungsgerichte in Deutschland, 3. Aufl. (unveränderter Nachdruck der 2. Aufl. von 1879), Darmstadt 1958.

Hamann, Andreas: Das Grundgesetz für die Bundesrepublik Deutschland vom 23. Mai 1949, 2. Aufl., Neuwied/Berlin 1961.

Haueisen, Fritz: Die Voraussetzungen der Rechtswidrigkeit eines Verwaltungsakts in: NJW 1960, 1881 ff.

Hesse, Konrad: Der Gleichheitsgrundsatz im Staatsrecht in: AöR 77 (1951/1952) S. 167 ff.

— Der Rechtsstaat im Verfassungssystem des Grundgesetzes in: Festgabe für Rudolf Smend, Göttingen 1952, S. 71 ff.

— Grundzüge des Verfassungsrechts der Bundesrepublik Deutschland, Karlsruhe 1967, zit.: Hesse, Grundzüge

Höhn, Ernst: Gewohnheitsrecht im Verwaltungsrecht, Bern 1960.

Hueck, Alfred: Die Bedeutung des Art. 3 des Bonner Grundgesetzes für die Lohn- und Arbeitsbedingungen der Frauen, Rechtsgutachten, Heft 2 der Schriftenreihe der Bundesvereinigung der Deutschen Arbeitgeberverbände, Köln 1951.

Hueck, Götz: Der Grundsatz der Gleichbehandlung im Privatrecht, Band 8 der Schriften des Instituts für Wirtschaftsrecht an der Universität Köln, München und Berlin 1958.

Husserl, Edmund: Logische Untersuchungen, 2. Band 1. Teil, 2. Aufl., Halle a. d. S. 1913.

Imboden, Max: Der verwaltungsrechtliche Vertrag, Basel 1958.

Ipsen, Hans Peter: Gleichheit in: Die Grundrechte, herausgegeben von Neumann - Nipperdey - Scheuner, Band 2, Berlin 1954, S. 112 ff.

Jahrreiß, Hermann: Die staatsbürgerliche Gleichheit in: Handbuch des Deutschen Staatsrechts, herausgegeben von Anschütz - Thoma, 2. Band, Tübingen 1932, S. 624 ff.

Jellinek, Georg: Gesetz und Verordnung, Neudruck der Ausgabe von 1887, Tübingen 1919.

Jellinek, Walter: Gesetz, Gesetzesanwendung und Zweckmäßigkeitserwägung, Tübingen 1913, zit.: W. Jellinek, Gesetz.

— Treu und Glauben im Verwaltungsrecht in: RuPrVBl 52, 805 ff.

— Verwaltungsrecht, unveränderter Nachdruck der 1929 erschienenen 3. Aufl., Offenburg 1950, zit.: W. Jellinek, Verwaltungsrecht.

Jesch, Dietrich: Gesetz und Verwaltung, Band 2 der Tübinger Rechtswissenschaftlichen Abhandlungen, Tübingen 1961, zit.: Jesch, Gesetz.

— Unbestimmter Rechtsbegriff und Ermessen in rechtstheoretischer und verfassungsrechtlicher Sicht in: AöR 82 (1957) S. 163 ff.

Kaufmann, Erich: Die Gleichheit vor dem Gesetz iSd Art. 109 der Reichsverfassung in: VVDStRL 3 (Berlin und Leipzig 1927) S. 2 ff.

Klein, Franz: Gleichheitssatz und Steuerrecht, Köln 1966.

Klein, Rüdiger: Die Kongruenz des verwaltungsrechtlichen Ermessensbereichs und des Bereichs rechtlicher Mehrdeutigkeit in: AöR 82 (1957) S. 75 ff.

Klinger, Hans: Verwaltungsgerichtsordnung, Kommentar, 2. Aufl., Göttingen 1964.

Köhler, Heinz: Der verwaltungsgerichtliche Rechtsschutz im sozialen Rechtsstaat, Diss. Frankfurt a. M. 1954.

König, Manfred: Grundrechtsbindung und gerichtliche Nachprüfung von Gnadenakten, Diss. Tübingen 1961.

Krüger, Hildegard: Der Gleichbehandlungsgrundsatz als Rechtsgrundlage öffentlich-rechtlicher Gruppenrechte in: DVBl 1955, 178 ff., 208 ff.

Lanz, Horst: Selbstbindung der Verwaltung bei Ermessensausübung in: NJW 1960, 1797 ff.

Larenz, Karl: Lehrbuch des Schuldrechts, 1. Band, 7. Aufl., München und Berlin 1964.

Lehner, Karl: Der Grundsatz der Gleichmäßigkeit der Besteuerung, Diss. Erlangen 1953.

Leibholz, Gerhard: Die Gleichheit vor dem Gesetz, 2. Aufl. der 1925 erschienenen 1. Aufl. (Diss.), erweitert durch eine Reihe ergänzender Beiträge, München und Berlin 1959, zit.: Leibholz, Gleichheit.

Leibholz - Rinck: Grundgesetz für die Bundesrepublik Deutschland, Kommentar an Hand der Rechtsprechung des Bundesverfassungsgerichts von Gerhard Leibholz, H. J. Rinck und K. Helberg, Köln 1966.

Leisner, Walter: Grundrechte und Privatrecht, Münchener Öffentlich-Rechtliche Abhandlungen 1. Heft, München 1960.

von Lemayer, Karl Freiherr: Apologetische Studien zur Verwaltungsgerichtsbarkeit in: GrünhZ 22 (1895) S. 353 ff.

Mainzer, Otto: Gleichheit vor dem Gesetz — Gerechtigkeit und Recht, Berlin 1929.

Mallmann, Walter: Schranken nichthoheitlicher Verwaltung in: VVDStRL 19 (Berlin 1961) S. 165 ff.

v. Mangoldt - Klein: Das Bonner Grundgesetz, erläutert von Hermann von Mangoldt, 2. Aufl. von Friedrich Klein, Band 1, Berlin und Frankfurt 1957.

Maunz, Theodor: Deutsches Staatsrecht, 15. Aufl., München und Berlin 1966, zit.: Maunz (o. Zusatz) S.

— Die staatsbürgerliche Gleichheit in: Gedächtnisschrift Hans Peters, Berlin, Heidelberg, New York 1967, S. 558 ff., zit.: Maunz, Gleichheit.

Maunz - Dürig: Grundgesetz, Kommentar von Theodor Maunz und Günter Dürig, Band 1, München und Berlin Stand 1966, zit.: Name des Bearbeiters in Maunz - Dürig.

Mayer, Otto: Deutsches Verwaltungsrecht 1. Band, unveränderter Nachdruck der 1924 erschienenen 3. Aufl., Berlin 1961.

Menger, Christian-Friedrich: Der Schutz der Grundrechte in der Verwaltungsgerichtsbarkeit in: Bettermann - Nipperdey - Scheuner, Die Grundrechte 3. Band 2. Halbband, Berlin 1959, S. 717 ff., zit.: Menger, Der Schutz.

— Höchstrichterliche Rechtsprechung zum Verwaltungsrecht in: VerwArch 51 (1960) S. 64 ff.

— Rechtssatz, Verwaltung und Verwaltungsgerichtsbarkeit in: DÖV 1955, 587 ff.

Mertens, Hans-Joachim: Das Recht auf Gleichbehandlung im Verwaltungsprivatrecht in: JUS 1963, 391 ff.

— Die Selbstbildung der Verwaltung auf Grund des Gleichheitssatzes, Kieler Rechtswissenschaftliche Abhandlungen Nr. 4, Hamburg 1963, zit.: Mertens, Selbstbindung.

von Münch, Ingo: Bindung an den Gleichheitssatz bei Subventionsgewährung in: AöR 85 (1960) S. 270 ff.

Nawiasky, Hans: Die Gleichheit vor dem Gesetz i. S. des Art. 109 der Reichsverfassung in: VVDStRL 3 (Berlin und Leipzig 1927) S. 25 ff.

Nef, Hans: Gleichheit und Gerechtigkeit, Zürich 1941.

Obermayer, Klaus: Grundzüge des Verwaltungsrechts und des Verwaltungsprozeßrechts, Stuttgart, München, Hannover 1964.

Ossenbühl, Fritz: Die Verwaltungsvorschriften in der verwaltungsgerichtlichen Praxis in: AöR 92 (1967) S. 1 ff.

Peters, Hans: Lehrbuch der Verwaltung, Berlin, Göttingen, Heidelberg 1949, zit.: Peters, Lehrb.

— Verwaltung ohne gesetzliche Ermächtigung? in: Verfassungsrecht und Verfassungswirklichkeit, Festschrift für Hans Huber, Bern 1961, S. 206 ff.

Püttner, Günter: Unlauterer Wettbewerb der öffentlichen Hand in: GRUR 1964, 359 ff.

Redeker - von Oertzen: Verwaltungsgerichtsordnung, Kommentar von Konrad Redeker und Hans-Joachim von Oertzen, 2. Aufl., Stuttgart 1965.

Rehfeldt, Bernhard: Einführung in die Rechtswissenschaft, Berlin 1962.

Rinck, Hans Justus: Gleichheitssatz, Willkürverbot und Natur der Sache in: JZ 1963, 521 ff.

Rümelin, Max: Die Gleichheit vor dem Gesetz, Rede, gehalten bei der akademischen Preisverleihung am 6. November 1928, Tübingen 1928.

Rupp, Hans Heinrich: Grundfragen der heutigen Verwaltungsrechtslehre, Tübingen 1965.

Salzwedel, Jürgen: Die Grenzen der Zulässigkeit des öffentlich-rechtlichen Vertrages, Heft 11 der neuen Kölner rechtswissenschaftlichen Abhandlungen, Berlin 1958, zit.: Salzwedel, Die Grenzen der Zulässigkeit.

— Gleichheitsgrundsatz und Drittwirkung in: Festschrift Hermann Jahrreiß, Köln, Berlin, Bonn, München 1964, S. 339 ff., zit.: Salzwedel, Gleichheitsgrundsatz.

Schaumann, Wilfried: Gleichheit und Gesetzmäßigkeitsprinzip in: JZ 1966, 721 ff.

Scheerbarth, Walter: Das allgemeine Bauordnungsrecht, 2. Aufl., Köln 1966.

Scheuner, Ulrich: Die staatliche Intervention im Bereich der Wirtschaft in: VVDStRL 11 (Berlin 1954) S. 1 ff.

Schmidt, Reiner: Natur der Sache und Gleichheitssatz in: JZ 1967, 402 ff.

Schmidt - Bleibtreu, Bruno: Bundesverfassungsgerichtsgesetz, erläutert von Maunz/Siegloch/Schmidt-Bleibtreu/Klein, München und Berlin 1965 ff., Stand 1967.

Schmitt, Carl: Unabhängikeit der Richter, Gleichheit vor dem Gesetz und Gewährleistung des Privateigentums nach der Weimarer Verfassung, Berlin und Leipzig 1926.

Schoeck, Helmut: Der Neid — Eine Theorie der Gesellschaft, Freiburg i. Br. 1966.

Schüle, Adolf: Treu und Glauben im deutschen Verwaltungsrecht in: VerwArch 38 (1933) S. 399 ff.

Schunck - De Clerk: Allgemeines Staatsrecht und Staatsrecht des Bundes und der Länder von E. Schunck und H. De Clerk, Siegburg 1964.

Schwarzenbach, Hans Rudolf: Grundriß des allgemeinen Verwaltungsrechts, 2. Aufl., Bern 1965.

Seithel, Rolf: Der Verwaltungsrechtsschutz gegenüber Verwaltungsanweisungen, Diss. Heidelberg 1957.

Siebert, Wolfgang: Privatrecht im Bereich der öffentlichen Verwaltung in: Festschrift für Hans Niedermeyer, Göttingen 1953, S. 215 ff.

Stern, Klaus: Ermessen und unzulässige Ermessensausübung, Heft 4 der Studien und Gutachten aus dem Institut für Staatslehre, Staats- und Verwaltungsrecht der Freien Universität Berlin, Berlin 1964, zit.: Stern, Ermessen.

— Gesetzesauslegung und Auslegungsgrundsätze des Bundesverfassungsgerichts, Diss. München 1956, zit.: Stern, Gesetzesauslegung, Diss.

— Rechtsfragen der öffentlichen Subventionierung Privater in: JZ 1960, 518 ff., 557 ff.

— Zur Grundlegung einer Lehre des öffentlich-rechtlichen Vertrages in: VerwArch 49 (1958) S. 106 ff.

Stern - Püttner: Die Gemeindewirtschaft — Recht und Realität von Klaus Stern und Günter Püttner, Schriftenreihe des Vereins für Kommunalwissenschaften e.V. Berlin Band 8, Stuttgart, Berlin, Köln, Mainz 1965.

Stier - Somlo, Fritz: Gleichheit vor dem Gesetz in: Die Grundrechte und Grundpflichten der Reichsverfassung, herausgegeben von H. C. Nipperdey 1. Band, Berlin 1929, S. 158 ff.

Tetzner, Heinrich: Kartellrecht — Ein Leitfaden, 2. Aufl., München und Berlin 1967.

Triepel, Heinrich: Goldbilanzenverordnung und Vorzugsaktien, Ein Rechtsgutachten, Berlin und Leipzig 1924.

Turegg - Kraus: Lehrbuch des Verwaltungsrechts von Kurt Egon von Turegg, neubearbeitet von Erwin Kraus, 4. Aufl., Berlin 1962.

Ule, Carl Hermann: Das besondere Gewaltverhältnis in: VVDStRL 15 (Berlin 1957) S. 109 ff.

— Rechtmäßigkeit in: Verwaltung, eine einführende Darstellung herausgegeben von Fritz Morstein Marx, Berlin 1965, S. 245 ff.

— Zur Anwendung unbestimmter Rechtsbegriffe im Verwaltungsrecht in: Forschungen und Berichte aus dem öffentlichen Recht, Gedächtnisschrift für W. Jellinek, München 1955, S. 309 ff.

Ule - Becker, Carl Hermann *Ule* und Franz *Becker*: Verwaltungsverfahren im Rechtsstaat, Berlin und Köln 1964.

Wertenbruch, Wilhelm: Grundgesetz und Menschenwürde — Ein kritischer Beitrag zur Verfassungswirklichkeit, Köln und Berlin 1958.

— Grundrechtsanwendung im Verwaltungsprivatrecht in: JUS 1961, 105 ff.

Wiethölter, Rudolf: Interessen und Organisation der Aktiengesellschaft im amerikanischen und deutschen Recht, Berkeley — Kölner Rechtsstudien, Kölner Reihe Band 1, Karlsruhe 1961.

Wolff, Hans J.: Verwaltungsrecht I, Ein Studienbuch, 6. Aufl., München und Berlin 1965, zit.: Wolff, Verwaltungsrecht I, Verwaltungsrecht III (Ordnungs- und Leistungsrecht, Verfahrens- und Prozeßrecht), Ein Studienbuch, München und Berlin 1966, zit.: Wolff, Verwaltungsrecht III.

Zeidler, Karl: Schranken nichthoheitlicher Verwaltung in: VVDStRL 19 (Berlin 1961) S. 208 ff.

Zippelius, Reinhold: Wertungsprobleme im System der Grundrechte, München 1962.

Printed by Libri Plureos GmbH
in Hamburg, Germany